AF356251

ALBERT M.....

Professeur à l'École Normale Supérieure d'Enseignement primaire de Saint-Cloud

Cours d'Histoire

à l'usage des

ÉCOLES PRIMAIRES SUPÉRIEURES

PREMIÈRE ANNÉE

Histoire de France depuis le début du XVIe siècle
jusqu'en 1789

153 Gravures et Cartes

Librairie Armand Colin

Paris, 5, rue de Mézières

Prix : 2 francs.

Cours

d'Histoire

BIBLIOTHÈQUE NATIONALE R.F. ESTAMPES

PREMIÈRE ANNÉE

LIBRAIRIE ARMAND COLIN

COURS ALBERT MÉTIN

Cours d'Histoire à l'usage des Écoles primaires supérieures, par ALBERT MÉTIN.

Première année : *Histoire de France depuis le début du XVIe siècle jusqu'en 1789.* In-12, 153 gravures et cartes, cartonné . . . . **2 fr.**

Deuxième année : *Histoire de France depuis 1789 jusqu'à nos jours.* In-12, cartonné. . . . . » »

Troisième année : *Histoire générale de 1789 à nos jours.* Tableau politique et économique du monde contemporain. In-12, cartonné. . . . . » »

499-06. — Coulommiers. Imp. PAUL BRODARD. — 9-06.

ALBERT MÉTIN

Professeur à l'École Normale Supérieure d'Enseignement primaire de Saint-Cloud.

Cours d'Histoire

à l'usage des

ÉCOLES PRIMAIRES SUPÉRIEURES

PREMIÈRE ANNÉE

Histoire de France depuis le début du XVI⁰ siècle jusqu'en 1789

153 Gravures et Cartes

Librairie Armand Colin

Paris, 5, rue de Mézières

1906

Droits de reproduction et de traduction réservés pour tous pays.

HISTOIRE DE FRANCE

(1500-1789)

CHAPITRE I

LA FRANCE AU DÉBUT DU XVIᵉ SIÈCLE

Le roi et ses grands vassaux. — Le roi de France Charles VII termina la guerre de Cent Ans en prenant définitivement au roi d'Angleterre la GUYENNE, c'est-à-dire une partie du bassin de la Garonne avec Bordeaux (1450-1453) et la NORMANDIE. Sur le continent, il ne resta plus au roi d'Angleterre que *Calais* et les villages voisins.

Mais les États du roi de France n'étaient pas tous sous son autorité directe. Une grande partie des territoires français appartenait à des *princes souverains*; ces princes devaient prêter hommage au roi de France, c'est-à-dire lui jurer fidélité; mais ils avaient chacun leur capitale, leur armée, leurs fonctionnaires, leur trésor, leur monnaie et leur bannière. Plusieurs s'étaient alliés avec les ennemis du roi, malgré leur serment de fidélité.

On en comptait sept principaux, issus de la *famille royale*. Le plus riche de ceux-là était le DUC DE BOURGOGNE, qui régnait sur la Bourgogne, la Franche-Comté, et les PAYS-BAS (Somme, Pas-de-Calais, Nord, Belgique et Hollande). Les Pays-Bas avaient des ports où des marchands faisaient un commerce très important et de grandes villes où des manufacturiers fabriquaient des toiles, des draps et des tapisseries qu'ils vendaient dans toute l'Europe. Les Pays-Bas payaient de gros impôts. Le duc de Bourgogne vivait habituellement aux Pays-Bas ; il y tenait la cour la plus brillante d'Europe, donnait des fêtes plus belles que celles des rois de France et dépensait plus qu'eux pour avoir une belle armée.

COSTUME DE BOURGEOIS
AU XVe SIÈCLE

Ce personnage porte un capuchon de drap, une jaquette serrée à la taille par une ceinture à laquelle pend une bourse de cuir : ses jambes sont revêtues de fourreaux de drap appelés chausses, par-dessus lesquelles on portait des souliers ou des bottes. L'usage du linge et des bas n'était pas encore répandu.

Après le duc de Bourgogne venaient par rang d'importance : le *duc de Bretagne ;* le *comte d'Anjou* qui possédait aussi la Provence et dont la famille avait autrefois régné sur le royaume de Naples ; puis les diverses familles de la *maison de Bourbon,* issues de Saint-Louis, qui avaient leurs domaines dans le Bourbonnais (Allier) et le Massif Central.

A côté des princes du sang, une cinquantaine de nobles gouvernaient, en souverains, des domaines plus ou moins étendus. Les principaux habitaient le *sud-ouest* de la France.

Fin des grands états féodaux. — Telle était la France lorsque Louis XI succéda à Charles VII (1461). Louis XI travailla toute sa vie à détruire les états des seigneurs et à les annexer à son domaine. Ce fut une lutte sans merci, suivant les mœurs du temps. Les adversaires se faisaient des promesses qu'ils ne tenaient pas, signaient des traités, mais ne les observaient pas ; chacun cherchait à corrompre les serviteurs de l'autre, à exciter les révoltes dans ses domaines, employait au besoin des empoisonneurs ou des assassins. Les ambassadeurs de Louis XI se plaignaient un jour qu'un souverain leur dit des mensonges : « Sanglantes bêtes, répliqua le roi, ils vous mentent bien, mentez-leur aussi ! »

L'adversaire le plus redoutable de Louis XI fut CHARLES LE TÉMÉRAIRE, duc de Bourgogne. Pendant douze ans, Charles se mit à la tête des coalitions de seigneurs contre Louis XI.

Louis XI n'était pas assez fort pour le battre ; il donna de l'argent aux seigneurs de *Berne*, l'état le plus puissant de la confédération suisse ; alors les Bernois cherchèrent querelle à Charles, entraînèrent les autres Suisses, battirent plusieurs fois le duc de Bourgogne et finirent par le tuer dans un combat.

FRANCE SOUS LOUIS XI.

Débarrassé de son principal adversaire, Louis XI put se venger des seigneurs qui s'étaient prononcés contre lui ; il en fit tuer ou exécuter cinq et fit condamner à mort ou enfermer dans des cages de fer les hommes qui l'avaient trahi.

Agrandissement du domaine royal. — Louis XI espérait prendre les provinces de Charles le Téméraire.

mais la fille unique de Charles épousa MAXIMILIEN d'Autriche,
héritier de l'empereur d'Allemagne. Maximilien fit la guerre
à Louis XI et le battit. Alors Louis XI dut partager la succession de Bourgogne avec Maximilien; il garda la BOURGOGNE et
la PICARDIE et fit promettre en outre la Franche-Comté et
l'Artois à son fils qui devait épouser la fille
de Maximilien (1482).

Le dernier prince de la maison d'Anjou,
parent de Louis XI, mourut sans enfant.
Louis XI hérita alors de l'ANJOU et de la
PROVENCE, qu'il annexa, et de droits sur le
royaume de Naples qu'il ne voulut pas faire
valoir.

Charles VIII (1483-1499), fils de Louis XI,
qui était mineur à la mort de son père, régna
d'abord sous la tutelle d'Anne, sa sœur aînée,
qui était mariée à Pierre de Bourbon, seigneur de Beaujeu. Les autres princes français voulurent enlever le pouvoir à Anne
de Beaujeu. Ils prirent les armes
sous la conduite du DUC d'ORLÉANS
(plus tard Louis XII), le plus proche
parent du roi, et sous celle du duc de
Bretagne et furent battus. Le duc de
Bretagne mourut peu après ne laissant qu'une fille, Anne. Alors Anne
de Beaujeu envoya le roi en BRE-
TAGNE à la tête d'une armée qui assiégea Anne de Bretagne dans Rennes
et l'obligea à conclure un traité; cette
princesse dut épouser le roi de
France qui devint par ce mariage
maître de la Bretagne (1491).

COSTUME DE BOURGEOISE
AU XVᵉ SIÈCLE

*Cette femme cache ses cheveux
sous une coiffe analogue à celles
qui se sont conservées dans les
campagnes de certaines provinces ou dans les ordres religieux; elle est enveloppée d'un
manteau sous lequel apparaît sa
robe; elle tient à la main un
chapelet. Elle est représentée se
rendant à la messe dans ses vêtements de fête.*

Mais Charles VIII ne pouvait plus épouser la fille de Maximilien; il dut en conséquence renoncer à la Franche-Comté et
à l'Artois qui formaient la dot de cette princesse.

A la fin du XVᵉ siècle, le royaume de France s'arrêtait au
nord à la frontière de l'Artois (Pas-de-Calais), à l'est, à la

Meuse et à la Saône : il comprenait le Midi actuel, moins le Béarn (au royaume espagnol de Navarre), moins le Roussillon (au royaume espagnol d'Aragon), moins la Savoie et Nice (au comte de Savoie). A l'intérieur de ces limites vivaient encore plusieurs petits souverains vassaux ; mais les domaines des plus importants de ces seigneurs égalaient à peine un département actuel.

L'armée permanente. — A l'époque féodale, les vassaux devaient à leur suzerain quarante jours de service militaire gratuit par an ; les rois de France s'en contentèrent tant qu'ils firent de courtes expéditions ; mais pendant les longues campagnes de la guerre de Cent Ans ils prirent à leur service des troupes ou *compagnies* d'hommes armés qui faisaient la guerre pour gagner une solde et qu'on appela des *soldats*.

A la fin des guerres, Charles VII garda une partie des compagnies à sa solde, ce qui ne se faisait pas avant lui, en temps de paix. Ce fut la première armée permanente du roi de France. Elle comptait quinze compagnies ; chacune se composait de cent gens d'armes, généralement nobles, qui combattaient à *cheval*

ÉCOLIERS AU XVᵉ SIÈCLE

Leur costume est analogue à celui du bourgeois de la page 2, moins le capuchon ; l'un tient une ardoise, l'autre un sac d'écolier en étoffe.

avec la lance et étaient revêtus d'une armure complète de fer. Chaque homme avait avec lui deux ou trois archers à *cheval* qui formaient la cavalerie légère, un coutilier ou soldat armé d'un long couteau qui achevait les blessés ou les faisait prisonniers pour les mettre à rançon, enfin un ou deux valets pour prendre soin de son cheval et de ses armes. Le coutilier et les valets étaient montés pendant les marches. L'effectif des quinze compagnies faisait donc environ 9 000 hommes à cheval (1437).

Charles VII aurait voulu aussi organiser une *infanterie* permanente sur le modèle de celle du roi d'Angleterre. Le roi d'Angleterre avait surtout des *archers* choisis parmi les paysans, car les nobles ne servaient jamais à pied. Charles VII décida que dans chaque paroisse un homme du peuple serait *affranchi* d'impôts à condition de s'acheter un casque, une *cuirasse* (c'est-à-dire une cotte de cuir rembourré), un arc, des flèches et de s'exercer au tir. C'est ce qu'on appelait un *franc archer*.

RICHES LABOUREURS
DE BAGNEUX, PRÈS PARIS

Cette gravure est la reproduction de la pierre tombale d'un propriétaire campagnard et de sa femme : ils sont représentés avec leurs habits de fête, qui rappellent ceux du bourgeois et de la bourgeoise représentés ci-dessus.

En cas de guerre, les francs archers devaient être réunis en compagnies, pour servir moyennant une solde. Mais les francs archers ne s'exercèrent pas et ne purent jamais être utilisés. Le roi continua donc à louer des archers ou arbalétriers écossais et gascons.

Louis XI prit en outre à sa solde des *Suisses*, qui étaient célèbres parce qu'ils avaient battu les Autrichiens et les Bourguignons. Les Suisses combattaient à pied, en rangs serrés, avec de longues *piques* ou de grandes épées à deux mains; ils servaient sous les ordres de nobles de leurs pays. Comme la Suisse est pauvre et ne peut nourrir ses habitants, le roi de France y put toujours recruter des fantassins quand il eut de l'argent pour les payer.

Les rois de France avaient aussi des pièces d'*artillerie* appelées *canons*, d'un mot italien qui signifie tube. Ces canons se chargeaient par la bouche et s'allumaient avec une mèche. La poudre avait été inventée par les Chinois; les Arabes d'Espagne s'en servirent dès l'époque de saint Louis. En France, les premiers canons paraissent sous Philippe VI de Valois (1338). Les Français et les Anglais employèrent des canons dans quelques batailles de la guerre de Cent Ans. Les canons de cette époque étaient de gros tubes de fer, lançant des boulets de pierre et montés sur des chariots massifs; pendant les guerres d'Italie, on se mit à faire des canons de bronze, lançant des boulets de fer, et montés sur des affûts. Mais comme les routes étaient mauvaises et les ponts très rares, il était difficile de transporter l'artillerie. Les guerres, à cette époque, se faisaient surtout avec de la cavalerie et de l'infanterie.

Les impôts. — Au moyen âge, le roi, comme les autres

LA COUR DES DUCS DE BOURGOGNE, D'APRÈS UNE MINIATURE

Le duc de Bourgogne Philippe le Bon, ayant à sa gauche son fils (plus tard Charles le Téméraire), reçoit un livre que l'auteur à genoux lui présente. Les personnages en robe longue sont des prêtres et des magistrats, les autres des nobles. Le duc, qui reste couvert, porte un chaperon ou chapeau à longue bande d'étoffe qu'on enroulait parfois autour du cou, une jaquette d'étoffe précieuse bordée de fourrures rares, des chausses aux jambes et des souliers pointus aux pieds.

seigneurs, n'avait d'autres ressources que celles qu'il tirait de ses terres. Quand il fallut entretenir des soldats pendant les grandes guerres, les revenus du domaine royal ne suffirent pas. Le roi dut alors demander des contributions dans toute l'étendue du royaume.

On commença par établir des impôts *indirects*. Au commencement de la guerre de Cent Ans, Philippe VI de Valois établit la GABELLE, c'est-à-dire le monopole du sel, semblable à notre monopole sur le tabac (1343).

Plus tard, le roi Jean fut battu et pris par les Anglais à Poitiers. Son fils Charles, plus tard Charles V, réunit les États généraux et leur demanda de l'argent pour payer la rançon du roi et pour lever des troupes (1355). Les États consentirent à mettre un impôt sur la vente du vin et des aliments. On appela cet impôt nouveau d'un vieux nom, AIDE, qui désignait, sous la féodalité, une contribution volontaire payée au suzerain dans des cas exceptionnels.

Cet impôt ne devait pas être permanent; mais Charles V continua à percevoir les aides durant tout son règne, malgré les réclamations. Néanmoins il n'était pas sûr de son droit. Au moment de mourir, il fit promettre à son fils et à ses ministres de supprimer les aides. Elles furent abolies un instant, mais bientôt rétablies et elles durèrent jusqu'à la fin de la monarchie.

Quand Charles VII créa l'armée permanente, il lui fallut de l'argent. Il demanda aux États généraux le droit

ARMURE COMPLÈTE DE CAVALIER DES COMPAGNIES SOUS CHARLES VII

L'homme d'armes portait un casque fermé avec fentes pour laisser passer l'air et la lumière; tout son corps, de la tête à l'extrémité des mains et des pieds, était couvert de plaques de fer ajustées et articulées aux épaules, aux genoux, aux doigts, etc.; on les appelait généralement par un nom emprunté à la partie du corps protégée, par exemple brassards, cuissards, couvre-rein, etc. L'ensemble de cette armure s'appelait le harnais. La grande lance de l'homme d'armes est figurée dans ce dessin. — Le cheval est revêtu de plaques de fer articulées; un manteau ou cotte de maille de fer couvre son encolure reliant les plaques de la tête à celles du dos et des flancs. — Ces armures, très lourdes, n'étaient endossées qu'au moment de combattre.

de percevoir pendant quelques années dans *tout le royaume*, et non plus seulement sur ses terres, la TAILLE, c'est-à-dire l'impôt foncier payé par les non-nobles.. L'ayant obtenu, il déclara que l'armée étant permanente, la taille le deviendrait également, et il en fut ainsi (1444).

Ces impôts furent introduits dans toutes les nouvelles provinces annexées. A partir de Louis XI, le roi de France fut un des souverains qui pouvaient le plus facilement faire les frais d'une armée permanente.

Le roi et les États généraux. — Au temps où ils n'avaient ni armée permanente, ni impôts réguliers, les rois de France

ÉPÉE A DEUX MAINS

Cette arme, de la taille d'un homme, était employée par les soldats à pied. On se servait d'une épée analogue pour décapiter les nobles condamnés à mort.

étaient obligés de demander à leurs sujets de venir à leur aide dans les moments où le service militaire de 40 jours et les ressources ne suffisaient pas. Alors ils réunissaient des assemblées où étaient représentés les trois ordres ou *états* du royaume, c'est-à-dire le clergé, la noblesse et le *tiers* (troisième) *état* ; ces assemblées s'appelaient en France des ÉTATS ; il y en avait d'abord une dans chaque province. On les appelait *états provinciaux*.

Philippe le Bel ayant besoin d'argent pour ses guerres, eut le premier l'idée de réunir des ÉTATS GÉNÉRAUX, composés de députés envoyés par toutes les provinces réunies alors sous l'autorité royale, *excepté le Languedoc* qui était trop éloigné (1302). Depuis ce temps, les États généraux furent réunis toutes les fois que le roi avait besoin d'argent. C'est à eux notamment que l'on demanda d'établir les aides et la taille.

Beaucoup de députés aux États généraux auraient voulu n'accorder ces impôts que pour deux ou trois ans ; ils réclamaient le droit de se *réunir périodiquement*, de voter l'impôt, d'en contrôler la perception et l'emploi, ils demandaient en un mot des pouvoirs analogues à ceux que la Constitution donne actuellement aux Chambres.

Les députés obtinrent même une fois la promesse que les États généraux seraient convoqués périodiquement; c'était en 1356, pendant que le roi Jean le Bon était prisonnier des Anglais et que son fils, qui fut plus tard Charles V, gouvernait à sa place. Mais Charles V ne tint pas la promesse qu'il avait faite aux États généraux. Les rois de France réussirent à établir l'usage de ne *réunir les États généraux que dans les cas exceptionnels* dont le souverain resta seul juge. Ainsi Louis XI gouverna sans eux.

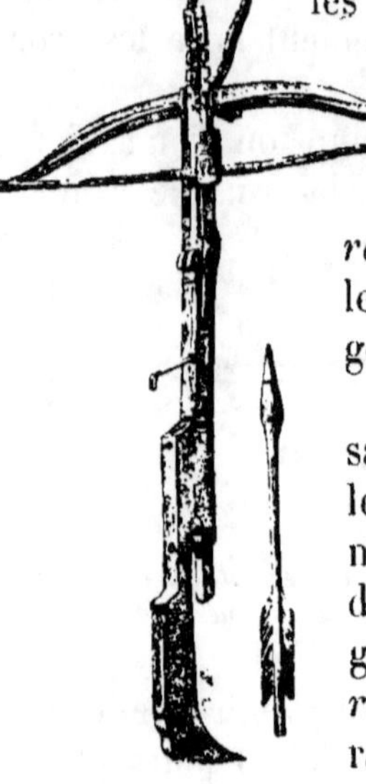

ARBALÈTE

L'arbalétrier tendait la corde au moyen de la manivelle, disposait la grosse flèche ou carreau, épaulait, visait et lâchait la détente. (Le carreau de nos jeux de cartes représente le fer de cette flèche.)

Après la mort de Louis XI, les princes du sang se plaignirent que la tutelle de Charles VIII mineur eût été confiée à sa sœur, mariée à l'un d'eux, Pierre de Bourbon, sire de Beaujeu, qu'ils trouvaient trop petit seigneur. Alors Anne réunit les *États généraux* à *Tours* (1484). Les États donnèrent raison aux Beaujeu; les Beaujeu ayant obtenu ce qu'ils voulaient s'empressèrent de dissoudre les États sans donner suite aux demandes de réformes que les députés avaient présentées.

Ces États de 1484 produisirent donc peu de chose. Ils n'en sont pas moins intéressants pour les raisons suivantes : 1° ce furent les *premiers États vraiment généraux*, comprenant des députés du Midi et du Nord; 2° ce furent les premiers où les paroisses des *campagnes* eurent des représentants : jusque là les députés du tiers état avaient été nommés uniquement par les bourgeois des villes; 3° on commença dès lors à inviter les électeurs des trois ordres à rédiger des CAHIERS ou recueils de réclamations qui étaient portés au roi par les députés.

Questionnaire.

Fin de la féodalité : Agrandissement du royaume. — Sens des mots : hommage, vassal, suzerain, prince du sang. Quel était le plus puissant des seigneurs féodaux? Quelles étaient ses principales possessions? Comment faisait-on la guerre? Annexions de Louis XI et d'Anne de Beaujeu. Limites de la France en 1500.

Armée et impôts. — La cavalerie permanente. — Sens des mots : compagnie, soldat, gens d'armes. — Équipement et armement des cavaliers. — L'infanterie. Sens du mot franc-archer. Recrutement. Armement. — L'artillerie.

Qu'est-ce qu'un impôt indirect? Qu'était-ce que la gabelle? les aides? — Sens des mots : impôt direct, impôt foncier, taille.

Les États généraux. — Sens des mots : états, tiers état, états provinciaux, généraux, cahiers. Importance des États généraux de 1483.

SUJETS COMPLÉMENTAIRES

Exemples locaux de gouvernement royal et de gouvernement féodal au XVᵉ siècle.

Comparer les impôts du XVᵉ siècle aux impôts actuels.

CHAPITRE II

L'EUROPE AU DÉBUT DU XVIᵉ SIÈCLE

I. — LE ROYAUME D'ANGLETERRE

L'unité anglaise. — L'Angleterre formait un royaume dont le souverain avait conquis la péninsule du *Pays de Galles* et l'île d'*Irlande*, régions habitées par des populations qui parlent une *langue celtique* comme celle des Bas-Bretons de France.

L'*Écosse*, peuplée en grande partie de gens parlant une langue celtique, formait un royaume *indépendant* souvent en guerre avec l'Angleterre.

Le royaume d'Angleterre était le pays de l'Europe où le roi avait le plus d'autorité. Ce royaume avait été conquis en 1066 par le duc de Normandie. Le duc s'en était fait roi; il avait mis ses compagnons normands et français à la place des seigneurs du pays, mais il leur avait donné des domaines dispersés dans tout le royaume. Ainsi donc, il y eut des seigneurs très riches en Angleterre, mais aucun ne fut maître d'une province entière comme en France ou en Allemagne.

Les procès importants furent jugés par les *juges nommés par le roi* et tout le royaume obéit à l'autorité directe du roi et de ses agents.

L'*unité territoriale* fut donc faite dès la conquête; mais la NATION resta pendant trois siècles divisée en deux classes : 1° la masse des indigènes qui parlait le *saxon*, langue parente de l'allemand ; 2° la classe des seigneurs et la famille royale qui continuaient à parler le *français*. Les lois étaient publiées en français. Mais peu à peu les descendants des conquérants se mirent à parler la langue du pays. Au XIVᵉ siècle, l'*unité de la langue* était faite dans l'Angleterre proprement dite [1] ; peuple et nobles parlaient un saxon fortement mélangé de mots français, première forme de la langue anglaise. Les gens instruits commencèrent à écrire en *anglais* au lieu d'employer

PALAIS SAINT-JAMES (SAINT-JACQUES) A LONDRES

Cette gravure représente l'entrée principale (en anglais : gateway) d'un palais construit pour le roi d'Angleterre dans le style de la Renaissance anglaise. On a conservé les tours pittoresques du style gothique, mais elles ne servent plus que d'ornements ; on a percé partout de larges fenêtres au lieu des meutrières d'autrefois.

le latin ou le français. Les lois furent publiées en *anglais*.

A la fin de la guerre de Cent Ans, les rois d'Angleterre perdirent toutes leurs possessions de France, sauf Calais. Ils n'eurent plus que des sujets *parlant anglais* ou celtique.

La nation anglaise. — Au XVᵉ siècle la plupart des Anglais vivaient de l'*élevage des moutons*, du bétail, de la culture des fourrages et des céréales ; ils avaient en abondance la viande, le pain, la bière, le drap. Ils s'habillaient et se nourrissaient

1. Les Gallois et les Irlandais continuèrent à parler leur langue celtique.

mieux que les Français; ils vendaient la *laine* de leurs nombreux moutons aux Flamands qui venaient la chercher sur leurs navires et qui la filaient et la tissaient dans leurs villes. Les Anglais d'alors vivaient surtout de l'agriculture; il n'y avait en Angleterre que quatre villes comptant plus de 10 000 habitants.

Le Parlement. — Au moyen âge, les rois d'Angleterre

MAISONS ANGLAISES DE LA RENAISSANCE A CONWAY (PAYS DE GALLES)

Ces maisons présentent leurs pignons, c'est-à-dire la pointe supérieure de leur mur de façade, à la rue, comme au moyen âge. Ces pignons sont à redents, c'est-à-dire découpés en escaliers, suivant une mode très répandue à l'époque de la Renaissance dans les pays du Nord.

avaient, comme les autres monarques, l'habitude de réunir autour d'eux les principaux de leurs sujets pour leur demander des conseils et de l'argent. En Angleterre ces réunions s'appelaient d'un mot français, le *Parlement*. Le Parlement se composait d'abord uniquement des évêques et des grands seigneurs appelés en anglais *lords*. Sous un roi usurpateur et besogneux, Jean sans Terre, les lords furent assez forts pour faire signer au monarque sur une charte (c'est-à-dire un papier) la promesse écrite de ne plus jamais lever d'impôts *sans les réunir* et consulter le Parlement. Cet acte signé du roi s'appelle la *Grande Charte* (1215); on le considère comme la première orme de la constitution anglaise.

Pendant les guerres contre la France et l'Écosse, les rois d'Angleterre durent réunir souvent le Parlement pour lui demander de l'argent; ils y appelèrent, non plus seulement les

PATIO (COUR) DU PALAIS D'UN NOBLE ESPAGNOL A SÉVILLE

Les palais de ce genre sont bâtis autour d'une cour intérieure à arcades, avec une fontaine; on cherche ainsi à se procurer de l'ombre et de la fraîcheur. Ce style avait été introduit en Espagne par les conquérants arabes; il est encore en usage dans les pays musulmans.

lords et les évêques qui siégeaient en vertu de leur titre, mais aussi des députés qui étaient *élus* par les propriétaires des *campagnes* et les bourgeois des *villes*. Tous ces députés élus formèrent une Chambre à part appelée Chambre des gens du commun (c'est-à-dire sans titres de noblesse), puis *Chambre des Communes*. Les lords et les évêques formaient la *Chambre des Lords*. Ce sont les noms que portent encore aujourd'hui les deux Chambres du Parlement anglais.

II. — L'ESPAGNE AVANT CHARLES-QUINT

Les petits royaumes ibériques. — L'Espagne avait été conquise au moyen âge par des musulmans venus de l'Afrique méditerranéenne. Ils soumirent la plus grande partie des chré-

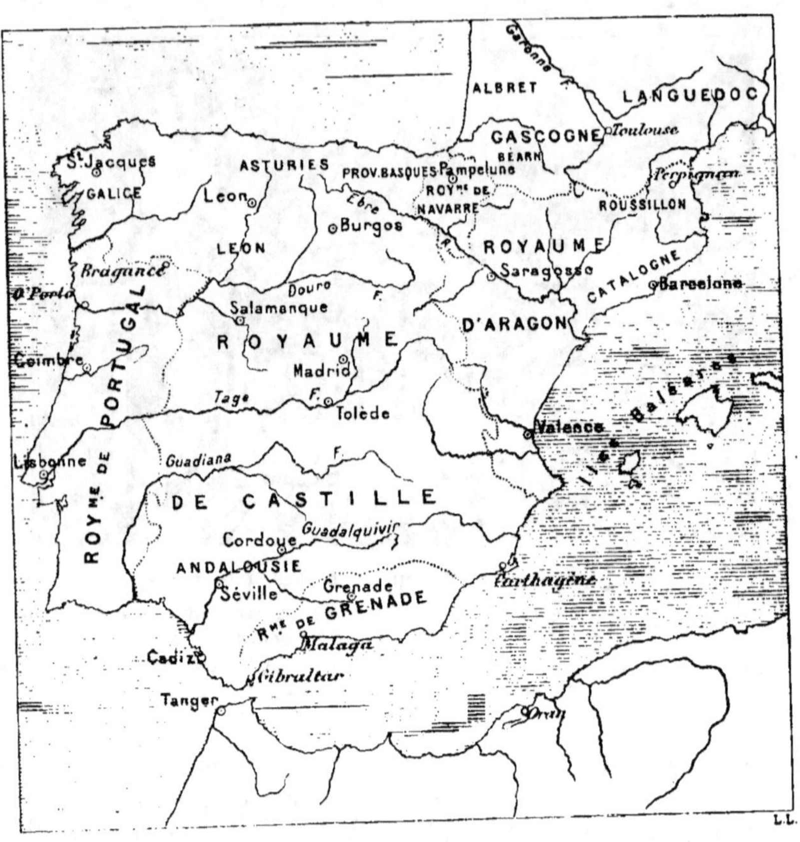

ESPAGNE AU XVIᵉ SIÈCLE

tiens; les chrétiens qui restaient indépendants se réfugièrent dans les montagnes du Nord. Leurs chefs ne cessèrent jamais de se battre contre les souverains musulmans. Les Européens considéraient cette guerre comme *sainte* et beaucoup de nobles, qui s'étaient engagés par piété ou par pénitence à prendre part à une croisade, vinrent accomplir leur vœu en aidant les chrétiens d'Espagne.

C'est ainsi qu'un chevalier bourguignon s'installa dans la ville de Porto, ou Porto Calle, et y fonda le royaume de PORTUGAL qui s'agrandit vers le sud aux dépens des musulmans. En 1174 la capitale en fut définitivement installée à Lisbonne.

D'autres royaumes avaient été fondés au nord de l'Espagne actuelle.

La NAVARRE, capitale Pampelune, s'étendait au nord des

CHARRETTE ESPAGNOLE AU XVIᵉ SIÈCLE

Ces charrettes massives, à roues grossières, traînées par des mules, pouvaient seules supporter les cahots des mauvaises routes espagnoles : elles sont restées en usage en Espagne jusqu'à un temps très voisin du nôtre. Le costume des deux paysans espagnols représentés n'est pas sans analogie avec celui des musulmans du Nord de l'Afrique.

Pyrénées, où elle comprenait le Béarn (Basses-Pyrérénées).

La CASTILLE (c'est-à-dire le pays des châteaux) eut pour capitale Burgos (c'est-à-dire la forteresse), puis Madrid, dans la Nouvelle-Castille prise aux Musulmans.

L'ARAGON, capitale Saragosse, dans la vallée de l'Ebre, possédait la province de Catalogne avec l'un des grands ports de la Méditerranée, Barcelone, les îles Baléares, et avait enlevé Naples et la Sicile à un prince français.

L'unité territoriale. — A fin du XVᵉ siècle, Ferdinand, prince héritier d'*Aragon*, épousa Isabelle, reine de *Castille*, et les deux royaumes d'Aragon et de Castille restèrent dès lors *unis*.

Ferdinand et Isabelle résolurent de prendre aux *Maures* (musulmans) ce qui leur restait en Espagne, c'est-à-dire la

UN BANQUIER D'ANVERS ET SA FEMME

Ce double portrait représente un ménage de ces riches banquiers qui étaient nombreux dans les villes commerçantes des Pays-Bas. Le banquier est occupé à s'assurer que les pièces d'or reçues par lui ont le poids légal. Les billets de banque n'étaient pas encore en usage à cette époque. Les transactions, les dépôts, les changes se faisaient en espèces.

plus grande partie de la plaine du Guadalquivir ou *Andalousie*. Après dix ans de guerre ils assiégèrent et prirent *Grenade*, la dernière capitale maure (1492).

Isabelle mourut quelques années après. Ferdinand réussit à garder les deux royaumes d'Aragon et de Castille : il essaya d'épouser l'héritière du *royaume de Navarre* pour ajouter la Navarre à ses possessions ; cette princesse préféra épouser un seigneur français. Mais Ferdinand lui prit la Navarre (1512) et la garda. Ainsi fut faite l'unité espagnole.

L'empire de Charles-Quint. — Ferdinand avait pour héritière une fille ; il lui fit épouser le fils de Maximilien, empereur d'Allemagne, qui possédait déjà l'Autriche, la Franche-Comté, les Pays-Bas. De ce mariage naquit un fils qui réussit à garder toutes les possessions de ses parents et à se faire élire empereur d'Allemagne : on l'appela *Charles-Quint* (p. 92).

Pendant le siège de Grenade, Isabelle avait envoyé Christophe Colomb en Amérique (p. 32). La plus grande partie de ce continent fut annexée à l'Espagne sous le règne de Charles-Quint, qui eut ainsi le plus grand empire du monde. On disait que le *soleil ne se couchait jamais* sur ses États.

MAISON DE RICHE BOURGEOIS A NUREMBERG

Cette maison est bâtie dans le style de la Renaissance allemande ; elle a pignon sur rue ; sa façade comprend trois sortes de balcons fermés superposés l'un à l'autre, détail de construction fréquent dans le style allemand de la Renaissance.

L'unité religieuse. — Dans les provinces d'Espagne conquises sur les Maures, il y avait plusieurs millions de *Juifs* et de *Musulmans*. Ferdinand les obligea à se faire catholiques ou à partir en abandonnant la plus grande partie de leurs biens ; ses successeurs continuèrent à convertir de force leurs sujets non catholiques ; les derniers Musulmans furent convertis ou expulsés en 1609.

L'Inquisition. — Beaucoup de convertis pratiquaient secrètement leur ancienne religion. Pour les découvrir Ferdinand recourut à une institution fondée par les *moines dominicains* et qui avait été établie au moyen âge pour faire arrêter et exécuter les hérétiques : on l'appelait l'*Inquisition* (c'est-à-dire la recherche). Les moines inquisiteurs provoquaient les dénonciations, ils les recevaient, même quand elles étaient anonymes, ils faisaient arrêter les inculpés et les mettaient à la torture. Quand ils avaient avoué, on prononçait contre eux des peines allant de la perte des biens à la mort. On faisait ensuite sortir les condamnés en procession, vêtus d'habits de pénitence, on les obligeait à demander pardon à Dieu, à genoux devant une église. Puis, comme l'Église ne doit pas verser le sang, on les remettait aux gens du roi chargés d'exécuter les sentences ; les condamnés à mort, vêtus de robes et de mitres où des diables étaient représentés, étaient brûlés vifs sur une place publique : le roi et toute sa cour assistaient à ces exécutions appelés *auto-da-fé* (en espagnol, actes de foi). Le dominicain *Torquemada*, qui fut le premier grand inquisiteur, fit brûler en dix-huit ans 2 000 personnes, suivant un historien catholique, 8 800, suivant un historien indépendant. L'Inquisition a duré en Espagne jusqu'à Napoléon Ier, qui l'abolit.

III. — LE SAINT-EMPIRE ROMAIN GERMANIQUE

Territoire de l'Empire. — Une confédération d'un millier d'états petits et grands formait le Saint-Empire romain-germanique. Au nord-ouest, il comprenait la Hollande, et une grande partie de la Belgique actuelle ; à l'ouest, il allait jusqu'à la Meuse et à la Saône, englobant la Lorraine et la Franche-Comté : il s'était jadis étendu jusqu'au Rhône, mais les rois de France avaient annexé les provinces entre le Rhône et les Alpes, sauf la Savoie. Au sud-est, l'Empire s'étendait sur les provinces allemandes de l'Autriche actuelle. Au sud des Alpes, l'Empire comprenait encore l'Italie du Nord et du Centre, mais les princes italiens agissaient comme des souverains indépendants (chap. VI).

Le morcellement. — Tandis que les États de l'Europe occidentale passaient peu à peu sous l'autorité unique d'un roi, le Saint-Empire restait un groupement d'États indépendants. On y trouvait un royaume, la Bohême, de nombreuses seigneuries laïques, des principautés gouvernées par des évêques ou des abbés, enfin des villes libres dont le territoire était administré par un conseil municipal et un maire.

Parmi ces villes libres celles des côtes de la Baltique et de la mer du Nord avaient formé une grande compagnie mari-

VILLAGE ALLEMAND (AQUARELLE D'ALBERT DÜRER)

Cette vue est prise aux environs de Nuremberg; on peut voir encore aujourd'hui dans ce pays, dans toute l'Allemagne du Sud et en Alsace, de vieilles maisons de paysans semblables à celles-ci, avec une charpente de bois apparente, supportant des parois de terre ou de briques, et parfois avec un toit de chaume.

time, appelée la *Hanse*; à côté des villes allemandes, plusieurs cités commerçantes étrangères faisaient partie de la Hanse. La Hanse était un véritable état qui se proposait comme but le commerce, elle possédait ses navires de commerce et ses navires de guerre; elle se battit même contre le roi de Norvège pour l'empêcher de recevoir d'autres marchandises que les siennes; elle possédait dans chaque port des mers septentrionales, depuis la Russie et la Suède jusqu'à la Flandre et l'Angleterre, des magasins fortifiés où logeaient des employés et des soldats; ses navires transportaient vers le Nord les épices, les soies et les pierres précieuses d'Orient que les commerçants des villes italiennes et de Barcelone apportaient par mer ou par le Rhin, à BRUGES, qui était alors la ville la plus riche des Pays-Bas; ils transportaient aussi vers le Nord les toiles et draps de FLANDRE, alors les plus renommés du monde, les vins de France et du Rhin; ils rapportaient du Nord la laine brute, alors le principal produit d'exportation de l'Angleterre, les fourrures, les cuirs, les suifs, la cire de Russie, les harengs fumés de la mer du Nord et de la Baltique.

La Hanse était comme un empire distinct; elle s'était formée au milieu du XIIIe siècle, à l'époque où il n'y avait plus d'empereur d'Allemagne.

L'Empereur et la Diète. — L'empereur d'Allemagne n'était pas un monarque *héréditaire*, mais un souverain *élu* par les plus importants des princes laïques et ecclésiastiques qu'on prit l'habitude d'appeler princes *électeurs*.

Au moyen âge, les empereurs étaient choisis dans des familles possédant des provinces considérables, ayant de nombreux vassaux, de l'argent pour leurs troupes; aussi furent-ils les souverains les plus puissants de l'Europe jusqu'au XIIIe siècle.

A cette époque, il se passa vingt-trois années pendant lesquelles il n'y eut pas d'empereur : alors les villes et les seigneurs formèrent des ligues comme la Hanse, qui menaçaient de séparer l'Allemagne en tronçons. Les guerres entre seigneurs et entre villes se multiplièrent, les brigands en profitèrent pour piller sans crainte d'être poursuivis [1].

A la fin les seigneurs et les villes libres résolurent de choisir un nouvel empereur. Ils réunirent l'assemblée des chefs d'États d'Allemagne qu'on appelait la *Diète* (c'est-à-dire la journée) *d'Empire*. Les principaux d'entre eux y firent nommer empereur un petit seigneur suisse, Rodolphe de HABSBOURG, trop pauvre pour être redoutable aux puissants, assez ferme pour jouer le rôle de gendarme auquel on voulait le réduire (1273).

Les Habsbourg en Autriche. — Rodolphe s'empressa d'agrandir les domaines de sa *famille* : il s'attribua la posses-

---

1. Victor Hugo a pris à cette époque le sujet du drame intitulé *les Burgraves*, où il met en scène les seigneurs-brigands d'Allemagne.

sion d'une *marche*, c'est-à-dire d'une province frontière; cette
marche avait été créée pour défendre l'empire contre des

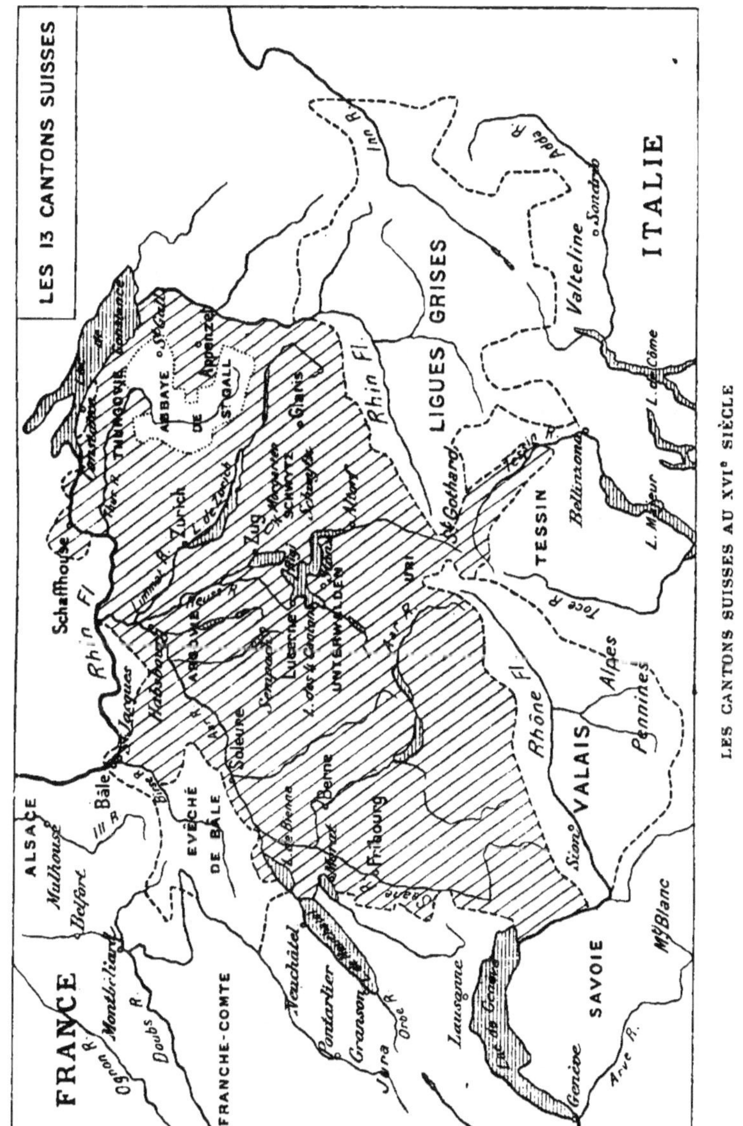

envahisseurs qui habitaient l'Europe orientale. On l'appela
Oesterreich (royaume de l'Est), mot dont nous avons fait
Autriche : la famille de Habsbourg règne encore en Autriche.

Après Rodolphe, la Diète, trouvant sa famille trop puissante, avait choisi un petit seigneur d'une autre famille. Mais le nouvel empereur suivit l'exemple de Rodolphe et agrandit ses possessions. A la mort des empereurs, les princes électeurs s'adressèrent plusieurs fois à des familles différentes. Enfin, en 1438, ils reprirent un membre de la famille de Habsbourg; dès lors, les électeurs choisirent sans interruption les empereurs d'Allemagne dans la famille des Habsbourg, jusqu'à la dissolution de l'empire par suite des remaniements faits par Napoléon Ier.

Affranchissement de la Suisse. — Depuis le XIIIe siècle, les empereurs s'occupaient beaucoup plus des possessions de leurs *familles* que de l'Empire. Les Habsbourg, originaires de Suisse, prétendirent traiter en sujets les montagnards de ce pays qui formaient de petites républiques adhérentes à l'Empire d'Allemagne. Trois de ces petites républiques ou *cantons* se soulevèrent et battirent les Autrichiens (1308). Dans le cours des deux siècles suivants dix autres CANTONS rejoignirent les premiers et formèrent avec eux la CONFÉDÉRATION DES XIII CANTONS (1513). Ainsi naquit la première république fédérale du monde : on lui donna le nom d'un des 3 cantons primitifs *Schwytz*, dont nous avons fait en français la SUISSE. Les fantassins suisses, armés de piques, vigoureux et disciplinés, battirent tous ceux qui les attaquèrent et se firent une telle réputation qu'à la fin du XVe siècle, les monarques voulurent tous avoir des mercenaires suisses.

IV. — L'EUROPE ORIENTALE ET MÉDITERRANÉENNE.

États de l'Est. — L'Europe orientale comprenait deux royaumes catholiques, la POLOGNE, peuplée de Slaves, la HONGRIE, peuplée de *Magyars* ou Hongrois venus d'Asie et convertis. Elle comprenait encore, l'EMPIRE GREC, qui avait pour capitale BYZANCE ou Constantinople et s'étendait sur les deux rives qui bordent l'Archipel. La plupart des sujets de l'empire de Byzance étaient des chrétiens appelés *orthodoxes*, qui ne reconnaissaient pas la suprématie du pape et qui priaient en grec, non en latin; les chrétiens de Byzance avaient converti les autres peuples de la péninsule des Balkans, c'est-à-dire les Bulgares, venus d'Asie, comme les Hongrois, les Serbes, les Roumains; ils avaient converti aussi les Russes.

Au XVᵉ siècle, la RUSSIE était divisée en petites principautés presque toutes *vassales* de souverains *asiatiques*. Les Russes ne jouaient alors aucun rôle dans la vie européenne.

Les Turcs ottomans. — A partir du XIVᵉ siècle, l'empire

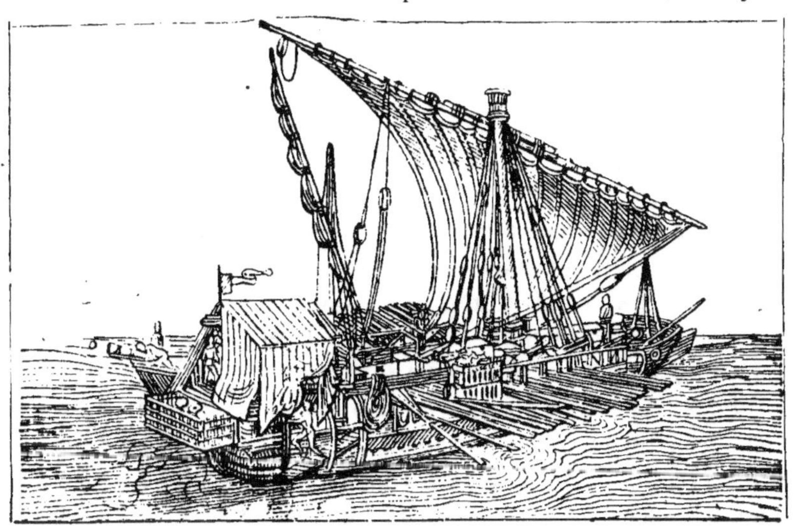

GALÈRE VÉNITIENNE DU XVᵉ SIÈCLE

Les galères étaient des bâtiments de guerre, usités dans la Méditerranée depuis l'antiquité; elles avaient, outre leurs voiles, des rames qui leur permettaient de manœuvrer même quand le vent n'était pas favorable. Les rames étaient longues et lourdes, il fallait plusieurs hommes pour mouvoir chacune d'elles; on employait à ce dur métier des prisonniers musulmans et des condamnés aux travaux forcés.

Les galères étaient étroites et longues, pour fendre mieux l'eau : elles portaient quelques pièces de canon; elles avaient à l'avant un éperon destiné à briser les rames des galères ennemies pour les immobiliser.

byzantin fut attaqué en Asie, puis en Europe par les armées d'une famille de chefs turcs.

Les Turcs habitent les montagnes et les steppes de l'Asie centrale; beaucoup d'entre eux venaient se louer en qualité de soldats chez les princes musulmans du sud-ouest de l'Asie. Plusieurs chefs de ces mercenaires turcs s'emparèrent de provinces situées en Asie Mineure et y appelèrent des compatriotes. L'Asie Mineure se peupla ainsi de Turcs qui se firent tous musulmans.

Vers 1308, un chef de mercenaires turcs nommé Osman ou Otman s'installa près de la mer de Marmara avec sa bande appelée les *Osmanlis* ou *Ottomans*. Ses successeurs, qui portaient le titre de *sultans*, prirent aux empereurs grecs les villes qu'ils possédaient sur la côte asiatique en face de Byzance. Enrichis par la guerre, ils employèrent toutes leurs ressources à la continuer. Ils organisèrent une *infanterie* solide en prenant des jeunes gens très vigoureux, en les exerçant sans relâche à la pratique des armes, en **leur** faisant inspirer une foi musulmane ardente : on appela ces fantassins les *janissaires* (c'est-à-dire les nouveaux soldats). Les sultans turcs eurent aussi des cavaliers armés à la légère, ils eurent les plus gros canons et les meilleurs artilleurs du temps (parfois des Italiens) : ils prirent à leur service des marins grecs.

Prise de Constantinople. — Bientôt, les Turcs passèrent le détroit des Dardanelles et commencèrent à prendre morceau par morceau les provinces européennes de l'empire grec. Au milieu du xve siècle, il ne restait plus aux Grecs que Constantinople, ville entourée d'une forte muraille, secourue par les commerçants italiens qui y avaient des établissements. Les Turcs l'assiégèrent par terre et par mer et la prirent d'assaut (1453). Ce fut la fin de l'empire grec. Depuis ce temps Constantinople est restée la capitale des Ottomans.

Les papes invitèrent les catholiques à faire une croisade contre les Turcs, mais les monarques d'Occident ne voulurent pas y prendre part. Les sultans ottomans purent continuer leurs conquêtes ; ils soumirent les petites nations des Balkans, Serbes, Albanais, Roumains ; puis ils pénétrèrent en Hongrie au commencement du xvie siècle, battirent les Hongrois, tuèrent leur roi et s'emparèrent de Buda-Pest et de presque toute *la Hongrie* ; ils devaient y rester près de deux siècles.

Les Turcs ne convertirent que très peu de leurs nouveaux sujets, contrairement à l'usage des souverains chrétiens ; ils préférèrent demander aux sujets chrétiens un *impôt* spécial que les musulmans ne payaient pas et, pour simplifier l'administration, ils gouvernaient les *chrétiens* par l'intermédiaire du

Les possessions des Vénitiens sont indiquées par un grisé; celles des Gênois par un trait sous les noms.

clergé. Quand les impôts ne rentraient pas, ou quand il y avait des révoltes, les pachas ou gouverneurs turcs faisaient exécuter les évêques et les prêtres; mais en temps ordinaire ils leur laissaient la conduite des chrétiens. Ainsi se conservèrent sous la domination turque la *religion orthodoxe* et les langues *hellénique, bulgare, serbe* et *roumaine*.

Gênes et Venise en Orient. — Avant les conquêtes des Turcs, les marchands de la République de GÊNES possédaient un quartier à Constantinople; ils allaient dans les ports de la mer Noire chercher des cuirs, des fourrures, du blé, des poissons séchés, des esclaves caucasiens qu'ils vendaient aux musulmans et aux chrétiens.

La république de VENISE avait 3 000 vaisseaux marchands allant à la voile, avec 25 000 matelots, elle avait 45 galères de guerre, marchant à la rame en même temps qu'à la voile pour manœuvrer plus facilement et portant 11 000 hommes d'équipage : elle possédait une grande partie des bords de la mer Adriatique devenue un *lac vénitien*, le sud de la Grèce, plusieurs îles de l'Archipel, Chypre, en tout un territoire égal à 1/5 de la France actuelle; elle avait un quartier marchand fortifié à *Alexandrie*, port d'Égypte, où ses marchands allaient acheter les soies, les pierres précieuses, les perles et surtout le poivre, la cannelle et les diverses *épices* de l'Extrême-Orient.

Les villes commerçantes d'Italie avaient imaginé d'instituer en Orient des consuls destinés à protéger les nationaux et à renseigner les marchands. Venise eut la première, dans les cours étrangères, des ambassadeurs permanents.

Déclin du commerce méditerranéen. — Après Constantinople, les Turcs prirent la Syrie, l'Égypte, puis Tripoli, Tunis et Alger. Ils interdirent à leurs sujets tout commerce avec les chrétiens. Gênes fut ruinée. Venise, plus puissante, engagea contre les Turcs une guerre maritime qui dura plus de deux siècles. Le commerce en Méditerranée devint très difficile à cause de ces guerres continuelles. La prospérité des ports méditerranéens en souffrit; elle fut mortellement atteinte quand les Portugais eurent trouvé le moyen d'aller chercher directement les produits de l'Extrême-Orient (p. 30). Elle ne devait renaître qu'après le percement de l'isthme de Suez.

Questionnaire.

I

L'Angleterre. — Territoire de l'Angleterre en 1500. Pourquoi le roi était-il puissant? Quand s'est formée la langue anglaise? De quoi le peuple anglais vivait-il? Qu'appelle-t-on Parlement? Chambre des communes? Chambre des lords?

II

L'Espagne. — Les divers royaumes de la péninsule ibérique. Comment se sont-ils formés? Comment s'est faite l'unité territoriale? De quoi se composait l'empire de Charles-Quint? Pourquoi disait-on que le soleil ne se couchait pas sur cet empire? Qu'était-ce que l'inquisition? un auto-da-fé?

III

Le Saint-Empire. — Territoires de l'Empire. Différences avec l'Empire actuel d'Allemagne. Morcellement, différence avec les royaumes précédemment étudiés. Qu'était-ce que la Hanse? Comment était choisi l'Empereur? Qu'était-ce que la Diète? Les princes électeurs. Pouvoirs héréditaires, pouvoirs électifs des Habsbourg.

Affranchissement de la Suisse. D'où vient le mot suisse? Qu'est-ce qu'un canton suisse?

IV

L'Orient et la Méditerranée. — Principaux États de l'Europe orientale. Comparez-les à ceux d'aujourd'hui. Qu'était-ce que les Turcs? les Turcs ottomans? le sultan? les janissaires? Conquêtes des Turcs. Les Turcs ont-ils converti leurs sujets? Commerce de Gênes, de Venise? Routes commerciales de cette époque. Vaisseaux de commerce, galères. Origine des consuls, des ambassadeurs. Causes du déclin du commerce méditerranéen.

SUJETS COMPLÉMENTAIRES

1° *Les provinces aujourd'hui françaises qui ne faisaient pas encore partie de la France au XVI° siècle.*

2° *Le commerce français en Méditerranée.*

3° *Comparer le Parlement anglais et les États généraux de l'ancienne France.*

CHAPITRE III

LES DÉCOUVERTES MARITIMES

La boussole. — L'aiguille aimantée a la propriété de se diriger constamment vers le nord : au XIV° siècle, des navigateurs italiens imaginèrent de monter une aiguille aimantée sur un pivot placé au centre d'une petite boîte au fond de laquelle était dessinée la rose des vents. Avec cet appareil, appelé la boussole, c'est-à-dire, en italien, la petite boîte, on put toujours en mer savoir où étaient les quatre points cardinaux, même quand on ne voyait plus les côtes et quand les étoiles étaient cachées par des nuages. Les voyages en plein océan, loin *de la vue* des côtes, devinrent moins effrayants.

A la fin du XV° siècle, des astronomes et mathématiciens les rendirent moins malaisés encore, en apprenant aux navigateurs à *faire le point*, c'est-à-dire à calculer exactement d'après l'observation des astres, le point du globe où se trouve leur navire.

Les Portugais et la route des Indes. — L'Extrême-Orient, ou, comme on disait jadis, les Indes, a toujours vendu à l'Europe de la soie, de la porcelaine, des pierres précieuses, des perles, des épices. Jusqu'au XV° siècle, ces produits étaient apportés de l'Extrême-Orient dans les ports de Syrie ou d'Égypte où les marchands italiens venaient les acheter. Ils les revendaient avec de beaux bénéfices qui donnèrent à des rivaux le désir de faire le même commerce.

Or, depuis 1416, les rois de Portugal envoyaient presque chaque année des navires explorer les *côtes d'Afrique*. Les capitaines portugais prenaient possession au nom du roi des terres qu'ils découvraient, ils y achetaient de l'or, de l'ivoire et y enlevaient des esclaves pour payer les frais de l'expédition.

Après plusieurs voyages, les Portugais s'aperçurent que la côte d'Afrique méridionale allait dans une direction sud-est ; ils pensèrent alors que l'Afrique se terminait en pointe et qu'on pourrait la tourner au sud pour aller directement aux Indes : le roi donna pour mission aux capitaines de chercher la *route des Indes* en contournant l'Afrique.

En 1498, le Portugais Vasco de Gama, avec quatre petits vaisseaux et 60 hommes seulement dépassa pour la première fois le *Cap de Bonne-Espérance*, puis il arriva aux Indes par mer ; il en rapporta une cargaison de marchandises qui paya les frais de l'expédition.

NAVIRE DE COMMERCE FRANÇAIS DU XVᵉ SIÈCLE, D'APRÈS UN VITRAIL DE LA MAISON DE JACQUES CŒUR A BOURGES

Les vaisseaux de commerce étaient alors beaucoup plus petits qu'aujourd'hui ; on les faisait larges pour pouvoir y mettre plus de marchandises. Celui-ci porte les armes de son propriétaire, le marchand et financier Jacques Cœur, contemporain de Charles VII (un drapeau avec trois cœurs). C'est sur de petits bâtiments de ce genre que les Portugais et les Espagnols firent leurs grands voyages de découvertes en Afrique, en Amérique et en Asie. •

La colonisation portugaise. — Les rois de Portugal envoyèrent alors des flottes plus importantes avec des soldats et des canons. Ils prirent possession de ports sur le golfe Persique, dans l'Inde, les îles de la Sonde, en Chine, ils les fortifièrent et y entretinrent des navires de guerre.

Suivant les usages du temps, les Portugais se réservaient tout le commerce et traitaient leurs concurrents en pirates. Ils empêchaient les autres Européens de venir en Asie, coulaient leurs navires, pendaient les hommes de leurs équipages.

Les Portugais obligeaient les souverains indigènes à leur vendre les produits de leurs États et ils leur faisaient la guerre quand ils refusaient.

Enfin ils protégeaient les *missionnaires* et contraignaient les indigènes de leurs possessions à se convertir au *catholicisme*; grâce à eux, les jésuites (p. 74) s'installèrent dans l'Inde, en Chine, au Japon.

Cette colonisation coûta aux Portugais plus que leurs ressources ne leur permettaient; ils ne purent défendre leurs possessions. Au commencement du xvi⁰ siècle, les *Hollandais* leur en prirent la meilleure partie, Ceylan (aujourd'hui anglais), d'où l'on tirait les perles et les rubis, et les îles de la Sonde, qui produisaient les épices.

La découverte de l'Amérique. — Depuis longtemps, les gens instruits croyaient que la terre est ronde bien que personne n'en eut fait le tour. Un Génois, Christophe Colomb, conçut l'idée *d'aller aux Indes* en faisant le tour du globe par l'océan Atlantique. Il ne soupçonnait pas qu'il existait un continent — l'Amérique — entre cet océan et les mers asiatiques.

Colomb n'avait pas d'argent; il offrit ses services au roi de Portugal, puis à plusieurs autres souverains, qui n'en voulurent pas, craignant que les profits ne valussent pas la dépense. Enfin le roi et la reine d'Espagne lui confièrent trois *bâtiments très petits*, presque des barques, avec lesquels il partit de Cadix. Il avait demandé, en récompense, s'il réussissait, la noblesse, le titre de vice-roi des pays découverts et le dixième des revenus qu'on en tirerait. Après deux mois et demi de navigation, Colomb arriva dans une petite île des *Antilles* (1492). Il fit ensuite trois autres voyages dans lesquels il découvrit Cuba, plusieurs autres Antilles et enfin, en 1498, la *côte de l'Amérique du Sud.*

Colomb avait pris possession de ces terres au nom de l'Espagne. Il avait cru aborder aux Indes. Il appela les Peaux-Rouges des *Indiens*, nom que nous leur avons conservé.

Mais, en 1519, les Espagnols traversèrent l'isthme de Panama et découvrirent le Grand-Océan. On se rendit compte alors que les terres découvertes formaient un monde nouveau séparé de l'Asie par une mer inconnue jusque-là. Nous appelons ce continent *Amérique* du nom d'un Italien Amerigo Vespucci qui visita le Nouveau-Monde peu après Colomb et auquel un géographe attribua par erreur la découverte.

Conquête de l'Amérique. — Au temps de Colomb, l'île de Cuba était le centre des possessions espagnoles. On y avait trouvé des ornements d'or entre les mains des indigènes; beaucoup d'Espagnols vinrent dans l'île espérant découvrir des mines d'or.

Plusieurs partirent de Cuba pour aller chercher de l'or sur le continent; ils débarquèrent au MEXIQUE où les indigènes les prirent pour des dieux à cause de leurs armes à feu et de leurs chevaux,

SURTOUT DE TABLE REPRODUISANT
UN VAISSEAU DE GUERRE DU XVI⁶ SIÈCLE

Les souverains avaient des galères de guerre en Méditerranée. Sur l'Océan, ils firent construire des vaisseaux de haut bord ayant plusieurs étages ou ponts dont l'un portait une rangée ou batterie de canons. Ces grands navires marchaient à la voile; ils avaient trois mâts. L'avant et l'arrière étaient l'un et l'autre surmontés de constructions en bois sculpté et peint, appelées les châteaux ou gaillards. La place d'honneur et de commandement était au gaillard d'arrière, surmonté d'un étage appelé la dunette, où se tenait le commandant.

instruments et animaux inconnus des Indiens. Les Espagnols tuèrent les souverains, se partagèrent leurs trésors et annexèrent le pays au nom du roi d'Espagne, en se faisant donner les principales dignités.

Le Pérou et le reste de l'Amérique du Sud furent conquis de la même manière.

La colonisation espagnole. — A partir de 1540, les rois d'Espagne eurent un empire plus grand que celui des Portugais et plus riche encore. Ils le firent administrer par des vice-rois.

Les Espagnols convertissaient de force les indigènes, comme les Portugais. Ils installèrent en Amérique des *missionnaires* et leur donnèrent des terres immenses : les missionnaires détruisirent les temples, les statues, les manuscrits indigènes et firent pratiquer partout le culte catholique.

Les colonies espagnoles d'Amérique produisaient le maïs, le tabac, le cacao, le quinquina, jusque-là inconnus en Europe; le tabac, le maïs, le dindon, originaires d'Amérique, furent apportés en Europe pour la première fois par les Espagnols. D'autre part, les Espagnols introduisirent d'Europe en Amérique les chevaux et les bœufs, que le Nouveau-Monde ignorait.

Le principal revenu des colonies espagnoles était fourni par les mines d'*argent* du Pérou ou du Mexique où le minerai d'argent était d'une richesse extraordinaire. La plupart des mines d'argent de l'Ancien-Monde furent abandonnées parce que le minerai était plus pauvre que celui d'Amérique. L'Espagne vendit au monde entier l'argent extrait de ses colonies.

La traite des noirs. — Les Espagnols vivaient en maîtres dans leurs conquêtes et faisaient travailler les indigènes réduits à l'état de serfs. Dans les Antilles, les indigènes périrent tous. Alors les missionnaires, qui voulaient conserver les Indiens parce qu'ils étaient convertis, conseillèrent de faire venir en Amérique des esclaves noirs d'Afrique, plus vigoureux. Les Portugais utilisaient depuis longtemps les esclaves nègres d'Afrique dans leurs possessions.

Les Espagnols les imitèrent. Au xvie siècle ils commencèrent à faire la *traite des noirs*, c'est-à-dire l'achat, le transport et la vente des nègres africains. Ce commerce a duré jusqu'au xixe siècle. Aujourd'hui les noirs, descendants des esclaves d'autrefois, forment la majorité de la population dans les Antilles et dans quelques parties de l'Amérique méridionale.

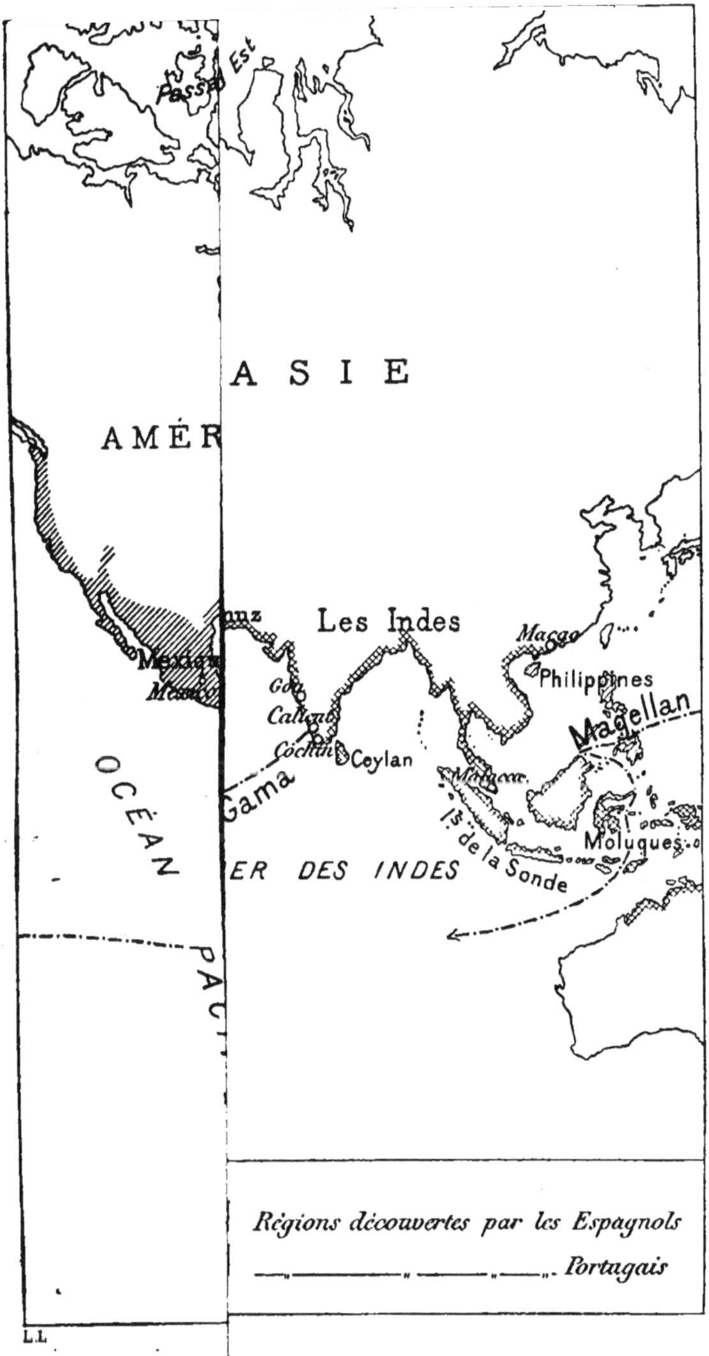

Passe Est
ASIE
AMÉR
Les Indes
Macao
Philippines
Magellan
Goa
Calicut
Cochin
Ceylan
Malacca
Gama
Is. de la Sonde
Moluques
OCÉAN
MER DES INDES
PACI
Mexico
Mexico
L.L.
Régions découvertes par les Espagnols
Portugais

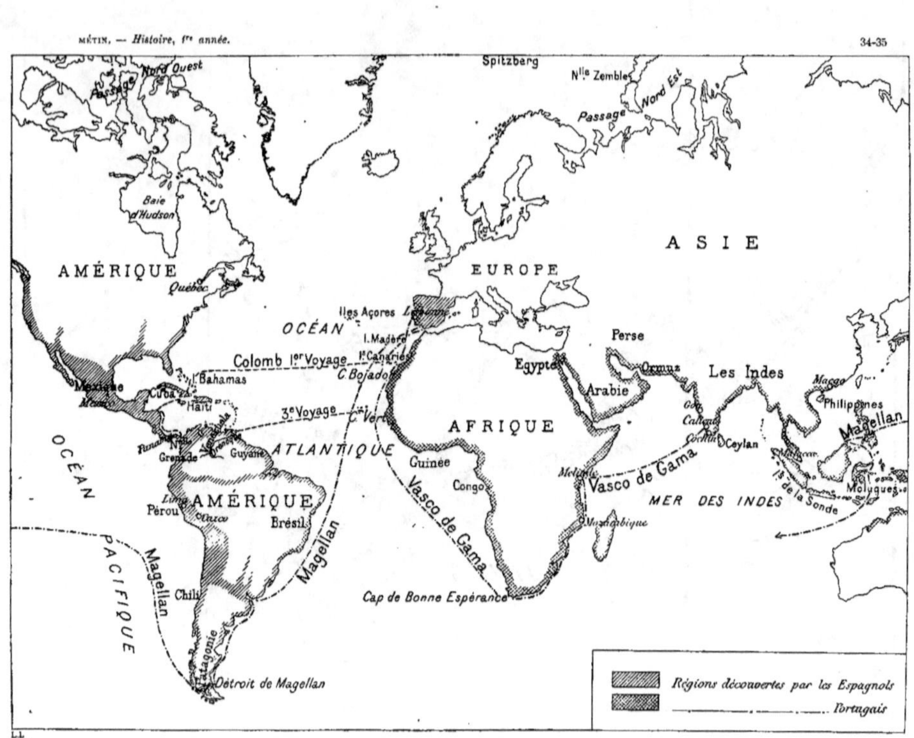

LES GRANDES DÉCOUVERTES AUX XVᵉ et XVIᵉ SIÈCLES.

Le premier tour du monde. — Les Portugais avaient été les premiers à faire des découvertes; le pape leur avait donné la propriété de tout ce qu'ils découvriraient, à condition d'y propager le catholicisme.

Après que Colomb eut découvert l'Amérique pour le roi d'Espagne, celui-ci s'adressa aussi au pape qui traça au milieu de l'Atlantique une ligne de *marcation*. Tout ce qui était du

UNE MINE D'ARGENT DANS L'AMÉRIQUE ESPAGNOLE

Les Espagnols obligeaient les Indiens à travailler aux mines d'argent. Cette scène est reproduite d'après une gravure du XVIe siècle.

côté de l'Afrique devait être portugais; du côté de l'Amérique, espagnol.

Mais, en 1500, un navigateur portugais découvrit le *Brésil*, et il en prit possession au nom du roi de Portugal qui le garda.

En 1519, une petite flotte du roi d'*Espagne* commandée par Magellan partit pour chercher si l'on ne pouvait aller aux Indes par le *sud-ouest*. Elle tourna l'Amérique du Sud par un détroit que Magellan découvrit et qui porte encore son nom, traversa le Grand Océan qu'elle appela *Pacifique*, découvrit les Philippines et en prit possession. Magellan fut tué dans une île par les indigènes, mais ses compagnons, après trois ans de voyage, revinrent par le cap de Bonne-Espérance avec une cargaison de clous de girofle et d'épices qui paya les frais de voyage. C'était la première fois qu'on faisait le tour du globe.

Les Portugais protestèrent contre ce voyage parce que les Espagnols avaient dépassé la ligne de marcation. Alors le pape, auquel Portugais et Espagnols s'adressèrent, traça au milieu du Pacifique une nouvelle ligne dite de *démarcation* (1524). Elle ne fut pas plus observée que la première.

Découvertes des Français et des Anglais. — Les nouveaux mondes au xvi⁰ siècle paraissaient partagés entre le roi de Portugal et le roi d'Espagne. Les autres souverains s'en plaignirent. François Ier ne reconnut pas la ligne de démarcation : « Qu'on me montre, disait-il, le passage du testament de notre père Adam où le monde est partagé entre Portugal et Espagne! »

Le roi d'Angleterre envoya à la découverte un concurrent de Colomb, un autre Italien, Gabotto ou *Cabot*, qui découvrit *Terre-Neuve* et le nord du Canada (1497).

Plus tard, François Ier envoya dans les mêmes régions un Italien, Verazzani (1524), puis un marin de Saint-Malo, *Jacques Cartier*, qui remonta le fleuve Saint-Laurent et fit trois voyages au Canada (1534-1541).

Mais ces pays ne produisaient ni les épices ni les métaux précieux : aussi furent-ils d'abord dédaignés. Les Français cherchèrent à s'établir plus au sud, mais ils furent repoussés par les Espagnols ; ils ne réussirent à prendre pied qu'en Guyane (1604).

Enfin, ils se décidèrent à coloniser la *Nouvelle-France* ou Canada. *Samuel Champlain*, de La Rochelle, y fonda la ville de Québec (1608) et en fut le premier gouverneur.

Les Anglais commencèrent aussi à coloniser la *Nouvelle-Angleterre* (c'est-à-dire le Nord des États-Unis).

Recherches des passages du Nord. — Enfin les Anglais et les *Hollandais* cherchèrent si l'on ne pourrait aller aux Indes soit par le nord de l'Amérique, soit par le nord de l'Asie.

Les Anglais découvrirent la baie d'Hudson, et plusieurs autres régions de la côte au nord du Canada.

Les Hollandais découvrirent le Spitzberg au nord de la Norwège, la Nouvelle-Zemble au nord de la Russie : un de leurs navigateurs passa pour la première fois tout un *hiver* dans les glaces polaires.

Mais on se rendit bientôt compte que les deux passages du

LA PREMIÈRE CONSTRUCTION FRANÇAISE DE QUÉBEC

Cette gravure reproduit les maisons et le fort de bois élevés par Champlain sur le bord du Saint-Laurent en 1608.

Nord étaient inutilisables pour le commerce et l'on cessa ces expéditions avant d'avoir exploré complètement les passages. Les passages nord-ouest et nord-est n'ont été suivis d'un océan à l'autre que dans la seconde moitié du XIXe siècle.

Conséquences des découvertes. — En cent ans, de 1492 à la fin du XVIe siècle, on a découvert trois fois plus de terres que les cartes de l'antiquité ou du moyen âge n'en figuraient. On connaît à peu près *toutes les côtes* (mais non l'intérieur) des continents, sauf dans les régions arctiques et en Océanie.

A la place du commerce méditerranéen, déchu, le commerce par l'Océan a commencé. Les états commerçants et les grands ports sont ceux de l'Atlantique.

Questionnaire.

Qu'est-ce que la boussole? faire le point? Pourquoi fait-on le point?

Les Portugais. — Qu'appelait-on les Indes? Quels produits en tirait-on? Par quelle voie l'Europe les recevait-elle avant les Portugais? Comment les Portugais sont-ils allés aux Indes? Caractères principaux de la colonisation portugaise. Le commerce. Les missionnaires. Quel peuple s'est emparé des principales colonies portugaises?

Les Espagnols. — Projets de Colomb. Qui lui donna les moyens d'exécution? Que croyait-il avoir découvert? Comment a-t-on su qu'il se trompait? D'où vient le nom d'Amérique? Quelles parties de l'Amérique les Espagnols ont-ils conquises? Etendue de leur empire. Caractères de leur colonisation. Quel était le principal produit de l'Amérique espagnole? Produits nouveaux découverts en Amérique. Qu'est-ce que la traite des noirs? Ses conséquences. Quel fut le premier tour du monde? Limites des possessions portugaises et espagnoles. Qui les traça? Furent-elles observées?

Les autres peuples. — Découvertes et colonies des Français, des Anglais. Recherches des passages Nord-est et Nord-Ouest. Par qui furent-elles entreprises? Aboutirent-elles? Monde connu en 1600. Par où se fit le commerce de mer après les découvertes?

SUJETS COMPLÉMENTAIRES

Explorations des Dieppois sur la côte occidentale d'Afrique avant les Portugais.

Commerce des anciens ports français (par ex. Rouen, Bordeaux, Bayonne, Marseille) avant le XVIe siècle.

Navires de commerce et de guerre au XVIe siècle. Comparaison avec ceux d'aujourd'hui (tonnage, armement, équipages).

CHAPITRE IV

LA RENAISSANCE ET LE MOUVEMENT ARTISTIQUE ET LITTÉRAIRE JUSQU'AU XVIIe SIÈCLE

Sens du mot Renaissance. — On appelle *Renaissance* le développement des arts, de la littérature et des sciences qui se fit de la fin du xve siècle au commencement du xviie. La Renaissance se place donc entre l'époque de l'art *gothique* et l'époque de l'art et de la littérature *classiques*. Le nom qu'on lui a donné vient d'un mépris excessif qu'on témoignait avant le xixe siècle pour l'art et la littérature du moyen âge; on les appelait *gothiques*, c'est-à-dire inventées par les Goths ou barbares, nom inexact que nous avons pourtant conservé; on n'estimait que l'art et la littérature antiques et l'on s'imaginait que l'art et la littérature étaient morts après les invasions des barbares et qu'ils étaient *renés* brusquement à la fin du xve siècle. Aujourd'hui nous savons que cette opinion est fausse. L'art et la littérature de la Renaissance sont la suite de l'art et de la littérature du moyen âge, transformés sous l'influence des études grecques et latines et portés tout près de la perfection par une série d'hommes de génie dont la plupart furent des Italiens.

I. — LES ARTS

L'art avant la Renaissance. — L'art du moyen âge était surtout *religieux*. Sa principale forme était l'ARCHITECTURE. Les Français avaient inventé, vers la fin du xiie siècle, les églises improprement appelées *gothiques*, et cette façon de construire avait paru si belle qu'on l'avait imitée dans toute l'Europe occidentale jusqu'en Hongrie et jusqu'en Suède.

L'église gothique est une construction de *pierre* dont la partie principale est une longue nef *voûtée*; une nef transversale ou transept forme une croix avec la précédente; l'église gothique se fait remarquer par les portails *sculptés* de sa façade, par ses *tours* élevées, souvent surmontées de *flèches* ou clochers, par ses fenêtres au sommet pointu qui deviennent de plus en plus larges et de plus en plus ornées à mesure qu'on se rapproche du xv° siècle.

Au moyen âge, les riches se faisaient construire des maisons à pignons ou toits pointus et à tourelles en pierre ou en bois de même style que les églises.

Les sculpteurs travaillaient uniquement pour décorer les édifices. Souvent ils étaient en même temps architectes.

Les peintres traitaient des sujets religieux. Ils faisaient des *miniatures* ou petites peintures destinées à décorer les manuscrits, des *fresques*, c'est-à-dire des peintures à frais, sur le plâtre des murs dans les églises et les maisons, des *tableaux*, c'est-à-dire des peintures sur des tables de bois, plus tard sur de la toile : ils délayaient leurs couleurs dans l'eau, dans la colle, dans la cire en fusion. Ces matières sèchent très vite : on ne pouvait donc poser qu'une seule couche de peinture, lorsqu'elle ne convenait pas il fallait détruire la partie insuffisante et recommencer. En 1410, un peintre *flamand*, Van Eyck, imagina de dissoudre les couleurs dans l'huile qui se fixe moins vite; la *peinture à l'huile* permet de poser plusieurs couches l'une sur l'autre, de mêler les couleurs, de combiner les tons avec plus de variété, de multiplier les nuances à l'infini, de produire des effets en variant l'épaisseur de la couleur en divers endroits, elle est enfin plus brillante que les autres. Elle fut adoptée rapidement partout.

Les primitifs italiens. — Au moyen âge, les artistes de tout genre se groupaient autour des *princes* ou encore dans les grandes villes commerçantes où les riches faisaient des commandes.

Les artistes de *Florence* et de quelques autres républiques

ATELIER DE PEINTRE FLAMAND. — *Au centre, le peintre achève un tableau qui représente saint Georges terrassant un animal fabuleux; à gauche, un élève fait un portrait; au premier plan des élèves plus jeunes dessinent : l'un prépare ses couleurs. A droite, un aide broie des couleurs, un autre y mêle de l'huile.*

voisines, de *Toscane*, furent les créateurs de la *peinture* et de la *sculpture modernes*. Avant eux, les Italiens copiaient les modèles inventés à Byzance et dans l'empire grec; ils décoraient les églises avec des mosaïques où des personnages étaient représentés dans quelques attitudes, toujours les mêmes, sur un fond d'or.

Le Florentin GIOTTO (1276-1337) imagina le premier de *varier* les attitudes des personnages, de les *grouper* d'une manière élégante ou dramatique, de *représenter* la *nature* au fond du tableau; ses œuvres et celles de ses élèves sont pittoresques, mais les personnages en sont imparfaitement dessinés et la perspective en est défectueuse.

Les artistes florentins continuèrent à chercher de nouveaux moyens d'expression; un siècle après la mort de Giotto, ils connaissaient l'*anatomie*, la *perspective*, ils savaient parfaitement dessiner et faire des portraits ressemblants; vers le même temps ils adoptèrent la peinture à l'huile importée des Pays-Bas.

La sculpture était née à *Pise*, république commerçante, voisine de Florence, vers l'époque de Giotto : mais les grands sculpteurs travaillèrent à Florence au xv° siècle. Ces sculpteurs joignaient, comme leurs prédécesseurs, à leur profession, celles d'architecte, de peintre ou d'orfèvre : mais ils commencèrent à traiter la sculpture comme un art à part; au lieu de sculpter uniquement des figures ou groupes destinés à faire partie des édifices, ils firent des statues isolées, à l'imitation des anciens. Ils ne sculptèrent plus seulement des sujets religieux, comme au moyen âge, mais représentèrent des personnages de leur temps, surtout des princes. Ils furent des *naturalistes* et même des *réalistes*, reproduisant exactement les formes vivantes; ils se débarrassèrent de la maladresse et de la lourdeur qui gâtent les sculptures gothiques. Le plus célèbre d'entre eux est DONATELLO.

Caractères de l'art des primitifs. — La peinture et la sculpture du xv° siècle sont presque les égales des nôtres; cependant les peintres de cette époque abusent de la perspective qu'ils viennent de découvrir; par réaction contre les anciens fonds uniformes, ils représentent derrière les personnages de

leurs tableaux des villes tout entières, des fleuves, des pano-
ramas ; ils multiplient les personnages, traitent plusieurs sujets

ART PRIMITIF FRANÇAIS. — LE BUISSON ARDENT, PAR NICOLAS FROMENT
(CATHÉDRALE D'AIX)

Le sujet de ce tableau est emprunté à un passage de la Bible où il est dit que Moïse entendit la voix de Dieu qui sortait d'un buisson en flammes et qui lui prédisait la venue de Jésus-Christ. L'artiste a représenté cette prédiction en faisant apparaître dans les flammes la Vierge tenant l'enfant Jésus.

dans un seul tableau, distraient l'attention au lieu de la con-
centrer. Les sculpteurs font des groupes trop touffus, recher-

chent les attitudes tourmentées pour montrer leur habileté.
Aussi appelle-t-on ces artistes, malgré leur valeur, des *primitifs*.

Les grands maîtres italiens. — Dans les dernières
années du xve siècle parut une nouvelle génération d'artistes
italiens, caractérisée par un dessin irréprochable et par l'art
de *composer* un tableau en groupant les personnages, en sim-
plifiant le sujet, en rédui-
sant l'importance des parties accessoires. Les sculpteurs et surtout les
peintres primitifs repré-
sentaient leurs personna-
ges avec les costumes de
leur temps en cherchant
soit la richesse, soit le
pittoresque; ceux du xvi^e
siècle ne conservèrent ces
costumes que dans les
portraits et souvent ils
les traitèrent sommaire-
ment pour donner aux
figures l'importance principale; dans les sujets de
sainteté et d'histoire, ils
donnèrent à leurs person-
nages des vêtements copiés
sur les monuments *anti-
ques*, souvent de simples
draperies.

ART PRIMITIF FRANÇAIS. — PORTRAIT
PAR NICOLAS FOUQUET

*Ce portrait représente un chancelier (minis-
tre de la justice) de Louis XI, vêtu d'une longue
robe fourrée de magistrat, les mains jointes, en
train de prier.*

Le premier en date fut
Léonard de Vinci (1452-1519), né près de Florence, mais qui
travailla surtout pour les ducs de Milan : il fut non seulement
peintre, mais, en outre, sculpteur, architecte, ingénieur et
physicien. Vinci a peint une Cène où il représente le Christ et
les douze apôtres groupés dans une salle de style simple et
sévère; il a représenté de jeunes hommes et des femmes, comme
la Joconde du Louvre, avec une science du *modelé* (c'est-à-dire
du relief des formes) que personne n'avait eue avant lui.

Michel-Ange Buonarotti (1475-1564), de Florence, fut sculpteur, peintre, architecte, ingénieur, poète ; il recherche surtout l'expression qu'il tire non seulement des traits du visage mais

ART DE LA FIN DU MOYEN AGE

LE PUITS DE MOÏSE, EXÉCUTÉ DE 1395 A 1402 PAR DES SCULPTEURS FLAMANDS

Les statues représentent Moïse (au centre de la gravure), David et plusieurs prophètes hébreux. Les colonnettes, les chapiteaux sont gothiques. Le personnage de gauche porte le costume du temps. Ce groupe de figures ornait un puits creusé dans une cour de l'ancien couvent des Chartreux à Dijon. Le couvent n'existe plus, mais le groupe est resté en place.

de *mouvements* du corps hardis et nouveaux ; en peinture et en sculpture, il ne se perd pas dans le détail comme les primitifs ; il aime les grandes figures animées se détachant sur un fond simple. Il a peint d'immenses fresques comme le *Juge-*

ment dernier à Rome, entrepris de véritables monuments de sculpture comme les tombeaux des Médicis à Florence.

RENAISSANCE FRANÇAISE
TOMBEAU DE HENRI II A SAINT-DENIS, PAR F. LESCOT ET G. PILON

En haut, Henri II et sa femme en grand costume royal, agenouillés et priant. En bas, sur le sarcophage placé à l'intérieur du monument, les mêmes personnages sont représentés morts et étendus sur la pierre. Aux angles, des statues représentent les Vertus. Les colonnes, les moulures, l'attitude et les vêtements des statues sont imités de l'antiquité.

RAPHAEL Sanzio (1483-1520), né près de Pérouse, dans l'Ombrie, étudia d'abord auprès de peintres de Pérouse, puis vint s'établir à *Rome*. Il fut uniquement peintre. Il a peint sur les murs du palais des Papes de grands sujets allégoriques, par exemple l'École d'Athènes (c'est-à-dire les grands hommes de l'antiquité), la Dispute du Saint-Sacrement (c'est-à-dire les grands hommes de l'Église catholique). Il a fait aussi de nombreux tableaux dont les plus connus sont les Vierges et les Saintes Familles. Il a toujours cherché la simplicité et la beauté. A l'époque classique on l'a considéré comme le premier des peintres.

Aucun pays n'eut un nombre d'artistes égal à celui de l'Italie entre 1450 et 1550. Avec l'*école* (c'est-à-dire le groupe d'artistes) de Florence et celle de Rome, la plus remarquable fut l'*école* de VENISE, dont les peintres les plus célèbres sont TITIEN et VÉRONÈSE. Les Vénitiens peignent avec une grande richesse de *couleur*, et dans une atmosphère lumineuse et dorée, des personnages beaux, sains, richement vêtus. Ils n'ont pas le sentiment religieux des autres Italiens, même quand ils traitent des sujets de sainteté. Mais ils plurent aux riches et aux souverains, qui leur firent des commandes.

L'architecture italienne. — On construisit en Italie quelques églises gothiques dont la plus importante est la cathédrale de Milan.

Mais les Italiens, qui possédaient beaucoup de monuments romains, restaient fidèles au style antique que les peuples du Nord ne connaissaient pas. Comme les Romains et les Grecs, ils aimaient les arcs en plein cintre et les lignes droites : ils employaient les colonnes et les chapiteaux doriens, ioniens, corinthiens, à l'imitation des temples antiques.

Ils se mirent à couvrir les édifices avec des dômes ou *coupoles*, au lieu de la voûte allongée des gothiques. La coupole employée par les Romains et les Byzantins, mais que les peu-

RENAISSANCE FRAN-
ÇAISE
NYMPHE PAR JEAN
GOUJON

Ce bas-relief, où l'on sent l'imitation de l'antiquité, décore avec plusieurs autres une fontaine élevée à Paris. Les Nymphes étaient, dans l'antiquité, les divinités des sources.

ples du Nord ne savaient plus construire, devint, en Italie, la partie essentielle de l'édifice : les tours, les clochers furent de plus en plus réduits.

Le premier édifice à dôme fut la cathédrale de Florence, élevée au commencement du xve siècle par *Brunellesco* : le plus célèbre fut *Saint-Pierre de Rome*, la plus grande église catholique du monde, achevée un siècle plus tard par Michel-Ange.

Espagne. — Les peintres espagnols ont été les disciples des Italiens; plusieurs ont vécu en Italie où le roi d'Espagne possédait Naples : presque tous sont venus y étudier. Le plus grand est un peintre du xviie siècle, Velasquez, mort en 1660, qui a laissé des portraits étonnants de vie et de vérité et diverses compositions baignées d'une belle lumière argentée (p. 172).

Pays-Bas. — Bruges et les autres villes riches des Pays-Bas eurent, dès le temps des frères Van Eyck, inventeurs de la peinture à l'huile (1410), des peintres *primitifs* comparables à ceux de l'Italie; ils traitaient des sujets religieux de la même manière que les Florentins, mais en donnant à leurs personnages les traits et les costumes des gens du Nord.

Les Pays-Bas eurent aussi des sculpteurs, rivaux des Italiens et qui firent des statues pour les églises et les tombeaux dans un style réaliste et pittoresque.

Enfin ils eurent des architectes gothiques comparables à ceux qui élevaient les grandes cathédrales de France; on construisit aux Pays-Bas des édifices civils uniques au monde, les grands *hôtels de ville* et les halles (marchés couverts) qui font encore l'ornement des villes belges.

Au milieu du xvie siècle, l'art italien devint à la mode, grâce à la supériorité de ses principaux représentants. Alors les Flamands allèrent étudier à Rome et, pendant plusieurs années, ils ne firent plus qu'imiter l'école de Rome.

Plus tard, à la fin du xvie siècle, les Pays-Bas se divisèrent en Pays-Bas catholiques, qui restèrent à l'Espagne, et en Hollande protestante qui devint indépendante. Deux écoles nouvelles se formèrent alors qui furent quelque temps les *premières* de l'Europe.

L'école flamande, qui occupe les cinquante premières années du XVIIᵉ siècle, a pour chef Rubens, d'Anvers (1577-1640), un des peintres les mieux doués et les plus féconds de l'histoire. Rubens a peint les mêmes sujets que les Italiens, avec les mêmes draperies et les mêmes accessoires, mais il a pris ses modèles en Flandre ; il est plus vulgaire et moins élégant que les Italiens, mais il les dépasse par son génie de coloriste et par sa lumière. Rubens fut le peintre le plus connu et le plus riche de son temps ; plusieurs souverains l'appelèrent à leur cour. Il eut un très grand nombre d'élèves. Ses disciples ont réussi surtout dans la *peinture de genre*, c'est-à-dire la représentation de petites scènes familières, qui a été inventée par les peintres des Pays-Bas.

L'*école hollandaise*, contemporaine de la flamande, comprend un très grand nombre de peintres qui vécurent

LE LOUVRE AU MOYEN AGE, D'APRÈS UNE MINIATURE DU COMMENCEMENT DU XVᵉ SIÈCLE

Il ne reste rien aujourd'hui de ce château fort construit par Charles V pendant la guerre de Cent Ans.

dans différentes villes de Hollande. Ils ont traité rarement des sujets religieux parce que les protestants ne mettent pas de tableaux dans les églises ; ils ont travaillé pour les nobles et les commerçants de leur pays qui était alors le plus riche de l'Europe. Leurs sujets sont surtout la peinture de genre, le portrait, le *paysage*, qu'ils ont portés à la perfection (p. 168, 169). Le plus grand d'entre eux et l'un des peintres les plus originaux qu'on ait jamais vus pour la composition, le modelé, l'emploi de la lumière, est REMBRANDT (1607-1669), qui vécut à Amsterdam (p. 166).

Allemagne. — L'art allemand est apparenté à celui des Pays-Bas. Plusieurs grandes villes riches d'Allemagne eurent des peintres, qui traitèrent les sujets de sainteté avec moins d'adresse mais avec plus de sentiment que les Flamands ; elles eurent aussi des sculpteurs et des architectes gothiques.

Au commencement du XVIe siècle, plusieurs grands artistes parurent dans différentes villes d'Allemagne. Deux surtout sont célèbres, ALBERT DÜRER (1471-1528), de Nuremberg, peintre de portraits et *graveur* des sujets religieux et de scènes pittoresques (p. 21), HOLBEIN (1497-1534), peintre de portraits, qui vécut à Bâle et à la cour du roi d'Angleterre (p. 95).

La peinture française. — A la fin du moyen âge, les papes habitèrent Avignon pendant près de soixante-dix ans : ils y appelèrent des peintres italiens qui formèrent des élèves. D'autre part, les rois de France firent venir des artistes flamands à Paris. L'influence flamande fut en France la plus importante. Il n'y a pas eu en France de grand novateur ni d'école dominante.

Les primitifs français ont travaillé les uns à Paris, les autres dans des capitales de princes ou de grands seigneurs. Aussi leurs œuvres se trouvent-elles dispersées ; beaucoup ne portent pas de noms et nous ne savons si elles sont flamandes ou françaises. Parmi les Français dont nous connaissons l'œuvre, au moins partiellement, les plus remarquables sont Jean FOUQUET, d'Orléans, grand portraitiste, peintre de Charles VII et de Louis XI, qui mourut vers 1480, et son contemporain Nicolas FROMENT, d'Avignon, qui travailla en Provence pour le roi René et dont le plus beau tableau est à Aix.

Au XVIe siècle, les rois continuèrent à prendre à leur service des peintres français ou flamands comme les *Clouet* père et fils, qui firent les portraits de François Ier et de ses successeurs (p. 120). Mais leur renommée fut bientôt éclipsée par celle des grands Italiens.

LE LOUVRE DE LA RENAISSANCE

Cette gravure représente un coin de la cour intérieure du Louvre actuel; c'est la partie commencée sous François Ier.

François Ier voulut prendre à son service des Italiens. Il fit venir en France Léonard de Vinci, déjà âgé, qui mourut bientôt à Amboise. Le roi choisit ensuite des élèves de Raphaël, comme le Primatice, et les employa à Fontainebleau : ils construisirent et décorèrent des galeries avec des sujets mytholo-

MAISON DE STYLE LOUIS XIII (PLACE DES VOSGES, A PARIS)

Cette maison est en brique rouge avec encadrements de pierre blanche. Toute la place des Vosges, autrefois place Royale, est bordée de maisons semblables sur ses quatre faces. C'était le centre du quartier élégant de Paris sous Louis XIII.

giques où les personnages sont allongés démesurément sous prétexte d'élégance et représentés dans des attitudes de convention. Mais ce style italien était à la mode : il l'emporta sur tous les autres dans la seconde moitié du xvie siècle.

La sculpture française. — Dans la belle époque de l'art

gothique, au xiiiᵉ siècle, les sculpteurs français furent nombreux. Leurs statues ornent nos cathédrales : elles manquent de variété mais elles ont du naturel et de la simplicité.

Plus tard, la sculpture plus habile mais aussi plus tourmentée du xvᵉ siècle, créée au Pays-Bas et en Italie, se répandit en France. L'école la plus renommée fut fondée à Dijon par des Flamands au service du duc de Bourgogne ; il en reste surtout, à Dijon, le groupe des prophètes du *puits de Moïse* (p. 45) qui ornait la cour d'un couvent, et les tombeaux des ducs de Bourgogne, ornés de de petites statues d'hommes en deuil ou « pleureurs ».

Sous Charles VIII et Louis XII, Michel Colomb, qui vivait à Tours, et ses élèves sculptèrent dans l'ouest de la France des tombeaux et des scènes religieuses, comme l'ensevelissement du Christ, dans un style moins pittoresque, mais aussi plus simple, où l'on trouve l'influence italienne.

LA CHAPELLE DE LA SORBONNE A PARIS

Exemple d'une église à coupole : elle a été bâtie de 1625 à 1629. Elle renferme le tombeau du cardinal de Richelieu qui fit rebâtir la Sorbonne (alors École de Théologie, aujourd'hui Faculté des lettres et des sciences).

La mode fut bientôt d'imiter l'Italie en sculpture comme en peinture ; on s'en aperçoit à la manière de draper les vêtements, à la recherche de la grâce dont l'excès amène la régularité monotone des visages et l'allongement excessif des corps, à l'art de traiter le nu, que le moyen âge ignorait, enfin aux détails des monuments, colonnes, moulures, ornements qui sont empruntés à l'antiquité.

La sculpture nouvelle fut représentée en France par deux grands artistes dont le caractère principal est la grâce : Jean Goujon, mort en 1568, qui laissa surtout des bas-reliefs ; Germain Pilon, mort en 1590, qui exécuta des tombeaux, des groupes, des statues.

L'architecture française. — Dans la construction des églises, l'art gothique resta en usage jusqu'à la fin du xvie siècle ; mais tous les détails en furent modifiés sous l'*influence italienne*. Les feuillages gothiques sont remplacés par des *ornements grecs*, les piliers par des *colonnes antiques*, les portails par des portiques. Enfin les architectes et entrepreneurs attachés à l'ancien mode de construire disparurent, et, au xviie siècle, on se mit à bâtir des églises à *dômes*, en France comme en Italie.

Dans l'architecture civile, les châteaux forts, devenus inutiles, avaient été abandonnés par les riches à cause de leur incommodité. On avait commencé sous Louis XI et Charles VIII à construire des demeures plus agréables. On conservait le plan de l'ancien château ; mais on perçait dans les murailles de larges *fenêtres carrées*, on transformait les mâchicoulis en *galeries*, le haut des tours en *terrasses*, les fossés en *jardins* : les portes, les escaliers, étaient toujours ornés de motifs gothiques. Au xvie siècle, on employa les motifs antiques, on remplaça les hauts toits pointus avec lucarnes ornées par des dômes écrasés ou par des *toits plats à l'italienne* (p. 93). Enfin on supprima les fossés, les tours et on remplaça le château français par un palais italien.

On peut voir toutes les étapes de cette transformation dans les châteaux du Val de Loire construits de Charles VIII à François Ier par les rois ou par les seigneurs de leur cour. *Fontainebleau*, construit par François Ier, la plus ancienne partie du *Louvre* actuel commencée par François Ier, continuée par ses successeurs, le *Luxembourg*, construit à Paris sous Louis XIII, sont des palais à l'italienne et non plus des châteaux forts.

Les plus célèbres des architectes français qui construisirent les châteaux du xvie siècle furent Pierre Lescot, qui commença le Louvre, Philibert de l'Orme, qui travailla à Fontainebleau, Jean Bullant, auteur du château d'Écouen.

Le style des maisons particulières lui-même changea ; on cessa de construire en bois ; on ne fit plus de pignons aigus sur la rue, on supprima les tourelles et tous les clochetons comme on le faisait dans les églises : la transformation fut terminée avec ce qu'on appelle le *style Louis XIII* ; on eut alors de grandes maisons plates bâties en briques rouges encadrées de pierres blanches et ouvrant de larges fenêtres sur la rue.

Les *meubles* Renaissance, Henri II, Louis XIII, reproduisent les mêmes motifs antiques, colonnes, frontons, etc., qu'on trouve dans l'architecture. Les dessins des *vitraux*, ceux des *tapisseries*, sont changés et pris aux peintres contemporains. Les souverains demandèrent à Raphaël, à Rubens, aux premiers parmi les peintres, des modèles de tapisseries.

Pendant la Renaissance, toute la décoration intérieure des édifices fut transformée en même temps que l'architecture.

II. — LA LITTÉRATURE ET LES SCIENCES

Invention de l'imprimerie. — Avant le xvᵉ siècle, on ne connaissait que les livres *manuscrits*, c'est-à-dire copiés à la main, qui demandent un travail très long et ne peuvent être faits qu'un par un : aussi ces manuscrits étaient-ils rares et coûteux.

On chercha longtemps le moyen de reproduire les livres plus vite et à moins de frais. D'abord on imagina de graver en relief les lettres et les images sur une *planche* de bois qu'on enduisait d'encre pour l'appliquer sur des feuilles de papier ; on tirait ainsi plusieurs exemplaires d'une feuille avec la même planche, mais il fallait une planche par feuille.

Un inventeur de Mayence, GUTENBERG, imagina, vers 1450, de graver séparément chaque lettre de l'alphabet pour avoir des *caractères mobiles* ; comme matière il employa, au lieu de bois, un alliage métallique, ce qui lui permit de fondre chaque caractère mobile dans un *moule*, au lieu de le graver à la main. Avec l'invention de Gutenberg, il suffit de *composer* page par page, c'est-à-dire d'assembler les caractères mobiles de manière à former tout le texte d'une feuille, de passer de l'encre sur ces caractères composés, d'*imprimer*, c'est-à-dire d'appliquer le papier sur les caractères encrés, puis, quand on a imprimé autant de feuilles de papier qu'il est nécessaire, de reprendre les caractères mobiles pour en composer une seconde feuille et ainsi de suite.

Gutenberg imprima son premier livre, une *Bible*, en 1456. En 1469, sous Louis XI, la première imprimerie fut installée à Paris. La nouvelle invention se répandit dans toute l'Europe. En rendant les livres moins coûteux, elle augmenta le goût de la lecture, en les rendant infiniment plus nombreux, elle permit de propager les connaissances et les idées.

Les littératures. — Au moyen âge, les savants et les lettrés savaient tous le *latin*; ils considéraient les langues nationales comme des patois, le latin comme la seule langue dans laquelle on pût écrire. Néanmoins on commença de bonne heure à rédiger des poèmes, puis des œuvres en prose dans les langues nationales, surtout en *français* et en *italien*.

Ces œuvres ne sont pas toutes de premier ordre. Mais en Italie, dès le XIVe siècle, un Florentin, DANTE (1265-1321), écrivit en italien un poème intitulé la *Divine Comédie*, description de l'Enfer, du Purgatoire et du Paradis, que l'on considère comme l'une des plus belles œuvres italiennes; puis d'autres Florentins écrivirent en prose et en vers italiens. Le dialecte italien de Flo-

BUFFET RENAISSANCE (MUSÉE DU LOUVRE)

On reconnaît dans ce meuble des motifs et ornements empruntés à l'antiquité, comme pour l'architecture du temps.

rence devint la langue littéraire de l'Italie et supplanta peu à peu les autres.

En France, RABELAIS et CALVIN sous François Ier, MONTAIGNE sous Henri III, écrivirent des ouvrages en prose française où la langue est plus riche, la phrase plus solide, la pensée plus nette que chez les écrivains du xve siècle ; on les considère

IMPRIMERIE FLAMANDE AU COMMENCEMENT DU XVIe SIÈCLE

A gauche, plusieurs ouvriers composent ; à droite, un autre imprime au moyen de la presse primitive, qui n'est plus employée dans les imprimeries modernes.

comme les fondateurs de la *prose* française. Sous Henri II. un groupe de jeunes poëtes fonda une société appelée la *Pléiade*, du nom d'une constellation, et se proposa d'introduire en France la tragédie, la comédie et tous les genres de poésie qu'avait connus l'antiquité ; RONSARD et du BELLAY furent les principaux représentants de ce mouvement ; ils réussirent surtout dans la poésie lyrique. Ils introduisirent dans la langue une foule de tournures et de mots nouveaux.

La Renaissance littéraire se produisit dans la plupart des autres pays d'Europe.

Sous Élisabeth, l'Angleterre eut des poètes dramatiques qui

prenaient leurs sujets, soit dans l'histoire anglaise, soit dans les contes italiens. Le plus célèbre est William SHAKESPEARE, mort en 1616, dont les drames ont été traduits dans toutes les langues et sont joués dans tous les pays.

L'Espagne eut, au commencement du xvIIe siècle, de grands poètes dramatiques, CALDERON, LOPEZ DE VEGA, dont Corneille et les contemporains se sont inspirés, et un romancier, CERVANTÈS, dont le Don Quichotte, roman comique, est considéré comme le chef-d'œuvre de la littérature espagnole et a une réputation universelle.

A la fin du xvIe siècle, les deux langues vivantes les plus répandues étaient l'espagnol, à cause de l'importance politique de l'Espagne, et l'italien, parce que l'Italie, bien que divisée, envahie et en partie soumise aux étrangers, avait alors une réputation artistique et littéraire égale à celle dont la France jouit aujourd'hui.

Les sciences. — Au moyen âge les gens les plus instruits croyaient à l'*astrologie*, c'est-à-dire à l'art de prédire l'avenir d'après les astres, à l'*alchimie*, c'est-à-dire à l'art de transformer les métaux vils en or, à la *panacée*, c'est-à-dire au remède propre à guérir toutes les maladies; ils ne pratiquaient pas l'observation ni l'expérimentation; ils se contentaient de répéter en matière de sciences ce qui avait été écrit par les anciens; c'est ce que l'on appelle croire à l'autorité des anciens. La superstition et le préjugé d'*autorité* empêchaient la formation des sciences positives.

Les savants de la Renaissance n'ont pas été exempts de superstitions, surtout en ce qui touche à l'astrologie et à l'alchimie; mais ils ont les premiers donné l'exemple de la méthode fondée sur l'observation et l'expérimentation. Comme les sciences étaient peu développées, presque tous les savants de la Renaissance se sont exercés dans plusieurs à la fois. Ils ont été des créateurs surtout en médecine et en physique.

Le français AMBROISE PARÉ, mort en 1590, a été surtout un chirurgien qui a inventé de nouveaux procédés pour panser les plaies : il n'avait pas fait d'études régulières et il fut, toute sa vie, attaqué par les docteurs en médecine. Le belge. VESALE, mort en 1564, qui travailla en Italie, est le créateur de l'anatomie; il fut persécuté par les médecins de son temps et par l'Église. L'anglais HARVEY découvrit, en 1619, la *circulation du sang*; sa découverte fut contestée par les médecins plus un demi-siècle.

Le Polonais COPERNIC et l'Allemand KEPLER démontrèrent que la terre tourne autout du soleil et non le soleil autour de la terre, comme on l'avait cru. Le professeur italien GALILÉE inventa la lunette d'approche et le télescope, découvrit les taches du soleil, les montagnes de la lune, étudia la pesanteur et fut considéré comme le premier physicien de son temps; mais l'Inquisition le poursuivit (1633) et le condamna à finir son temps en prison parce qu'il avait propagé les idées de Copernic sur la rotation de la terre autour du soleil; ces idées étaient considérées comme anti-religieuses, car la Bible rapporte que Josué arrêta le soleil. Un autre partisan de Copernic, l'ex-moine Giordano Bruno, avait été brûlé vif à Rome en 1600. Galilée forma plusieurs élèves italiens dont le plus célèbre est TORRICELLI, qui étudia la pression atmosphérique et inventa le baromètre. Chez nous, Pascal fut, en physique, un continuateur de Galilée.

Un mathématicien, savant et philosophe français, DESCARTES, publia en 1637 le *Discours de la méthode*, qui est comme la profession de foi de la science positive. Il y explique qu'un savant doit procéder par le doute méthodique, c'est-à-dire ne croire rien qui n'ait été démontré, n'admettre aucune autorité et ne fonder ses jugements que sur les faits observés dans les conditions qui excluent l'erreur. Descartes fut inquiété par l'Église, bien qu'il se déclarât bon catholique : il dut se réfugier d'abord en Hollande, puis en Suède.

Galilée avait écrit en italien, Descartes en français; ils donnaient ainsi aux savants l'exemple d'employer les langues vivantes au lieu du latin.

Questionnaire.

Définir le mot Renaissance. Qu'est-ce que l'art gothique? Où est née l'architecture gothique?

I

Italie et Espagne. — Principal centre d'art en Italie. Qu'appelle-t-on les primitifs? Par quoi les grands maîtres se distinguent-ils d'eux? Quels sont les principaux des grands maîtres? Quels sont ceux qui ont pratiqué plusieurs arts en même temps? Comment les Italiens construisaient-ils les églises? les palais? Que savez-vous de l'art espagnol?

Pays-Bas et Allemagne. — Les peintres primitifs des Pays-Bas. Les architectes gothiques. Quels sont les principaux édifices gothiques des Pays-Bas? Quelle influence s'est fait sentir dans les Pays-Bas au xvie siècle? Caractères de l'école flamande, de l'école hollandaise. Dans quel siècle se placent-elles? La Renaissance allemande.

France. — Y eut-il des primitifs français en peinture et en sculpture? Influences étrangères. Laquelle l'emporta? Caractériser l'architecture française de la Renaissance. Les églises, les châteaux. Nouveau style de l'ameublement.

II

Littérature et sciences. — Qu'est ce qu'un manuscrit? Expliquez l'invention de l'imprimerie. Ses conséquences.

En quelle langue écrivait-on au moyen âge? Grands écrivains de la Renaissance en France, dans les autres pays. Quel pays passait alors pour le plus artistique?

Différence entre la science du moyen âge et celle de la Renaissance. Progrès des sciences naturelles, de l'astronomie, de la physique. Galilée. Descartes.

SUJETS COMPLÉMENTAIRES

Notions sur la littérature française avant la Renaissance.

Exemples locaux d'art roman, gothique, de la Renaissance. Indications pour visite de monuments et collections.

Écoles françaises locales de peinture, sculpture, etc. (par ex. : Provence, Région du Nord, Tours, Saint-Mihiel).

Progrès et transformation de l'imprimerie depuis Gutenberg.

Notions sur la technique des industries artistiques pratiquées dans la région.

CHAPITRE V

LA RÉFORME

Sens du mot Réforme. — On appelle Réforme un mouvement religieux dirigé par des prêtres et des théologiens qui se produisit au commencement du XVIe siècle. Ceux qui le firent voulaient d'abord *réformer* l'Église catholique qu'ils croyaient corrompue; de là le nom de Réforme. La plupart des évêques et les papes se prononcèrent contre eux et déclarèrent qu'ils étaient hérétiques, c'est-à-dire qu'ils enseignaient une doctrine contraire à la foi. Alors les réformateurs fondèrent des religions *nouvelles*.

I. — PRÉPARATION DE LA RÉFORME

La religion et l'Église. — Pour bien comprendre la Réforme, il faut savoir qu'au moyen âge, la foi était partout répandue; les hommes se préoccupaient tous de *faire leur salut*, c'est-à-dire de mériter d'aller au ciel après leur mort.

La plupart des chrétiens croyaient qu'ils trouveraient leur salut en suivant les enseignements de l'Église. Mais, depuis plusieurs siècles, des novateurs, presque tous prêtres, critiquaient l'Église en disant qu'elle n'était pas fidèle aux prescriptions de l'Évangile.

L'Église disposait de terres immenses qui lui avaient été données par des souverains, des nobles et des riches désireux de faire leur salut par de bonnes œuvres. Ces terres, appelées *bénéfices*, étaient données aux curés, aux évêques, aux abbés (c'est-à-dire aux chefs de monastère), qui en percevaient les revenus tant qu'ils exerçaient leurs fonctions. En plusieurs pays, surtout en *Allemagne*, certains évêques ou abbés étaient souverains et gouvernaient un territoire dont leur résidence était la capitale.

Les réformateurs reprochaient aux chefs du clergé de dépenser leurs revenus à vivre luxueusement, de chasser, de donner des festins, de paraître en habits somptueux, enfin de rechercher les plaisirs du monde. Ils les accusaient aussi de ne pas étudier les livres sacrés, d'ignorer ou de mépriser tout ce qu'un prêtre doit savoir.

Les mécontents se plaignaient aussi de la façon dont les papes gouvernaient l'Eglise. Les papes, après avoir séjourné près de trois quarts de siècle à Avignon (1309-1377), étaient retournés à Rome. A partir de 1378, les cardinaux ne nommèrent plus que des *papes italiens*. Ces papes s'entourèrent de gens de leur pays : ils donnèrent une proportion très considérable des dignités ecclésiastiques à des Italiens. Ils leur donnaient en même temps des bénéfices.

Les papes s'étaient réservé le droit de distribuer un certain nombre des bénéfices : c'est ce qu'on appelait la *réserve*. Peu à peu ils arrivèrent à vouloir distribuer tous ceux qui étaient vacants; ceux qui recevaient les bénéfices devaient payer au pape les *annates*, c'est-à-dire la première année du revenu. Enfin les papes promirent de donner, moyennant un droit, tel ou tel bénéfice quand il deviendrait vacant.

Les mécontents, nombreux surtout dans les pays du Nord, prétendaient : 1° que les bénéfices étaient distribués par faveur ou pour de l'argent, sans que l'on tînt compte de la piété ou des capacités du titulaire; 2° que les papes avaient pour principal souci d'alimenter leur trésor; 3° qu'ils dépensaient les sommes perçues à un luxe profane et païen, achetant des statues antiques, faisant faire des fouilles, commandant des œuvres d'art aux peintres, sculpteurs, architectes de la Renaissance.

Premières tentatives de réforme. — Ces plaintes venaient de théologiens, c'est-à-dire de gens ayant fait des études religieuses. La principale étude, presque la seule, était alors la théologie enseignée dans les universités. Les riches et les nobles jugeaient inutile de cultiver leur esprit : les étudiants étaient presque tous des jeunes gens très pauvres. Luther, pendant qu'il suivait les cours de l'Université de Wittemberg, allait chanter à la porte des personnes pieuses pour recevoir des aumônes qui lui permettaient de vivre.

Quand ces étudiants pauvres avaient obtenu leurs grades, il arrivait souvent qu'ils ne pouvaient obtenir ni cure, ni abbaye. Pour que les bénéfices fussent donnés aux prêtres instruits, les théologiens demandaient depuis longtemps que les abbés fussent élus par les moines, les évêques par les chanoines.

Un *schisme*, c'est-à-dire une division qui se produisit dans l'Église leur permit de prendre de l'influence.

En 1378, les cardinaux, en majorité français, avaient protesté con-

LA DANSE MACABRE, PEINTURE FRANÇAISE DU XVe SIÈCLE DANS L'ÉGLISE DE LA CHAISE-DIEU (AUVERGNE)

Sujet (en commençant par la gauche) : Des morts entraînent au tombeau un pape, un empereur, un cardinal, un roi, un magistrat, un seigneur, un évêque, un soldat. Ce sujet était fréquemment traité sur les murs des églises au XVe siècle.

tre l'élection d'un pape italien et en avaient élu un autre. Alors commença le *grand schisme* qui dura jusqu'en 1449. On réunit successivement trois *conciles* ou assemblées générales d'évêques et de prêtres pour rétablir l'unité dans l'Église. Les théologiens réformateurs eurent la majorité au Concile de Constance; ils firent déclarer que les conciles œcuméniques (ceux où tout le clergé était représenté) avaient une *autorité supérieure aux papes* (1414). Ils demandèrent qu'on exigeât des prêtres une vie plus simple et la connaissance de la théologie. Mais quand le dernier concile se fut séparé et qu'il n'y eut plus à la tête de l'Église qu'un seul pape (1449), ce pape ne réunit plus de conciles et ne fit pas de réformes.

Pourtant le roi de France fit un essai de réforme. En 1438, Charles VII publia à Bourges une *Pragmatique sanction*, c'est-à-dire un acte solennel pour régler les affaires de l'État (il s'agissait ici des relations avec l'Église). Cet acte donnait force de loi en France aux décrets du Concile de Constance qui déclaraient les conciles supérieurs au pape; il ordonnait que les dignitaires ecclésiastiques fussent librement choisis parmi les plus dignes et *élus*, les évêques par les chanoines, les abbés par les moines; il abolissait presque tous les droits payés à la cour de Rome par les titulaires de bénéfices. Il instituait donc une église purement française, ce qu'on appela plus tard une ÉGLISE GALLICANE (ou de la Gaule), sur laquelle le pape n'avait qu'une autorité morale.

Mais les rois de France voulaient pouvoir disposer des bénéfices; pour ce faire, ils s'arrangèrent avec le pape. Louis XI, successeur de Charles VII, abolit la Pragmatique sanction. François Ier, en 1516, conclut avec le pape un CONCORDAT ou traité par lequel le roi avait le droit de choisir les titulaires des bénéfices ecclésiastiques à condition que le pape leur donnât l'institution canonique, c'est-à-dire pouvoir d'exercer leur autorité religieuse. En échange, le pape conservait les *annates* (p. 62) et le roi reconnaissait la *supériorité* du pape sur les conciles.

Le Concordat de 1516 est resté en vigueur jusqu'en 1789. Il mettait l'Église de France et ses biens à la disposition du roi.

Hérésies antérieures. — En Allemagne et en Angleterre,

plusieurs partisans de la Réforme étaient allés jusqu'à la guerre ouverte avec l'Église.

Au xive siècle, le roi d'Angleterre, Édouard III, refusa de payer un tribut que le pape exigeait chaque année de l'Angleterre. Un prêtre, Wicleff, soutint qu'il avait raison. Il déclara que l'Église devait revenir à la pauvreté dont Jésus avait donné l'exemple. Il affirma que tout ce qui n'est pas dans les Évangiles doit être rejeté ; par exemple on ne doit plus croire aux saints ni pratiquer la confession. On ne doit pas non plus avoir d'évêques ou de papes.

Jusqu'alors les théologiens discutaient entre eux en latin. Wicleff fit appel aux *laïques*. Il écrivit plusieurs ouvrages en anglais et donna la première *traduction de la Bible* en anglais. Wicleff fut soutenu par le roi, qui lui fit donner une bonne cure où il mourut paisiblement en 1387. Mais le successeur

JEAN HUSS CONDUIT AU SUPPLICE
(MINIATURE D'UN MANUSCRIT DU TEMPS)

Jean Huss porte un bonnet sur lequel sont figurés des diables.

d'Édouard III se réconcilia avec le pape et les copies des ouvrages de Wicleff, peu nombreuses, car on ne connaissait pas l'imprimerie, furent brûlées.

Plus tard, un théologien de Bohême, JEAN HUSS, qui avait connu les écrits de Wicleff, enseigna sa doctrine à l'Université de Prague. Il devint recteur de l'Université et confesseur de la reine de Bohême. A cette époque, le pape promit des indulgences (p. 68) à ceux qui s'armeraient pour la croisade. Jean Huss soutint que le pape ne pouvait disposer des indulgences. Le pape l'excommunia. Jean Huss fit brûler la *bulle* (lettre) *du pape*. Il en appela au concile de Constance (p. 64). Ce concile s'était proclamé supérieur au pape, mais il ne voulait pas avoir l'air d'encourager l'hérésie. Il condamna donc Jean Huss, qui fut brûlé vif, quoiqu'il eût obtenu un sauf-conduit pour comparaître devant le concile (1415).

Mais les Tchèques ou habitants slaves de la Bohême prirent parti pour les amis de Jean Huss contre leur roi, qui était Allemand, et contre les Allemands : une guerre de religion et de races éclata en Bohême : elle dura quinze ans. Pour obtenir la paix le roi finit par accorder aux Bohémiens le droit de pratiquer leur religion comme ils le voulaient (1431).

L'Église ne fut plus attaquée avant l'invention de l'*imprimerie*, qui contribua à répandre l'instruction et le goût de la lecture chez les laïques et qui permit aux novateurs de publier partout leurs œuvres en assez grand nombre pour qu'on ne pût les saisir et les détruire.

II. — LUTHER ET CALVIN

Luther. — Martin Luther (1483-1546), né en Saxe, était un homme du peuple, de famille très pauvre, qui avait étudié la théologie. Il était extrêmement pieux et préoccupé de faire son salut. Un de ses amis fut tué subitement par la foudre à ses côtés. Luther se dit alors que lui-même était exposé à comparaître tout d'un coup devant Dieu sans s'y être préparé. Il fut effrayé à la pensée qu'il risquait d'aller en Enfer. Il résolut de consacrer sa vie à Dieu et se fit moine. Au couvent, il étudia la Bible et les écrits des Pères et se forma peu à peu sa doctrine.

Luther croit, comme les catholiques, que le péché originel commis par Adam et Ève pèse sur toute l'humanité; les hommes sont naturellement corrompus et enclins à pécher. Mais les gens de son époque pensaient qu'on peut obtenir le pardon des péchés par de *bonnes œuvres*, c'est-à-dire en allant aux offices, en faisant des pénitences, en donnant à l'Église. Au contraire Luther enseigne qu'on ne peut mériter le ciel si l'on n'est sans cesse préoccupé de suivre les enseignements que Dieu a donnés aux hommes. Ces enseignements sont contenus dans la Bible, qui est le livre écrit sous l'inspiration divine. Tout ce qui n'est pas l'Écriture sainte ne saurait avoir d'autorité. Tout ce qui n'est pas dans l'Évangile doit être

LE PAPE ET UN CARDINAL PORTÉS EN LITIÈRE

Cette gravure reproduit une esquisse de Raphaël. Le Pape, assis dans un siège portatif, donne sa bénédiction; il est précédé de porte-flambeaux et porte-lumières; il est entouré de gardes suisses. Aujourd'hui encore, le pape se montre ainsi aux fidèles dans les grandes fêtes.

aboli. Ainsi la croyance au Purgatoire, le culte des saints et de la Vierge, les reliques, les pèlerinages, les images religieuses, les processions et les pénitences sont condamnés par Luther.

Tous les intermédiaires entre l'homme et Dieu ont été institués après les Évangiles et ne sont pas prescrits par eux; donc Luther ne veut plus de pape, plus d'évêques. Les *pasteurs* chargés d'enseigner la religion ne sont plus des curés menant une vie particulière et ayant des privilèges particuliers. Ils se marient. Ils donnent aux fidèles la communion sous les deux espèces, c'est-à-dire le pain et le vin. Les couvents et les vœux seront supprimés. Luther se maria plus tard avec une ancienne religieuse.

« Tout chrétien est prêtre », dit Luther, tout fidèle peut et doit lire lui-même la Bible et y chercher lui-même le moyen du salut. La Bible sera donc *traduite* en langue vulgaire et mise entre toutes les mains. Le culte se fera en langue vulgaire, il consistera en un commentaire des Écritures et en chants. Les cérémonies dramatiques de la messe, l'usage du latin seront supprimés. Telles furent les conclusions auxquelles Luther arriva entre 1516 et 1520.

Rupture avec Rome. — Luther commença à exposer sa doctrine en 1517. A ce moment des moines dominicains parcouraient l'Allemagne en vendant publiquement des indulgences au profit du pape. Les indulgences permettent aux fidèles de racheter les pénitences qu'ils ont encourues de la part de l'Église en punition de leurs péchés. Les indulgences forment un « trésor » qui a été constitué par les « mérites surabondants » des saints. L'Église enseigne en effet que les saints ont eu plus de vertus qu'il n'en fallait pour faire leur salut. Les mérites qu'ils avaient en trop peuvent être distribués aux pécheurs repentants par l'Église, qui représente Dieu sur la terre, et qui est le dépositaire des indulgences.

Luther protesta contre le trafic des indulgences par une affiche latine placée sur la porte de l'église de Wittemberg, et il invita le dominicain qui vendait des indulgences à discuter publiquement en *latin* avec lui. Les discussions de ce genre durèrent pendant trois ans. Le pape ne s'y intéressait pas : « C'est une querelle de moines », disait-il.

Mais Luther demanda à faire appel à un *concile*. Alors le pape condamna les principes de Luther et le somma de se rétracter sous peine d'excommunication (1520). Luther brûla solennellement la bulle à Wittemberg. C'était la rupture définitive.

L'empereur d'Allemagne Charles-Quint cita Luther à comparaître devant la Diète (p. 22) de l'Empire réunie à Worms (1521). Luther y vint avec un sauf-conduit et exposa sa doctrine. On le somma de se rétracter, il refusa et se retira. L'empereur le laissa partir, mais l'électeur de Saxe, qui protégeait Luther, craignant qu'il ne fût arrêté le cacha pendant un an dans le château de Wartburg. Luther y fit la *première traduction de la Bible en allemand.*

Organisation des princes luthériens. — A cette époque se forma le parti luthérien, composé de princes souverains et de villes libres dirigées par la bourgeoisie riche. Luther avait fait appel à la *noblesse allemande* par une lettre imprimée. Une partie des princes allemands vit dans la Réforme le moyen d'avoir un clergé dépendant du prince et de *séculariser*, c'est-à-dire de faire passer au pouvoir des laïques, les biens d'Église, plus nombreux en Allemagne que dans les autres pays.

LA BANQUE FUGGER

Cette gravure représente le bureau de la banque des Fugger au commencement du XVIᵉ siècle. Les Fugger étaient des banquiers et marchands très riches de la ville d'Augsbourg. Ils prêtaient de l'argent aux souverains. Un empereur d'Allemagne anoblit leur famille. Pendant la vente des indulgences en Allemagne, ils tenaient les comptes et encaissaient l'argent au profit du pape.

Un *tiers de l'Allemagne* appartenait en effet à l'Église.

Les princes allemands luthériens formèrent une *ligue*, les catholiques en formèrent une autre ; des deux côtés on se prépara à une *guerre de religion.*

Les princes catholiques étaient les plus nombreux et l'empereur était avec eux. Mais, l'empereur avait à lutter contre deux ennemis, François Ier et les Turcs. Il voulait se débarrasser d'eux avant de commencer une guerre de religion ; aussi promit-il aux luthériens la liberté de conscience, provisoirement, en attendant la réunion d'un concile où catholiques et réformés seraient représentés ; mais il interdisait toute propagande luthérienne. Les princes luthériens protestèrent contre cette interdiction (1529). De là vient le nom de *protestants* appliqué à ceux qui se sont séparés de l'Église catholique.

En 1530, un disciple de Luther présenta à la Diète réunie à Augsbourg, une confession, c'est-à-dire un exposé des principes de la Réforme. Depuis ce temps, l'Église luthérienne s'appelle officiellement Église de la *confession d'Augsbourg*. On l'appelle encore *Église évangélique*, c'est-à-dire exclusivement fondée sur l'Évangile.

La paix d'Augsbourg. — La ligue des princes protestants s'allia à François Ier contre Charles-Quint.

En 1544, François Ier, dont les ressources étaient épuisées, fit la paix. Charles-Quint put alors attaquer la ligue protestante qui menaçait de couper l'empire en deux ; il détruisit son armée et fit prisonniers ses chefs (1547). Mais un prince protestant qui avait combattu avec Charles-Quint le trahit et s'entendit avec Henri II pour le combattre. En 1552, la guerre recommença comme sous François Ier. Charles-Quint ne put écraser les princes luthériens. Il leur fit des concessions par la PAIX D'AUGSBOURG de 1555. Il reconnaissait aux *souverains* de l'Empire, seigneurs ou villes libres (mais non aux particuliers), le droit de choisir leur religion ; rien n'empêchait ensuite les princes d'imposer cette religion à tous leurs sujets. Toutes les *sécularisations* de biens ecclésiastiques étaient admises jusqu'en 1552. Aucune ne serait valable après cette date.

La religion luthérienne avait été établie par les princes dans la moitié de l'Allemagne telle qu'elle existait alors. Elle s'y *maintint*. L'Allemagne n'eut plus de guerre de religion jusqu'au xviie siècle.

Pays scandinaves. — Le roi de SUÈDE, de 1526 à 1529, le roi de DANEMARK (qui était aussi roi de NORVÈGE), de 1525 à 1536, adoptèrent et établirent dans leurs états le *luthéranisme* et *sécularisèrent* une partie des biens du clergé : la

Suède a conservé des évêques, le Danemark les a remplacés par des surintendants.

Ainsi partout le luthéranisme fut établi par les souverains ; il augmenta leur richesse et établit leur autorité sur l'Église.

ALLEMAGNE APRÈS LA PAIX D'AUGSBOURG (1555)

Zwingle. — Un curé de Suisse allemande, Zwingle, avait commencé à prêcher la réforme la même année que Luther (1517), mais de son propre mouvement, sans avoir entendu parler du réformateur saxon.

Zwingle alla discuter avec les conseils de bourgeois qui gouvernaient plusieurs cantons suisses et convainquit plusieurs d'entre eux. Zurich, Bâle, Berne se convertirent, Mulhouse et Strasbourg, *villes libres* impériales d'Alsace, suivirent cet exemple. Les cantons suisses convertis étaient les plus peuplés et les plus riches; ils prétendirent imposer la Réforme aux pays qui n'avaient pas rang de cantons mais qui étaient sujets de la Confédération. Les cantons catholiques prirent alors les armes et battirent les réformés. Zwingle fut tué dans la bataille (1531). Les cantons et villes qu'il avait convertis restèrent réformés et passèrent au luthéranisme ou au calvinisme.

Calvin à Genève. — Calvin naquit à Noyon, en Picardie, vingt-cinq ans après Luther. Il était fils d'un bourgeois qui était notaire de la cathédrale : son père lui fit assurer dès l'âge de neuf ans un bénéfice ecclésiastique et il en percevait les revenus suivant un abus fréquent en France. Calvin étudia le droit; à Paris, il connut des disciples de Luther, adopta une partie de leurs doctrines et fit un plan de Réforme religieuse. Il exposa ses idées en 1535 dans un livre écrit en *français* et intitulé l'*Institution chrétienne*; il le dédia au roi François Ier, qu'il espérait convaincre. Mais le roi se prononça contre la Réforme, et Calvin, craignant d'être poursuivi, quitta la France.

Il s'arrêta à *Genève*; cette ville formait alors une petite république indépendante. Depuis plusieurs années, deux factions s'y disputaient le pouvoir; l'une d'elles, dirigée par un français du Dauphiné, Farel, venait de triompher avec l'appui du canton protestant de Berne; elle avait aboli le culte catholique. Farel invita Calvin à rester dans la ville (1536). Mais, bientôt, Calvin et les réfugiés étrangers furent chassés par les Genevois.

Calvin revint à Genève en 1541 et resta le maître de Genève jusqu'à sa mort (1564). Les opposants furent expulsés. Calvin reçut des réfugiés protestants étrangers, et leur fit donner le droit de bourgeoisie.

Le conseil qui administrait la ville fut formé d'amis de Calvin. On créa pour surveiller les habitants un *Consistoire* formé de pasteurs et de laïques dévoués à Calvin. Le luxe, les fêtes, les théâtres, les divertissements mondains furent interdits. Genève devint une ville à part qu'on a surnommée la *Rome du protes-*

tantisme. Calvin prêchait, enseignait la théologie, formait des élèves qui répandaient ensuite ses doctrines au dehors : il correspondait sans relâche avec ses disciples et coreligionnaires de tous les pays.

Le calvinisme. — Calvin cherche ainsi que Luther comment les hommes peuvent être sauvés. Il croit lui aussi qu'ils sont tous corrompus par l'effet du péché d'Adam et d'Ève; mais il va plus loin et déclare que les hommes sont incapables par eux-mêmes de faire leur salut. Pour qu'ils aillent au ciel, il faut que Dieu leur accorde la *grâce*, c'est-à-dire un secours surnaturel; mais Dieu distribue la grâce comme il l'entend sans qu'on puisse en savoir les raisons. Les élus qui obtiennent la grâce sont prédestinés au salut, les autres à la damnation, sans qu'on y puisse rien changer. On ne sait qui a obtenu la grâce, mais ceux qui ont une mauvaise conduite, qui tiennent des discours impies, qui ne croient pas à Dieu sont sûrement des réprouvés; il faut les chasser de la communauté; de là vient la surveillance sévère établie sur les *mœurs* à Genève.

MINISTRE LUTHÉRIEN DE STRASBOURG AU COMMENCEMENT DU XVIIe SIÈCLE

Ce personnage porte un chapeau simple, un costume de coupe ancienne et un grand manteau sans aucun des ornements dont les hommes se paraient à cette époque.

Calvin supprime plus hardiment encore que Luther tout ce qui n'est pas dans la Bible. Ses disciples n'admettent pas la présence réelle, c'est-à-dire ne croient pas que Dieu soit présent dans le pain et le vin de la communion. Ils repoussent *toutes les pratiques*, sauf la prière, tous les ornements du culte : leurs églises sont des salles de réunion sans vitraux coloriés, sans croix, sans clochers.

Les pasteurs calvinistes se distinguent encore moins des laïques que les luthériens. Chaque église devrait s'administrer elle-même à l'aide du *conseil des anciens* présidé par le pasteur, mais formé de laïques élus par les fidèles. Le *synode* formé par les délégués des conseils d'une même région devrait choisir les pasteurs.

Extension du calvinisme. — La propagande calviniste s'est faite surtout dans le milieu du XVIe siècle, alors que le luthéranisme était déjà fixé.

Le calvinisme s'est répandu en FRANCE où on l'appelle officiellement *religion réformée*. Aujourd'hui les protestants français sont des réformés, sauf ceux qui sont originaires d'Alsace ou de l'ancienne principauté de Montbéliard, pays luthérien.

Le calvinisme est la religion de la majorité dans la HOLLANDE, qui l'a adopté au moment où elle s'est soulevée contre un souverain catholique, Philippe II d'Espagne.

Le calvinisme est aussi la religion de la majorité en ÉCOSSE; il y a été introduit par un disciple de Calvin qui s'appuya sur les adversaires de la reine catholique d'Écosse, Marie Stuart. On l'appelle en Écosse *presbytérianisme*, c'est-à-dire administration des paroisses par les anciens (qui sont des laïques), par opposition au gouvernement de l'Église par les évêques.

L'Anglicanisme. — L'Angleterre proprement dite (non compris l'Écosse, qui formait au XVIe siècle un royaume indépendant) a adopté une réforme particulière. En 1531, le roi Henri VIII se brouilla avec le pape qui ne voulait pas l'autoriser à divorcer et se proclama chef de l'*Église anglicane* (ou d'Angleterre) tout en prétendant rester catholique. Il fit publier une traduction de la Bible en anglais. Ses successeurs rompirent définitivement avec le pape; ils interdirent de croire que Dieu est présent dans le pain et le vin de la communion, déclarèrent que l'Évangile est la seule base de la foi; ils ordonnèrent d'employer dans le culte, l'*anglais* au lieu du latin (1562). Mais ils conservèrent une partie des cérémonies et ils maintinrent les *évêques* tout en les plaçant sous l'autorité du roi.

III. — LA CONTRE-RÉFORME

Les Jésuites. — Un capitaine espagnol, Ignace de *Loyola*, estropié à la guerre, résolut de consacrer sa vie à défendre l'Église catholique contre la Réforme. « Je ne crois pas avoir quitté le service militaire, disait-il, je l'ai transporté au pape. »

Il vint à Paris étudier la théologie et y fonda avec quelques compagnons français et espagnols un ordre monastique nouveau appelé la *Société de Jésus* (1534). Cette congrégation fut approuvée par le pape (1540), et Loyola en devint le premier chef, sous le nom de *général*. Quand il mourut (1556), l'ordre comptait déjà mille membres et cent établissements.

Les membres de la Société de Jésus, qu'on appelle *Jésuites*,

TEMPLE CALVINISTE DE CHARENTON, PRÈS PARIS, BATI EN 1606

L'Édit de Nantes (p. 128) avait accordé aux protestants la liberté de conscience mais non la liberté du culte dans la ville de Paris, alors très catholique. Les protestants de Paris furent donc obligés de se construire un temple hors des murs de la capitale, à Charenton. Ce temple était construit dans le style très simple des édifices calvinistes. Il n'en reste rien aujourd'hui.

prononcent les trois vœux habituels aux congréganistes, vœux de pauvreté, de chasteté, d'obéissance et de plus un quatrième qui leur est particulier, le vœu *d'obéissance au pape*. Ils sont recrutés dans tous les pays catholiques. Les nouveaux venus passent d'abord par un noviciat de plusieurs années fait pour les dresser à une obéissance passive, pareille à celle du soldat. Ils doivent devenir dociles à la volonté de leurs supérieurs, « comme un cadavre » ou « comme un bâton dans la main du vieillard ».

Les jésuites forment un ordre actif destiné à combattre suivant sa devise « pour la plus grande gloire de Dieu ». Suivant leurs aptitudes, ils sont envoyés dans le monde, les uns pour *confesser*, les autres pour *prêcher*, les autres pour *enseigner*, les autres pour *convertir* les infidèles.

Pour eux, il s'agit, avant tout, de gagner les princes, les nobles et les riches afin de les maintenir sous l'autorité de l'Église; si on gagne les puissants du monde, les autres devront suivre. Aussi l'ordre a-t-il soin de recruter des gens de bonne naissance, de bonnes manières et de les instruire parfaitement.

Les jésuites présentent la religion sous une forme moins terrible que les autres théologiens et que les réformateurs; ils sont meilleurs *casuistes*, c'est-à-dire qu'ils savent distinguer les *cas* de conscience pour excuser dans une certaine mesure les fautes humaines; ils enseignent que la *grâce* de Dieu, nécessaire au salut, peut être accordée à tout pécheur s'il se repent.

Ils ont de belles cérémonies, d'excellents prédicateurs, ils construisent des églises toutes dorées, décorées de marbres de couleur, surchargées d'ornements, d'un style tout particulier, appelé style *jésuite*.

Ils ont des collèges où l'on reçoit surtout des jeunes nobles ou des bourgeois très riches. Ils y donnent une éducation qui est la meilleure du temps : le programme comprend surtout le *latin* et les *mathématiques*. La discipline y est dure : le fouet y est d'usage courant; mais c'était alors l'habitude de traiter rudement les enfants, même dans leurs familles.

Les missionnaires jésuites essayèrent de convertir l'*Inde*, la *Chine*, le *Japon*. Le principal de ces missionnaires fut l'espagnol, François Xavier, un des compagnons de Loyola. Dans l'Inde et la Chine, les Jésuites adoptèrent le costume des classes élevées; ils réussirent à se faire accepter par les souverains en leur rendant des services. Par exemple, ils organisèrent un observatoire à Pékin, ils apprirent aux Chinois à fondre des canons. Ils faisaient la culture et le commerce pour enrichir leur ordre et l'Église. Ils essayaient de convertir les classes élevées en leur affirmant que leurs croyances n'étaient qu'une déformation de la foi catholique.

Les jésuites avaient leur général à Rome. En Europe ils

réussirent d'abord en BAVIÈRE, en AUTRICHE et dans les PAYS-BAS espagnols (Belgique).

En France, le clergé n'aimait pas leur ordre dont il craignait la rivalité, les rois n'en voulaient pas parce qu'il était trop dévoué au pape. Les jésuites finirent pourtant par s'établir solidement en France au commencement du XVIIe siècle.

Les jésuites combattaient non seulement les protestants mais tous ceux qui ne reconnaissaient pas l'autorité absolue du pape. Ils furent toujours les adversaires des catholiques *gallicans* (p. 64).

Le concile de Trente. — Dès que la Réforme avait commencé en Allemagne, Charles-Quint avait demandé au pape de réunir un *concile universel* où seraient admis *même les protestants* et où l'on discuterait sur les réformes à introduire dans l'Église. Les papes s'y refusaient parce qu'ils craignaient que le concile ne se déclarât supérieur à eux comme au siècle précédent et parce qu'ils ne voulaient pas discuter avec les hérétiques. En outre les papes étaient en guerre ou en conflit avec Charles-Quint devenu maître de l'Italie. Trois papes se succédèrent sans réunir le concile. Un quatrième le convoqua enfin à *Trente*, ville du Tyrol qui appartenait à Charles-Quint. Les séances du concile furent à trois reprises interrompues pendant plusieurs années par la guerre. Le concile dura dix-huit ans (1545-1563). Dans cet espace de temps, Charles-Quint abdiqua et cinq papes se succédèrent.

JÉSUITE A LA FIN DU XVIe SIÈCLE

Ce costume est à peu près celui que portent encore aujourd'hui les prêtres catholiques en France. On a vu, par les gravures précédentes, que les prêtres et les gens de loi portaient depuis longtemps la robe longue, la jugeant plus conforme à leur dignité que les vêtements courts et ajustés comme la jaquette et les chausses.

Le Concile de Trente avait été formé *exclusivement* de *catholiques*; les évêques *italiens* y avaient la majorité. Les discussions furent longues mais on finit par voter ce que voulait le pape. L'empereur Charles-Quint avait demandé qu'on accordât aux luthériens la communion sous les deux espèces, le mariage des prêtres, les cantiques en allemand et quelques autres réformes. Le Concile repoussa toutes ces demandes. Il condamna toutes les innovations de la Réforme sans exception et jeta l'anathème sur les protestants. Dès lors, il n'y eut plus *aucun espoir de réconciliation* entre catholiques et protestants.

Dans le sein de l'Église catholique, le Concile fit quelques réformes. Il rédigea un *catéchisme* contenant les principes de la doctrine catholique. Il ordonna aux évêques de fonder chacun dans son diocèse un *séminaire* (c'est-à-dire une pépinière) où l'on formerait de jeunes prêtres instruits et dignes. Enfin il pria le pape d'approuver ses décisions, ce qui était reconnaître que *l'autorité du pape est supérieure* à celle des conciles.

Le roi de France et la plupart des souverains catholiques refusèrent d'accepter ce principe et plusieurs autres décisions du Concile; ces rois étaient opposés à la Réforme, mais ils ne voulaient pas que l'autorité du pape devînt trop grande dans leurs États.

La contre-réforme. — Le catholicisme renaît avec la contre-réforme. Une foule d'ordres moins prospères que celui des jésuites mais destinés comme lui à combattre la Réforme et l'impiété par les livres, par la prédication, par l'enseignement, sont fondés au xvie siècle et au commencement du xviie. Le clergé catholique devint plus instruit et plus estimé, son influence fut plus grande.

L'enseignement fut donné systématiquement de manière à inspirer aux laïques le respect et la crainte de l'Église. L'Église surveilla plus étroitement les écrivains et les penseurs. Les papes avaient en 1542 organisé à Rome la Sacrée Congrégation de l'*Inquisition*, tribunal religieux chargé de rechercher les doctrines qu'il convient de condamner. Ils créèrent la congrégation de l'*Index* chargée de dresser la liste des livres qui sont interdits aux fidèles.

Dans les royaumes catholiques les rois firent poursuivre et exécuter ceux que le clergé dénonçait comme hérétiques.

La Réforme fut complètement extirpée de l'Italie, de l'Espagne, de l'Autriche; elle perdit du terrain en Hongrie, en France, en Pologne; elle ne se maintint que dans l'Allemagne

et les pays du Nord où les souverains étaient devenus protestants.

Plusieurs écrivains et philosophes de la Renaissance avaient
attaqué les institutions et les idées de leur temps. L'Église
poursuivit les savants et les penseurs soupçonnés de ne pas
croire exactement à ce qu'elle enseigne. Dans les pays catholiques, les littérateurs durent parler toujours avec respect de
la religion et des prêtres; beaucoup traitèrent des sujets de
théologie ou publièrent des œuvres édifiantes. Les artistes peignirent ou sculptèrent des saints, des miracles au lieu des
sujets « païens » chers aux artistes de la Renaissance. Le ton
libre et gai de la Renaissance disparut jusqu'au XVIIIe siècle;
les libres-penseurs durent cacher leurs opinions.

Conséquences de la Réforme. — Luther et Calvin
croyaient avoir trouvé la *vraie* religion. Ce n'étaient pas des
philosophes admettant la discussion, mais des croyants qui
ne toléraient pas plus que les catholiques ce qu'ils jugeaient
être l'erreur. Un réformateur plus tolérant que les autres avait
écrit que l'homme pouvait se sauver par la vertu et que tous
les gens de bien, depuis le commencement du monde, étaient
auprès de Dieu : « Je désespère de son salut, dit Luther, parce
qu'il est devenu païen en mettant des païens impies au rang
des âmes bienheureuses ». Un écrivain menacé de mort par les
catholiques parce qu'il ne croyait pas à la Trinité se réfugia à
Genève. Calvin le fit brûler vif.

Les réformateurs étaient plus hostiles encore que les catholiques au mouvement philosophique, littéraire, artistique de
la Renaisssance qu'ils appelaient païen et qu'ils considéraient
comme propre à détourner l'homme de son salut.

Mais bien que leur esprit fût religieux et conservateur, ils
ont été des novateurs en *détruisant l'autorité* de l'Église et en
invitant les *laïques* à *lire* eux-mêmes la Bible. Leurs disciples
ont interprété la Bible dans un sens qui n'est pas toujours celui
de Luther et de Calvin. Peu de réformés, par exemple, croient
aujourd'hui à la grâce suivant Calvin.

Une multitude de sectes nouvelles se sont fondées parmi les
protestants, surtout dans les pays anglais. Dès la fin du
XVIIe siècle, Bossuet écrivait un livre sur les *Variations des*

Églises protestantes qu'il opposait à l'unité de l'Église catholique. Le protestantisme s'est fragmenté en effet, mais cette diversité que Luther et Calvin ne prévoyaient pas a habitué les pays protestants à cesser de croire qu'on doit imposer une seule religion, et à laisser aux penseurs une liberté plus grande que dans les pays soumis à l'Église catholique.

Les savants protestants ont fait des traductions de la Bible, ils en ont étudié les textes grecs ou hébreux, les ont comparés, y ont découvert des différences de grammaire et de langue qui permettent d'affirmer que certains passages ont été remaniés ou ajoutés à des époques postérieures à leur date supposée. Ce travail, qu'on appelle *l'exégèse biblique*, a été fait pour la première fois dans l'Allemagne protestante.

Questionnaire.

Préparation de la Réforme. — Sens du mot Réforme. Qu'appelait-on bénéfices? Que reprochait-on aux évêques et abbés? aux papes? Quelles réformes étaient réclamées? Qu'est-ce qu'un concile? Qu'est-ce que le grand schisme? Comment finit-il? Qu'appelle-t-on église gallicane? Qu'est-ce que le concordat de François Ier? Ses conséquences. Premières tentatives de réforme. Pourquoi échouèrent-elles?

Luther et Calvin. — Qu'est-ce que Luther recommande à ses disciples? Que condamne-t-il dans le catholicisme? Qu'est-ce que la querelle des indulgences? Pourquoi le pape condamna-t-il Luther? Par qui Luther fut-il soutenu? Qu'était-ce que la Diète? Qu'est-ce que séculariser? Expliquez l'origine et le sens des mots protestantisme, confession d'Augsbourg. Qu'est-ce que la paix d'Augsbourg? Extension du luthéranisme.

Zwingle. Où sa doctrine se répandit-elle?

Comment Calvin s'établit à Genève. Qu'était-ce que Genève? Que savez-vous du calvinisme? Organisation des églises calvinistes. Dans quels pays le calvinisme se répandit-il? Qu'est-ce que le presbytérianisme? L'anglicanisme?

La contre-réforme. — Qu'est-ce que les jésuites? Quels vœux prononcent-ils? Forme de leur propagande. Qu'appelle-t-on casuiste? Style jésuite? Quelle éducation donnaient les jésuites? Dans quel pays se sont-ils établis?

Qui demanda la convocation du Concile de Trente? Qu'attendait-on de ce concile? Quels en furent les résultats? Conséquences de la contre-réforme. Conséquences de la Réforme.

SUJETS COMPLÉMENTAIRES

Extension du protestantisme dans le monde actuel.

Le monument de Worms, les fêtes de la Wartburg; la célébration officielle des anniversaires du luthéranisme dans l'Allemagne contemporaine.

Le protestantisme en France.

CHAPITRE VI

LES FRANÇAIS EN ITALIE

I. — L'ITALIE

L'Italie du Nord. — A la fin du xve siècle, l'Italie comprenait plusieurs États indépendants.

Le duché de Savoie débordait dans la plaine du Pô où il occupait le Piémont ; on appelait son duc *le portier des Alpes* parce qu'il possédait les deux versants des Alpes de chaque côté du Mont Cenis, le col le plus facile à franchir.

Le milieu de la plaine du Pô appartenait au duché de Milanais ou Lombardie. C'était un pays amendé par le travail des habitants, bien cultivé, avec une ville riche, Milan, où l'on travaillait la laine et la soie ; à cette époque, les Italiens commençaient à élever le ver à soie, récemment introduit d'Orient en Lombardie. Ce bon pays de Lombardie appartenait à un chef de soldats qui s'était mis à la place des premiers ducs.

La plaine entre le Milanais et l'Adriatique appartenait à la République de Venise, le plus puissant état *maritime* du temps (p. 28). Elle était assez riche pour entretenir des mercenaires albanais et allemands aguerris par les luttes contre les Turcs. Venise était gouvernée par les *nobles* qui élisaient le *doge* ou duc, chef de la République. Ces nobles, enrichis par le commerce de mer, s'étaient fait construire sur les bords des canaux qui coupent Venise de magnifiques palais qui font encore l'ornement de cette ville, aujourd'hui morte.

Le centre et le sud de l'Italie. — La ville libre de Florence avait soumis toutes les autres cités des vallées de Toscane et s'était formé un territoire étendu. Florence, située dans l'intérieur, produisait les *draps fins* dans des manufactures plus importantes encore que celles de Flandre; elle occupait 30 000 ouvriers, elle vendait pour 100 millions par an. Ses *banquiers* avaient les dépôts d'argent les plus considérables du monde; les rois s'adressaient souvent à eux pour emprunter de l'argent. Le *florin* ou monnaie de Florence a été pris comme type monétaire en plusieurs pays. Florence était gouvernée par les marchands et les manufacturiers; au xve siècle, une famille de banquiers, les *Médicis* y avaient pris une influence prépondérante. A Florence habitaient les premiers artistes, les plus grands écrivains de la Renaissance italienne (p. 42, 45, 56).

Rome était au commencement du xvie siècle bien

LE TISSAGE DE LA LAINE A FLORENCE

Cette scène est reproduite d'après un bas-relief du xive siècle par Giotto. Dès l'époque de Giotto un grand nombre de tisserands travaillaient la laine chez eux avec des métiers à main comme celui-ci; ils se faisaient aider par leurs femmes et leurs enfants. Ces tisserands formaient une classe très pauvre travaillant pour le compte de riches marchands.

inférieure à Florence; elle était la capitale des États du pape. Le pape, à cette époque luttait péniblement contre les petits seigneurs des environs.

Enfin tout le Sud et la Sicile formaient le Royaume de Naples; ce royaume avait appartenu quelque temps à la maison française d'Anjou, mais le roi d'Aragon (p. 17) l'en avait chassée et un cousin du roi d'Aragon régnait à Naples.

Les guerres. — Chacun de ces États d'Italie considérait les autres États comme étrangers; souvent ces États se faisaient la guerre; tous aussi étaient ravagés par des guerres civiles : les princes et les conseils des villes faisaient espionner leurs ennemis, s'entouraient de gardes et employaient la trahison et l'assassinat contre les suspects. C'étaient les mœurs de tous les souverains à cette époque ; mais, en Italie cette politique était pratiquée avec plus d'assurance que dans les autres pays. Un ambassadeur florentin du xvᵉ siècle, Machiavel, a fait un livre intitulé *le Prince* pour démontrer que les chefs d'États doivent se préoccuper uniquement de leurs intérêts et employer tous les moyens pour les défendre. « Un prince sage, écrit-il, ne tient jamais ses promesses quand il n'y trouve pas son avantage. » Machiavel loue le chef de bandes, César Borgia, neveu du pape Alexandre VI, qui se fit une principauté en assassinant les seigneurs romains et en prenant leurs biens.

Les armées. — Les Italiens n'aimaient pas beaucoup à se battre ; ils louaient pour les guerres des *condottieri* (mercenaires) qui en général ne valaient pas les soldats des pays septentrionaux. D'ailleurs les chefs de condottieri se traitaient en camarades du même métier et tâchaient de se faire le moins de mal possible dans les batailles.

Les gens du Nord et les Espagnols étaient plus exercés et plus braves. Ils étaient aussi mieux organisés. Leur infanterie comprenait au début deux sortes de corps : des *archers* ou des arbalétriers recrutés en Écosse ou en Gascogne commençaient le combat ; des *piquiers* recrutés en Suisse ou dans les États allemands soutenaient les charges de cavalerie et donnaient l'assaut ; les piquiers allemands étaient appelés *lansquenets* (de l'allemand Lands Knecht, serviteur du pays).

Vers 1521, les Espagnols remplacèrent l'arbalète par l'*arquebuse*, qui fut le premier modèle du fusil ; le tireur chargeait l'arquebuse par la bouche, épaulait en appuyant le canon très lourd sur une fourche qu'il maintenait de la main gauche et allumait la poudre de la main droite à l'aide d'une mèche. Les Espagnols imaginèrent aussi de réunir dans un même corps les piquiers et les arquebusiers, d'abord séparés ; ce fut la première forme du *régiment* : elle dura jusque sous Louis XIV. Les autres pays imitèrent les Espagnols. Le roi de France eut ses premiers régiments permanents d'infanterie en 1563.

Dans la cavalerie, on garda les *gendarmes* vêtus de fer (p. 8) ; on eut en outre une *cavalerie légère* à l'imitation de

Venise qui elle-même avait emprunté les chevau-légers aux Turcs. L'artillerie resta ce qu'elle était au xve siècle (p. 6).

Les armées coûtaient très cher, les rois n'en avaient qu'une ou deux à la fois; ils finissaient la guerre d'un côté puis allaient la faire sur une autre frontière avec la même armée. Il n'y avait ni intendance, ni ambulances, ni uniforme. Les soldats vivaient sur le pays en maraudant et en pillant; ils emmenaient avec eux une cohue de femmes, de valets pour réparer leurs vêtements, préparer leur nourriture et prendre soin des malades et des blessés, ils avaient des mulets, des chevaux, des voitures pour porter leurs bagages et leur butin. C'est encore ainsi que marchent nos soldats indigènes en Afrique et en Asie.

II. — PRÉTENTIONS SUR NAPLES ET SUR LE MILANAIS (1494-1515)

Charles VIII à Naples. — Charles VIII, roi de France, était un jeune homme qui n'aimait que la guerre et rêvait aventures. Dès qu'il fut majeur, il décida qu'il irait prendre le royaume de Naples en faisant valoir les droits de la maison d'Anjou (p. 4); il voulait ensuite partir en croisade pour chasser les · Turcs de Constantinople et de Jérusalem.

Il prit tout ce qui restait des économies faites par Louis XI, emprunta en outre de l'argent à gros intérêts, réunit une armée de 50 000 hommes avec 150 canons et passa les Alpes, tandis qu'une flotte de galères louées aux Génois allait attaquer Naples par mer. L'armée dut traverser toute l'Italie, mais aucun des souverains italiens n'osa l'empêcher de passer sur ses états. Six mois après son départ de France Charles VIII arriva devant Naples; il acheta un des chefs de condottieri en le prenant à son service, puis dispersa facilement les troupes fidèles au roi de Naples, s'installa dans la ville et s'y fit proclamer roi de Naples, empereur d'*Orient* et roi de *Jérusalem* (1494-1495).

Il songeait à s'embarquer sur les vaisseaux génois pour aller combattre les Turcs; mais la puissante république de Venise ne voulait pas laisser tomber les ports d'Orient entre les mains de Gênes, sa rivale, alliée de Charles VIII; elle réunit des troupes, fit appel aux princes italiens du Nord et se prépara à venir bloquer Charles VIII.

Le roi reprit alors le chemin de France avec la meilleure partie de son armée; les Vénitiens et leurs alliés essayèrent de lui barrer la route à *Fornoue*; une charge de la grosse cavalerie française les dispersa en un quart d'heure et le roi revint en France sans être inquiété davantage.

Mais la garnison qu'il avait laissée à Naples capitula et, au bout d'un an, il ne restait rien des conquêtes françaises. Charles VIII mourut d'un accident peu de temps après (1498).

Louis XII à Milan. — Comme Charles VIII ne laissait pas d'enfants, la couronne passa à son cousin le duc Louis d'Orléans qui prit le nom de Louis XII (1498-1515). Le *duché d'Orléans* fut ainsi réuni au domaine royal; de plus pour éviter qu'Anne de Bretagne, veuve de Charles VIII, ne portât la Bretagne en dot à un étranger, Louis XII, qui était marié, fit annuler son premier mariage par le pape et épousa Anne de Bretagne.

Louis XII, âgé de quarante-six ans, n'aimait plus faire la guerre en personne mais il avait les mêmes projets de conquêtes et d'aventures que son prédécesseur. De plus, il prétendit annexer le Milanais parce que sa grand'mère appartenait à la famille des anciens ducs de Milan; ces anciens ducs avaient été dépossédés par le condottieri Sforza dont les descendants régnaient alors à Milan.

Louis XII commença par attaquer le Milanais, plus à portée de la France que Naples. Pour réussir, il s'allia avec Venise qui touchait au Milanais et lui promit une partie du Milanais : puis il envoya une armée pour prendre ce pays. Ludovic Sforza,

PAYSAN ITALIEN

Cette gravure représente un paysan des environs de Venise, portant ses volailles au marché; le grand chapeau, la cape, les guêtres que représente cette gravure du XVIe siècle, font encore partie du costume des gens du peuple dans plusieurs régions italiennes.

duc de Milan, ne put résister avec ses seules forces ; il s'enfuit en Suisse et revint avec une troupe de piquiers. Mais les Français achetèrent les Suisses de Ludovic : les Suisses refusèrent de combattre et livrèrent Ludovic qui fut emprisonné en France (1499-1500). Le Milanais et Gênes, qui en dépendait à cette époque, restèrent français pendant douze années.

Ferdinand le Catholique à Naples. — Louis XII songea alors à recommencer l'expédition de Naples. Menacé par les Français, le roi de Naples demanda secours à son cousin Ferdinand le Catholique, roi d'Espagne (p. 17). Ferdinand feignit de le secourir, mais il s'entendit secrètement avec Louis XII pour partager le royaume de Naples. Il en fit occuper une partie d'accord avec Louis XII. Puis le général espagnol se tourna tout à coup contre les Français qui occupaient le reste et les en chassa (1504). Les Français ne rentrèrent plus à Naples.

Louis XII se plaignit que Ferdinand le Catholique l'eût trompé pour la deuxième fois. « Il en a menti, l'ivrogne, dit Ferdinand, c'est la dixième. »

Traités de Blois. — A la même époque l'*empereur* d'Allemagne *Maximilien*, qui prétendait avoir des droits sur le Milanais, réunissait une armée pour prendre à Louis XII le Milanais. Louis XII était à court d'hommes et d'argent. Aussi, pour obtenir la paix, promit-il à ses adversaires tout ce qu'ils voulaient.

Il renonça au royaume de Naples en faveur de sa fille, mais cette fille devait épouser Charles (plus tard Charles-Quint), petit-fils de Maximilien et de Ferdinand le Catholique, et Louis XII lui promettait comme dot la *Bourgogne* (p. 4) et la *Bretagne*. En échange il gardait le Milanais.

Ce traité, qui aurait démembré la France, ne fut pas exécuté. En effet Louis XII réunit à Tours les *États généraux*,

ARTISAN GÉNOIS

Ce costume, sauf le petit chaperon, ressemble à celui du bourgeois français représenté à la page 2. L'artisan qui figure ici est un maître de corporation ou petit patron ; ces maîtres formaient une classe moyenne ; les marchands riches des villes italiennes formaient une classe supérieure.

leur fit déclarer que les deux provinces en question ne pouvaient être séparées du royaume et demander que la fille du roi fût mariée à François d'Angoulême (plus tard François Ier), cousin et héritier de Louis XII (1506).

Jules II et ses Ligues. — La guerre recommença bientôt par le fait du nouveau *pape* Jules II (1506-1513). Ce pape

était un homme de soixante-cinq ans, actif, batailleur, qui faisait campagne avec les troupes, à cheval et revêtu d'une armure. Il voulait augmenter les États de l'Église, il voulait aussi chasser de l'Italie les étrangers qu'il appelait les *barbares*, comptant sans doute par ces deux moyens donner au pape un pouvoir prépondérant en Italie.

Jules II chercha d'abord à reprendre des provinces qui avaient appartenu jadis aux États de l'Église et qui étaient au pouvoir des Vénitiens. Or Venise était l'*alliée* de Louis XII. Jules II proposa au roi de France de rompre cette alliance, d'attaquer les Vénitiens et de partager leur territoire avec Maximilien et Ferdinand, naguère ennemis de Louis XII et avec le pape. Louis XII accepta : il fit seul les frais de la guerre, culbuta l'armée vénitienne sur la chaussée d'*Agnadel* (1509) et l'obligea à se réfugier dans les lagunes de Venise.

NOBLES ITALIENS A LA MESSE (D'APRÈS RAPHAEL)

Les jeunes nobles ont une toque légère, qu'on voit à la main de l'un d'eux, un pourpoint avec manches bouffantes (certains même portaient des crevés, sorte de boutonnières par où passaient des étoffes brillantes); une sorte de jupe d'étoffe raide adaptée au pourpoint entoure leur taille et couvre le haut-de-chausses (petite culotte).

Le pape avait excommunié les Vénitiens. Les troupes françaises massacrèrent les prisonniers et pillèrent le pays.

Jules II reprit à Venise les provinces qu'il désirait. Aussitôt il accorda l'absolution aux Vénitiens mais en leur demandant leur alliance pour chasser les Français d'Italie avec son aide, celle des Suisses, de Maximilien et de Ferdinand. Louis XII, irrité, réunit un concile pour essayer de faire *déposer le pape*. Jules II en profita pour déclarer que Louis XII cherchait à diviser l'Église, il l'excommunia et appela *Très Sainte Ligue* la coalition dirigée contre lui (1511).

Échecs de Louis XII. — Alors commença une *grande guerre* de deux années, plus importante et plus acharnée que les précédentes.

Louis XII avait tout le monde contre lui. Les mercenaires suisses eux-mêmes cessèrent de le servir parce qu'il était *excommunié*. Pourtant son général, Gaston de Foix, fut d'abord victorieux à *Ravenne*; mais il se fit tuer en poursuivant les vaincus (1512). Prise entre les Espagnols au sud et les Suisses qui descendaient les Alpes, l'armée française fut dispersée; les Français prisonniers furent torturés et massacrés comme excommuniés.

Une nouvelle armée, envoyée de France, passa en Italie et enferma les Suisses alliés du pape dans les remparts de *Novare*; mais les Suisses firent une sortie en masse, les piques en avant, s'emparèrent des canons et mirent les Français en déroute; ils ne cessèrent de les harceler, pénétrèrent en France derrière eux et s'avancèrent jusqu'à *Dijon* (1513).

En même temps Ferdinand le Catholique prenait la *Navarre*. Le roi d'Angleterre adhérait à la Sainte Ligue, débarquait à *Calais*, prenait à sa solde l'armée de Maximilien et repoussait une armée française en Artois.

Louis XII, vaincu partout, acheta la retraite des Suisses et celle du roi d'Angleterre; il fit sa soumission au pape Léon X, qui venait de remplacer Jules II, obtint l'absolution et signa une *trêve d'un an* avec Ferdinand et Maximilien.

Toutes ses entreprises avaient échoué. En outre il avait perdu la *Navarre*, qui resta espagnole.

Les Suisses avaient pris le versant milanais des Alpes (aujourd'hui le canton suisse du Tessin).

Le plus gros bénéfice était pour le *pape*, dont les États occupaient toute l'Italie centrale, depuis l'embouchure du Pô jusqu'à la frontière nord du royaume de Naples.

François Ier à Marignan. — Louis XII mourut peu après sans laisser de fils. Il fut remplacé par son cousin et gendre, le comte d'Angoulême, qui prit le nom de François Ier. A son avènement, l'Angoumois fut annexé au domaine royal. Le nou-

veau roi avait vingt et un ans, il était grand et fort et n'aimait
que les exercices violents et la guerre.

François Ier ne renouvela pas la trêve de Louis XII; il s'allia
aux *Vénitiens* et réunit une armée de 35 000 hommes et
72 canons pour reprendre le Milanais.

Les Suisses, soldés par le duc de Milan, gardaient les cols

UN PALAIS A VENISE (XIVe SIÈCLE)

Venise est coupée par de nombreux canaux où l'on circule dans des barques
appelées gondoles; on voit ici deux de ces gondoles et les poteaux auxquels on
les attachait.

La gravure représente un des palais que les nobles vénitiens, enrichis par le
commerce, firent élever au bord des canaux. Ce palais a des fenêtres et une
galerie gothiques.

principaux des Alpes. François Ier prit un très mauvais sentier
qui n'était pas gardé; il fut obligé de faire élargir le passage
et son armée mit plusieurs jours à le franchir. Enfin il déboucha
dans la plaine italienne sans que les Suisses eussent été pré-
venus et se mit en marche sur Milan.

Les Suisses se concentrèrent au nombre de 30 000, et

barrèrent le passage aux Français sur la chaussée de *Marignan*, entre des prés marécageux. La bataille se prolongea pendant un jour et demi sans résultat. Le deuxième jour, l'armée vénitienne arriva au secours de François Ier; alors les Suisses lâchèrent pied.

Après Marignan, François Ier *reprit Milan*. Tous les souverains italiens reconnurent sa conquête. Les cantons suisses conclurent avec lui une *paix perpétuelle* et s'engagèrent, moyennant une grosse redevance annuelle, à laisser les rois de France *recruter des soldats* en Suisse : ces conventions, plusieurs fois renouvelées durèrent jusqu'en 1789.

Ce fut après Marignan que François Ier conclut avec le pape le Concordat (p. 64).

III. — GUERRES CONTRE CHARLES-QUINT ET PHILIPPE II

Rivalité de François Ier et de Charles-Quint. — L'empereur d'Allemagne Maximilien mourut l'année de Marignan. Son petit-fils Charles, âgé de dix-neuf ans, possédait déjà les Pays-Bas, l'Espagne et Naples; il leur ajouta l'Autriche, héritage de Maximilien; enfin il voulut se faire *élire empereur* d'Allemagne. François Ier fut son concurrent. Les princes électeurs d'Allemagne choisirent Charles qui devint l'empereur Charles V ou CHARLES-QUINT (1520). Dès lors François Ier n'eut plus qu'une idée, montrer qu'il était plus fort que son heureux rival.

Charles-Quint vécut la plupart du temps dans les Pays-Bas, où il était né et où il avait été élevé : c'était la partie la plus riche de l'Europe (avec Milan et Florence) : il en tira d'énormes impôts. Il put solder de grosses armées où figuraient les infanteries solides des espagnols et des lansquenets; il eut à sa solde des navires de guerre à voile des Pays-Bas dans l'Océan et les galères de Naples dans la Méditerranée.

François Ier, qui ne se sentait pas le plus fort, essaya de gagner le roi d'*Angleterre* Henri VIII : il lui offrit des fêtes dans une ville provisoire dressée sur la frontière de Calais et de la France et qu'on appela à cause de sa magnificence le *Camp du drap d'or*. Mais François Ier, en recevant Henri dans le Camp du drap d'or, eut l'idée de lui offrir une lutte à main plate dans laquelle il le jeta par terre. Le roi en fut très mortifié : il prit parti contre François Ier, sur l'avis de son

UN PALAIS A FLORENCE (RENAISSANCE ITALIENNE

Les palais élevés par les riches marchands de Florence ont des façades unies avec de larges fenêtres, des toits plats; en eux, plus rien ne rappelle l'architecture des châteaux féodaux.

ministre, un cardinal que Charles-Quint avait gagné en promettant de le faire nommer pape.

Perte du Milanais. — Les nobles du nord de l'Espagne s'étaient révoltés. François Ier commença la guerre contre Charles-Quint en leur envoyant des secours. Ils furent battus.

Pour se venger de François Ier, Charles-Quint fit envahir la

France du côté des Pays-Bas. Bayard arrêta les Espagnols en résistant énergiquement dans la place forte de *Mézières* (1521).

Les troupes impériales attaquèrent aussi le Milanais que François Ier faisait garder par les Suisses. Mais la mère de François se fit donner secrètement les sommes réunies à grand'peine pour payer les Suisses. Ceux-ci, ne recevant rien, demandèrent à leur général français « argent, congé ou bataille ». A tout hasard, le général leur fit donner l'assaut à la place forte de la *Bicoque* pour leur en accorder le pillage s'ils la prenaient. Il fut battu et *perdit le Milanais* (1522).

Seconde tentative de François Ier. — La mère de François Ier fit un procès injuste au plus puissant seigneur de France, le duc de Bourbon, cousin du roi, qui était *connétable* (chef de l'armée) et qui passait pour le meilleur général français; le connétable, mécontent, s'entendit avec Charles-Quint. Sa trahison fut découverte; il réussit à s'enfuir, mais seul, et n'apporta à Charles-Quint que son concours personnel (1523). Les possessions du connétable (p. 2) furent annexées au domaine royal.

Bourbon conseilla à Charles-Quint d'attaquer la France par la frontière des Alpes. Charles-Quint et Bourbon chassèrent les Français d'Italie et pénétrèrent en Provence jusqu'à *Marseille*; mais ils ne purent prendre la ville et durent battre en retraite.

François Ier réunit une armée, marcha contre ses ennemis et les rejoignit en Italie : il reprit le Milanais et vint assiéger *Pavie*; mais une armée impériale arriva derrière lui. Les Français se trouvèrent pris entre cette armée et la garnison de Pavie. La grosse cavalerie française fut détruite par les arquebusiers espagnols, le roi fut fait *prisonnier* (1525).

Traité de Madrid. — François Ier, enfermé à Madrid, s'ennuya de sa captivité. Après un an d'hésitation, il finit par signer tout ce que voulait Charles-Quint : il lui abandonnait l'*Italie* et la province de *Bourgogne*. Ce traité de Madrid (1526) était presque aussi désavantageux que le traité de Blois (p. 87).

Mais François Ier, une fois libre, agit comme Louis XII : il réunit les *États de Bourgogne* et leur fit déclarer qu'il n'avait pas le droit de céder leur province. Charles-Quint se plaignit d'avoir été trompé, François répliqua en le provoquant en *duel*. L'empereur répondit en se préparant à la guerre.

Expédition de Naples. — Un nouveau pape, Clément VII, reprit le projet de Jules II, chasser les barbares de l'Italie. Il commença par faire une *ligue* contre Charles-Quint qu'il trouvait trop puissant en Italie. François Ier entra dans cette ligue, mais il n'avait ni argent ni armée pour aider le pape.

AMBASSADEURS DE FRANÇOIS Ier EN ANGLETERRE (TABLEAU DE HOLBEIN)

A droite, un évêque avec le bonnet des ecclésiastiques ou des gens de loi et un manteau de fourrure couvrant une longue robe. A gauche, un noble avec une toque, un pourpoint ressemblant à celui des gentilshommes italiens, une décoration en forme de collier d'orfèvrerie, une houppelande (manteau) de fourrure riche, des chausses (bas) et des souliers.

Sans tarder, Charles-Quint fit la guerre au pape. Sur son ordre, le connétable de Bourbon alla recruter en Allemagne des lansquenets *luthériens* qu'il emmena contre Rome. Le connétable fut tué pendant le siège de Rome, mais les luthériens prirent la ville et la pillèrent pendant *plusieurs mois* : à la fin la peste se mit parmi eux et les obligea à se disperser (1527).

François Ier, enfin prêt, envoya en Italie une armée qui reprit le *Milanais*; puis il essaya de reprendre *Naples* perdue depuis 1504.

Les Français vinrent assiéger Naples par terre tandis que leurs alliés les *marins génois* la bloquaient par mer. Mais l'amiral génois, Doria, se laissa gagner par Charles-Quint qui lui promit de le faire duc de Gênes; il trahit François Ier. L'armée française de Naples fut en partie détruite par la peste, en partie prise.

Ensuite les Impériaux s'avancèrent vers le Nord de l'Italie, chassèrent les Français de Milan et menacèrent la France.

Charles-Quint maître de l'Italie. — Mais à ce moment les *Turcs* marchaient sur Vienne et les luthériens d'Allemagne menaçaient de se séparer de l'Empire.

Charles-Quint était pressé de s'occuper des affaires d'Allemagne; il consentit à faire la paix avec François Ier à *Cambrai* (1529). Par le traité de Cambrai, Charles-Quint renonçait à la Bourgogne, mais François Ier abandonnait sur l'Artois et la Flandre tous les droits de suzeraineté qui avaient toujours appartenu aux rois de France; enfin François Ier *renonçait* à toute l'*Italie*.

La paix faite, Charles-Quint se fit couronner *roi d'Italie* par le *pape*. Il prit, après un siège d'un an, Florence, que défendait le grand artiste Michel-Ange. Il ne resta d'états *indépendants* en Italie que le duché de Savoie et la république de Venise.

Alliance de François Ier avec les luthériens et les Turcs. — Durant six années, François Ier prépara sa revanche. Pendant ce temps, Charles-Quint combattit les Turcs dans la Méditerranée et en Hongrie; il essayait aussi de mettre fin aux progrès de la réforme luthérienne en Allemagne.

François Ier persécutait les réformés de France; néanmoins il n'hésita pas à traiter avec ceux d'Allemagne (1532).

Les Turcs étaient considérés par des catholiques d'Occident comme des ennemis perpétuels avec qui on était toujours en guerre. Cependant François Ier entra en relations secrètes avec leur *sultan* après la défaite de Pavie. En 1534, il osa pour la première fois conclure avec eux un traité appelé *capitulation* ; il obtint par là le droit de commercer avec les Échelles du Levant, comme autrefois les Vénitiens ou les Génois, et de plus le *protectorat* des pèlerins et missionnaires catholiques établis en Terre sainte, protectorat que la France conserve officiellement aujourd'hui. C'étaient là les articles avoués : en secret, François Ier et le chef des musulmans s'alliaient contre Charles-Quint.

Enfin François Ier s'allia de nouveau avec le pape Clément VII et, pour le flatter, il fit épouser au dauphin de France *Catherine de Médicis*, bourgeoise de Florence, nièce du pape.

Les Français en Savoie. — Profitant du moment où Charles-Quint cherchait à chasser les Turcs d'Alger, François Ier attaqua le duc de Savoie et lui prit ses États en invoquant les droits qu'il tenait de sa mère, princesse de Savoie (1536).

Charles-Quint réunit une armée en Italie, repoussa l'unique armée française et arriva par la Provence jusqu'à Arles sans combat : les Français n'ayant qu'une seule armée n'osaient la risquer ; en se retirant ils détruisirent les villages, comblèrent les fontaines, brûlèrent les arbres et les cultures. L'armée impériale, ne pouvant vivre sur le pays, rentra en Italie.

La résistance se fit de la même manière en Picardie, où une armée impériale, venue des Pays-Bas, avait pénétré jusqu'à la Somme.

L'année suivante François Ier dut pour la première fois faire appel aux *Turcs*. Les galères des corsaires d'Alger vinrent sur les côtes de Naples et leurs marins enlevèrent des captifs chrétiens et pillèrent des villages.

Alors le pape intervint et obtint la conclusion d'une *trêve* pour dix ans (1538). François Ier garda la *Savoie*.

Tentatives de rapprochement. — Charles-Quint profita de la trêve pour recommencer la guerre contre les Turcs.

En France, le roi se laissait diriger par son ami d'enfance *Anne de Montmorency* qu'il avait fait connétable. Montmorency, très catholique, s'opposait aux alliances avec les protestants et les Turcs et recommandait une entente avec Charles-Quint. François Ier l'écouta.

Les bourgeois de Gand en Flandre, accablés d'impôts par

Charles-Quint, venaient de se révolter : ils offrirent de se donner au roi de France. François Ier dénonça leurs propositions à l'empereur et permit à Charles-Quint de traverser la France pour soumettre les rebelles. En échange de ce service, il réclama le Milanais. Charles-Quint le lui refusa. François Ier, déçu, disgracia Montmorency.

Sur ces entrefaites, le gouverneur espagnol de Milan fit assassiner deux Français pour leur prendre les dépêches qu'ils portaient au sultan.

Dernières tentatives de François Ier. — Alors François Ier recommença la guerre, avant que la trêve fût expirée (1542).

Ses alliés, les corsaires turcs, vinrent prendre *Nice*, que François Ier n'avait pu enlever au duc de Savoie, puis passèrent l'hiver dans le port français de Toulon.

L'armée espagnole entra dans le Piémont que les Français occupaient. Un jeune prince du sang commandait l'armée française qui gardait ce pays : il avait ordre de ne pas risquer le combat. Il fit demander à François Ier l'autorisation de se battre, l'obtint et remporta à *Cérisoles* la première victoire française depuis Marignan (1544).

Mais bientôt il fallut rappeler une partie de l'armée du Piémont pour défendre Paris. En effet, le roi d'Angleterre avait débarqué à Calais et pris *Boulogne*.

D'autre part, Charles-Quint, parti d'Allemagne, était en Champagne à *deux jours de Paris*. Mais les luthériens s'armaient en Allemagne et Charles-Quint était pressé d'aller les combattre.

Charles-Quint consentit à signer la paix avec le roi de France, en laissant la *Savoie* à François Ier (1544). François Ier mourut en 1547.

Henri II annexe les Trois-Évêchés. — Pendant la paix avec la France, Charles-Quint battit les protestants d'Allemagne et mit leurs chefs en prison.

Les protestants allemands demandèrent secours à Henri II, fils et successeur de François Ier : ce roi suivit les conseils d'un seigneur lorrain au service de la France, le *duc de Guise*, qui l'engageait à agrandir ses États du côté de la Lorraine. Après s'être entendu avec les luthériens, Henri II passa la

Meuse et prit trois évêchés, seigneuries ecclésiastiques de langue française, *Verdun*, *Toul*, *Metz*, qui dépendaient de l'empire d'Allemagne (1552).

Pendant ce temps les luthériens surprenaient Charles-Quint en Tyrol et l'obligeaient à se réfugier en Italie.

Charles-Quint, furieux, voulut sans tarder se venger de Henri II. Il vint en *plein hiver* assiéger Metz que défendait le duc de Guise; son armée ne put trouver à vivre dans la campagne et il dut lever le siège.

Charles-Quint continua la guerre contre les luthériens et Henri II; mais, en 1556, à l'âge de cinquante-six ans, fatigué et déçu, il accorda aux luthériens allemands un arrangement, conclut avec Henri II une *trève* de cinq ans, abdiqua, donna l'Autriche à son frère et tout le reste de ses États, Espagne, Italie, Franche-Comté, Pays-Bas et colonies, à son fils Philippe II. Puis il se retira dans un monastère d'Espagne où il mourut.

Guerres contre Philippe II. — L'Allemagne vécut dès lors en paix. Mais les rois de France et d'Espagne saisirent la première occasion de recommencer la guerre.

Un pape napolitain, Paul IV, voulut chasser les Espagnols de son pays. Il demanda secours à Henri II qui lui envoya aussitôt son armée avec le duc de Guise dans l'espoir de reprendre Naples (1557).

Aussitôt Philippe II, qui se trouvait aux Pays-Bas, entra en France à l'improviste, assiégea *Saint-Quentin*, battit une petite armée envoyée en toute hâte au secours de la ville et s'empara de la place. Il était à quatre jours de Paris. Mais il s'attarda à quelques sièges et, l'hiver étant venu, il se retira.

Guise et ses troupes furent rappelés sans tarder de l'Italie. Les Français ne retournèrent plus en Italie : les Espagnols occupèrent Rome et contraignirent le pape à faire la paix.

Revenu en France, Guise voulut frapper un grand coup, pendant l'hiver, époque où personne ne s'attendait à se battre. Les Anglais étaient alliés aux Espagnols. En janvier 1558, Guise surprit *Calais* et obligea la garnison anglaise à capituler.

Traité de Cateau-Cambrésis. — Henri II et Philippe II n'avaient pu ni l'un ni l'autre être partout vainqueurs : tous deux désiraient finir la guerre parce qu'ils voulaient écraser les protestants dans leurs États. Ils mirent fin aux guerres d'Italie par le traité de Cateau-Cambrésis (1559).

Henri II gardait les Trois-Évêchés, il gardait Calais en le payant aux Anglais. Il rendait au duc de Savoie ses États occupés par les Français depuis vingt-trois ans. Il abandonnait toute l'Italie : Naples et Milan restaient définitivement espagnols.

Le roi d'Espagne apparaissait toujours comme le plus grand souverain du monde.

Les guerres engagées par François Ier avaient permis aux *Turcs* de prendre la Hongrie et toute l'Afrique du Nord excepté le Maroc.

Enfin, elles avaient empêché les grands souverains catholiques d'écraser les *protestants*. C'est elles qui ont sauvé la Réforme.

Questionnaire.

L'Italie. — Les armées. — Principaux États de l'Italie du Nord, du Centre, du Sud. Les princes italiens s'entendaient-ils? Qu'était-ce que les condottieri? Où prenait-on des mercenaires? Changements de l'armement. L'arquebuse. Comment faisait-on la guerre?

Prétentions sur Naples et sur le Milanais (1494-1515). — Que voulait prendre Charles VIII? Pourquoi? Contre qui eut-il à lutter?

A quoi prétendit Louis XII? Ses alliés. Pourquoi entra-t-il en lutte avec le roi d'Espagne? Stipulation des traités de Blois. Pourquoi le pape s'allia-t-il à Louis XII? Pourquoi se tourna-t-il contre lui? Que fut la Très Sainte Ligue? Echecs de Louis XII. Que reprit François Ier? Qu'est-ce que la paix perpétuelle?

Guerres contre Charles-Quint et Philippe II (1521-1551). — Comment François Ier devint-il le rival de Charles-Quint? Guerres de 1521 au traité de Madrid (1526). Leurs conséquences. Nouvelles tentatives de François Ier (1527-29). Qu'espérait-il conquérir? Qui devint maître de l'Italie?

Quels furent les nouveaux alliés de François Ier? Troisième série de guerres (1536-1544). Qu'y gagna François Ier?

Guerres de Henri II. Quels en furent les principaux théâtres? Gains et pertes. Traité de Cateau-Cambrésis. Pourquoi fut-il conclu?

Conséquences des guerres d'Italie.

SUJETS COMPLÉMENTAIRES

Comparer les richesses de l'Italie et celles de la France aux XVe et XVIe siècles.

Un récit de bataille; les armées en campagne au XVIe siècle, d'après les mémoires des contemporains.

CHAPITRE VII

Les provinces. — Après l'annexion de la Bretagne (p. 4, 84), de l'Orléanais (p. 84), de l'Angoumois (p. 90), du Bourbonnais et des autres possessions du connétable de Bourbon (p. 94), il ne resta plus en France de princes souverains importants, sauf dans le sud-ouest. Toute l'administration supérieure fut *royale*.

Les rois avaient depuis Philippe-Auguste, dans les bourgs fortifiés, des représentants *nobles* qu'on appelait, dans le Nord *baillis*, c'est-à-dire chargés d'affaires, dans le Midi, *sénéchaux*, c'est-à-dire anciens. Ces nobles s'habillaient comme les autres seigneurs. Ils étaient chargés tout d'abord de toutes les fonctions; plus tard on leur enleva la justice qui fut confiée à des juges royaux qui portaient la *robe longue*.

Puis Henri II créa, dans les bailliages les plus importants des *présidiaux*, c'est-à-dire des tribunaux de chef-lieu, qui formèrent un degré intermédiaire entre les juges inférieurs et les Parlements analogues à nos Cours d'appel.

D'autre part, le soin de percevoir des impôts nouveaux avait été confié dans chaque bailliage ou sénéchaussée à des roturiers appelés *élus*, parce que les premiers avaient été choisis par les États généraux (1356) : ils devinrent bientôt des fonctionnaires nommés par le roi.

Mais, dans les provinces qui avaient conservé leurs *États* ou assemblées de députés provinciaux (p. 9), les États votaient le montant de la taille et le faisaient percevoir par des gens du pays.

François Ier, qui fit constamment la guerre et qui entretint beaucoup de soldats, mit à la tête de chaque province et dans chaque ville forte importante un officier noble de haut rang, chargé de commander les troupes et appelé *gouverneur*.

L'esprit régional. — Toute cette administration provinciale était faite d'institutions superposées, sans plan d'ensemble et

LITIÈRE DE VOYAGE (RECONSTITUTION)

Cette litière, qui rappelle les palanquins de l'Extrême-Orient, était employée par les voyageurs riches qui ne voulaient pas monter à cheval, pour suivre les chemins impraticables aux voitures.

sans unité, et les attributions des divers fonctionnaires n'étaient pas définies comme aujourd'hui.

Pour transmettre plus facilement les ordres du roi, Louis XI institua un service de courriers à cheval, appelé les *postes royales*. Plus tard, on autorisa les particuliers à se servir, en payant, de cette institution. Mais les routes étaient peu nombreuses, mal entretenues, les rivières devaient être franchies en bac; des mercenaires sans emploi et des *brigands* infestaient le pays. Les communications étaient lentes et souvent coupées.

Aussi les régions de France conservaient-elles leurs usages, leur dialecte; leurs capitales, aujourd'hui mortes pour la plupart, étaient de véritables centres très animés, comme au temps

des seigneurs. Chacune des régions de France avait ses tradi-
tions ou *coutumes* en matière de droit civil (c'est-à-dire pour
les lois relatives à la propriété, à la famille, aux successions);
seul le droit criminel (c'est-à-dire les lois faites pour réprimer
les délits et les crimes) était à peu près uniforme parce qu'on
l'avait emprunté au droit romain.

Pendant les troubles de la fin du xviᵉ siècle, bien des gouverneurs ou des nobles provinciaux purent essayer de refaire à
leur profit de petits États
à peu près indépendants,
comme au moyen âge.

Le roi. — Les rois
continuaient à ne plus
convoquer les États gé-
néraux, sauf dans les cas
exceptionnels (p. 10). Ils
se considéraient comme
maîtres absolus. La loi
était faite ou modifiée
par les *ordonnances* du
roi qui se terminaient par
ces mots : « car tel est
notre bon plaisir ».

Dans ces conditions,
les amis personnels du

VOYAGE EN CHARIOT

Sur les routes mal entretenues de l'ancienne France, on employait des voitures grossières, non suspendues, comme celle-ci, reproduite d'après un dessin du xviᵉ siècle.

roi, appelés *favoris* ou *favorites* et pris généralement dans la
noblesse, faisaient tout ce qui leur plaisait. Aussi y avait-il des
rivalités terribles entre les divers princes du sang, entre les
chefs des grandes familles nobles pour accaparer le roi ou pour
s'emparer de la régence quand le roi était mineur (p. 10).

Les favoris se faisaient donner des châteaux et des terres; ils
occupaient les hauts commandements *militaires*, c'est-à-dire
les charges de maréchaux, d'amiraux, de connétables.

Ils dirigeaient la politique, mais ils ne faisaient pas le travail
d'administration, considéré comme indigne d'un noble.

La cour. — Les rois avaient toujours réuni, dans le château
où ils résidaient et quand ils le jugeaient à propos, un conseil,
appelé, au moyen âge, la *Cour*, d'un mot qui signifie résidence.

Tout d'abord, les dignitaires nobles et les principaux évêques seuls en faisaient partie; mais comme ils ne se dérangeaient

LOUP

Ce petit masque de velours noir fut porté par les dames élégantes en guise de voilette pour garantir le visage du hâle, jusque sous le règne de Louis XIV.

pas volontiers et que les nobles ne savaient rien, au moyen âge, la besogne était faite par des employés qui avaient appris l'ensemble des lois latines ou droit romain : on les appelait pour cette raison des *légistes*. Ils rédigeaient d'abord les ordonnances en *latin*; puis, ils employèrent le français. Ces gens étaient d'abord presque tous des *clercs*, c'est-à-dire des membres inférieurs du clergé;

peu à peu le mot clerc s'appliqua aux employés même laïques des gens de loi, tels que les notaires et les avoués.

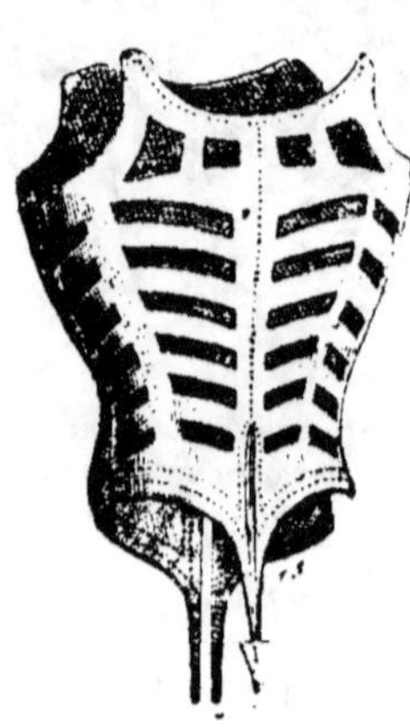

CORSET EN FER

Le corps de baleine ou corset, inventé à la fin du moyen âge, se porte au XVIe siècle très rigide et très serré à la taille. A l'endroit où il s'arrête, on fait bouffer artificiellement les jupes.

L'ancienne Cour du roi s'occupait de tout. Mais le royaume des premiers Capétiens s'agrandit beaucoup. Il fallut alors diviser les attributions de la Cour et les partager entre plusieurs sections détachées du Conseil primitif et que l'on appela, elles aussi, des Cours. On donna le soin de rendre la justice à une cour spéciale dite Cour de justice ou *Parlement* de Paris (1254), puis on créa une *Cour des comptes* (1319) chargée de contrôler l'emploi des finances, et plus tard une *Cour des aides* chargée de juger les procès relatifs aux aides ou impôts créés en 1355 (p. 8).

On créa plus tard d'autres parlements et cours dans les provinces.

La partie de l'ancienne Cour chargée plus spécialement de donner des avis au roi quand il le voulait bien s'appela, à partir de Charles VIII, le *Grand Conseil*.

Au XVIe siècle, on continue à appeler les tribunaux des Cours, mais l'expression *Cour du roi* a changé de sens; elle désigne l'ensemble des personnes nobles ou riches appelées *courtisans*, que le roi emploie à son service personnel ou à qui il fait l'honneur de les recevoir chez lui.

Les rois du XVIe siècle tiennent leur cour dans les châteaux neufs qu'ils ont fait bâtir dans la Touraine et les régions voisines ou encore dans les forêts de Saint-Germain et de Fontainebleau. Ils y font travailler des artistes français et italiens, y appellent des écrivains pour imiter les princes d'Italie. Mais les principales distractions sont la *chasse*, les tournois, les exercices physiques de tout genre. Les rois et les nobles aiment les jeux qui rappellent la guerre.

Les ministres. — Le chef de l'armée fut toujours un grand seigneur, le principal favori : il portait le titre de CONNÉTABLE, ou comte des étables donné à l'origine au chef de la cavalerie ; cette fonction existait depuis l'époque de Charlemagne. Au-dessous venaient les *maréchaux*, dont le nom signifiait, à l'origine, ceux qui prennent soin des chevaux.

PRÉPARATION DES FRAISES

La femme représentée ici tuyaute ces grands cols empesés appelés fraises, que les élégants des deux sexes portèrent dans la seconde moitié du XVIe siècle.

À la tête des magistrats était le CHANCELIER, dont le titre datait aussi du temps des rois francs. Ce titre signifiait d'abord huissier. Le chancelier était à l'origine un employé, généralement ecclésiastique ; il devint peu à peu le ministre de la justice ; il était le *garde des sceaux* à l'effigie du roi qui donnaient aux actes le caractère authentique. Au XVIe siècle les fonctions de chancelier et garde des sceaux furent confiées tantôt à un évêque, tantôt à un magistrat.

Le Connétable et le Chancelier avaient la propriété de leurs charges ; mais quand ils avaient déplu, le roi cessait de les employer ; il ne confiait plus d'armée au connétable, il retirait les sceaux au chancelier.

Le roi Philippe le Bel avait le premier essayé d'établir en France des impôts *permanents* : il créa, en même temps un SURINTENDANT ou ministre des finances. Ses successeurs continuèrent à avoir des surintendants des finances. Le roi confiait souvent cette charge à un banquier ou à un commerçant qui faisait ses affaires en même temps que celles du roi. Le roi ne lui demandait pas de comptes mais il exigeait que le surintendant lui trouvât de l'argent quand il en avait besoin.

Sous les fils de Philippe le Bel on adjoignit à la section de l'ancienne cour qui s'occupait d'administration des employés chargés d'écrire les lettres confidentielles aux fonctionnaires ; on les appela *clercs du secret* ou secrétaires. Comme ils faisaient toute la besogne, leur influence grandit peu à peu.

NOBLE ET SA FEMME VOYAGEANT A CHEVAL

Les deux personnages portent le costume du temps des guerres de religion. L'homme a le chapeau de feutre, la fraise (grand col) autour du cou, le pourpoint à crevés, le haut-de-chausses (culotte) bouffant, le petit manteau. La femme porte une coiffe, une fraise, un corsage très serré (avec un corps de baleine ou corset) et une jupe bouffante.

Ces deux personnages sont des nobles campagnards.

Au XVIᵉ siècle, les secrétaires étaient devenus de hauts magistrats, *propriétaires* de leurs charges. On les appelle, à partir du traité de Cateau-Cambrésis, SECRÉTAIRES D'ÉTAT, c'est-à-dire ministres. Henri II fixa leur nombre à 4. D'abord ils se partageaient les affaires par régions, chacun d'eux s'occupant de *tout* ce qui se faisait dans un quart déterminé des provinces.

Puis, sous Charles IX, l'un des secrétaires d'État fut chargé *plus* spécialement de la *guerre*, sous Henri IV, un autre des *affaires étrangères*, sous Louis XIII, un autre de la *maison du roi* ; mais ils continuaient à se partager, en outre, la correspondance administrative : chacun d'eux lisait les lettres d'un certain nombre de provinces qui lui étaient attribuées et il faisait rédiger les réponses.

Le Parlement. — Le Parlement de Paris était à peu près ce que nous appelons aujourd'hui une cour d'appel. Il se composait de juges, appelés *conseillers*, qui portaient la robe rouge ; ces juges étaient répartis en *chambres* avec un président par chambre et un premier président pour tout le Parlement. Ces conseillers et présidents étaient considérés comme inférieurs à ceux qu'on appelait les *conseillers-nés* (par droit de naissance), c'est-à-dire les grands seigneurs appelés *pairs* (ou égaux entre eux) et les principaux évêques. Les conseillers-nés avaient toujours leurs sièges réservés au Parlement sur des gradins plus élevés que ceux des magistrats autour du *lit*, c'est-à-dire du fauteuil, surmonté d'un dais, qui était réservé au roi ; mais ils ne venaient siéger que dans les occasions exceptionnelles où le roi venait présider le Parlement : on disait alors que le roi tenait un *lit de justice*.

PRÉSIDENT DU PARLEMENT DE PARIS
AU XVIe SIÈCLE

Ce personnage porte le bonnet et la robe des magistrats. Il se rend au Parlement sur une mule, monture que les magistrats et les gens graves préféraient au cheval. A cette époque, aucun personnage important ne se montrait à pied dans les rues, et les rues, même dans les grandes villes, n'étaient pas toujours assez bien tenues et assez larges pour qu'on pût y passer en voiture.

Le Parlement de Paris n'aurait pas suffi à juger en appel pour tout le royaume. Aussi les rois donnèrent-ils le nom et le rang de Parlement au tribunal central de chacune des provinces qu'ils annexèrent, le Languedoc d'abord, puis le Dauphiné, la Guyenne, la Bourgogne. Les premiers de ces *Parlements provinciaux* furent établis sous Charles VII et Louis XI

Mais le *Parlement de Paris* conserva le ressort le plu étendu (une vingtaine de départements), et le prestige le plu grand. Son influence venait de ce qu'il avait été créé le premier et de ce qu'il siégeait dans la capitale.

De bonne heure, en effet, les rois avaient pris l'habitude de faire enregistrer leurs *Édits*, c'est-à-dire de les faire copier sur les *registres* du Parlement de Paris, pour en conserver le texte.

Le Parlement imagina de faire des *remontrances* au roi avant d'enregistrer les édits quand les édits ne lui paraissaient pas conformes aux coutumes établies ; c'était le cas notamment pour ceux qui augmentaient les impôts. Aucun roi n'admit les remontrances du Parlement.

Quand le Parlement refusait d'enregistrer les édits, le roi venait tenir un *lit de justice* et faisait enregistrer les édits en sa présence ; les rois finirent par ne plus tenir de lit de justice que dans ces occasions. François Ier, qui habitait rarement Paris, ne voulut même plus se déranger pour tenir des lits de justice.

CRIEUR DE VIN

Dès que le vin nouveau était bon à être vendu, les cabaretiers de Paris et des villes louaient un crieur qui se plaçait devant leur porte, dans la rue, avec un broc et un gobelet, criait le prix du vin, le faisait goûter aux passants et les engageait à venir en boire ou en acheter au cabaret.

Quand le Parlement lui envoyait des conseillers pour présenter des remontrances, il menaçait les députés de les faire mettre en prison s'ils ne retournaient immédiatement dans leur résidence : « Je suis le roi, leur dit-il un jour, je veux être obéi ; portez demain mes ordres à mon Parlement de Paris. »

La richesse. — La principale source de revenus était alors la terre. Un riche avait toujours une maison ou *hôtel* dans la capitale de sa province, et un ou plusieurs châteaux à la campagne avec des fermes dont il tirait un loyer et des bois pour la chasse. On distinguait les *terres nobles*, qui ne payaient pas la taille (p. 9), des terres roturières qui supportaient toutes les charges.

La France n'avait alors guère de manufacturiers faisant fabriquer les toiles, draps, tapisseries pour l'exportation comme en

UNE BOUTIQUE AUX XVᵉ-XVIᵉ SIÈCLES

Reconstitution d'une boutique et atelier de potier d'étain au XVᵉ siècle. Les boutiques appartenaient à un maître (petit patron) qui travaillait avec un ou deux compagnons (ouvriers) et un apprenti. Les maîtres étaient réunis en corporations ou sociétés dont les membres seuls avaient le droit d'exercer le métier.

A gauche de la boutique-atelier ouvrant sur la rue, se voit une porte qui conduisait au logement du maître, habituellement placé au premier étage, au-dessus de la boutique.

Flandre et en Italie; elle avait beaucoup moins de banquiers et de propriétaires de navires que ces contrées. Du reste le commerce était en France *interdit aux nobles*, contrairement à ce qui se passait en Angleterre, aux Pays-Bas, en Allemagne, en

Italie. Les nobles français ne s'enrichissaient qu'en servant le roi à la cour ou à la guerre.

François Ier créa un port nouveau *Le Havre* (c'est-à-dire le port) pour remplacer, à l'embouchure de la Seine, Harfleur qui s'envasait ; il essaya de fonder des colonies.

Mais les guerres absorbèrent bientôt son attention et ses ressources. Le plus riche armateur français du temps, Angot, de *Dieppe*, dut se défendre à ses frais contre les Espagnols et mourut ruiné.

Le clergé. — Le clergé était le premier en dignité des *ordres* ou *états* composant la Société française. On a déjà vu que les revenus de ses membres consistaient en terres ou en *bénéfices*.

Après la victoire de Marignan, François Ier conclut avec le pape le CONCORDAT (1516), traité qui donne au roi le droit de distribuer en France les terres de l'Église.

ATELIER DE TISSERAND AU XVIe SIÈCLE

Au premier plan à gauche, une femme file avec une quenouille, c'est-à-dire qu'elle transforme en fil du chanvre ou de la laine. Au fond un métier à main, où de ux autres personnages tissent, c'est-à-dire font de l'étoffe en croisant les fils à l'aide d'une navette. Tous ces travaux sont faits à la main avec les moyens les plus simples.

Cet arrangement fut considéré comme injuste par les catholiques *gallicans* (p. 64). Le parlement refusa d'abord de l'enregistrer mais le roi l'y obligea. Dès lors les rois distribuèrent les revenus des abbayes, des évêchés et des cures non seulement à des ecclésiastiques, mais à leurs favoris, à des écrivains comme Rabelais, parfois même à des protestants comme Sully.

La noblesse. — La noblesse venait de la *naissance* : elle se perdait lorsque le titulaire cessait de vivre noblement, c'est-à-dire sans rien faire d'autre que la guerre ou la chasse ; cesser de vivre noblement s'appelait *déroger*. La noblesse s'amoindrissait lorsque le noble se mésalliait, c'est-à-dire se mariait avec une roturière. Un noble devait au moins prouver *quatre quartiers*, c'est-à-dire avoir un père, une mère, un grand-père, une grand'mère de naissance noble. Aussi les nobles ne se mélangeaient-ils pas au reste de la nation. Beaucoup d'entre eux étaient *pauvres*.

Les nobles transmettaient leurs titres et leurs biens à l'aîné de leurs fils pour ne pas diminuer la fortune de la maison. Les filles étaient mises au couvent quand elles ne trouvaient pas de maris nobles, les fils cadets et tous les nobles pauvres se confiaient à la protection d'un seigneur riche et tâchaient de se faire employer comme officiers et même comme soldats : tels étaient les petits nobles *gascons* si nombreux dans les armées du roi.

PAYSAN FRANÇAIS
DU XVIᵉ SIÈCLE
Cet homme porte un vieux chapeau, une blouse de toile retroussée à la ceinture et une sorte de caleçons de toile serrés à la cheville.

Des nobles *étrangers* entraient souvent au service du roi. Ainsi la famille des Guise était une branche cadette de la maison qui régnait sur la Lorraine, alors indépendante.

Les nobles qui plaisaient au roi ou à ses favoris recevaient pour eux et leurs enfants des charges militaires, des terres, des bénéfices ecclésiastiques. Les Guise eurent pendant deux générations un général en chef et deux cardinaux dans leur famille. Après le Concordat, le roi prit les prélats de préférence parmi les fils cadets de famille noble.

Au début, les nobles ne se distinguaient les uns des autres

que par la fortune. Mais peu à peu, on établit dans la noblesse une hiérarchie de titres, allant depuis les simples *chevaliers* à la base, jusqu'aux *ducs et pairs* au sommet. Le roi prit l'habitude de témoigner sa faveur aux petits nobles en leur donnant des titres qui les faisaient monter dans la hiérarchie.

Au-dessus des hauts nobles venaient les *princes du sang*, c'est-à-dire les parents du roi.

Enfin, depuis le XIVe siècle, le roi autorisait parfois des roturiers riches à acheter une terre noble et à porter le titre du précédent possesseur. Ces *anoblissements* étaient généralement payés très cher; parfois c'était en anoblissant un créancier que le roi remboursait ses emprunts.

Vénalité des offices. — Quand le roi commença à nommer des fonctionnaires roturiers pour les finances et la justice, il

PAYSANNES CUISANT AU FOUR
(D'APRÈS UNE MINIATURE DU TEMPS)

Ces paysannes portent la coiffe ou bonnet. L'une pétrit la pâte, l'autre la fait cuire dans un four, bâtiment particulier séparé de la maison d'habitation. Bien qu'on achète de plus en plus le pain au boulanger, beaucoup de nos maisons campagnardes ont encore un four de ce genre.

leur fit déposer une sorte de *caution* en argent; bientôt on considéra ce dépôt comme un *prix payé* au roi pour avoir la charge ou office.

Dès le XIVe siècle, le roi vendait ainsi les offices ou charges de notaires, de greffiers qui sont encore vénaux aujourd'hui, et ceux de *finances*; enfin il vendit les charges de *juges*, de conseillers et de secrétaire d'État. Pendant les guerres d'Italie, Louis XII, à court d'argent, se mit à faire vendre tous les offices disponibles. François Ier, pour la même raison, créa à cet effet un bureau spécial. Enfin, le roi créa de nouveaux offices, très inutiles, pour se procurer de l'argent par leur vente. Henri II imagina les *présidiaux* (p. 101), non dans l'intérêt des justiciables, mais pour avoir de nouveaux postes à vendre. On ne s'arrêta plus dans cette voie.

Aussi eut-on un nombre excessif de juges, de juridictions, de gens de loi : le moindre procès entraînait des frais énormes et pouvait être porté en appel cinq ou six fois de suite.

Ce n'était pas le seul inconvénient de la vénalité. En effet, les juges recevaient du roi des *appointements insuffisants* qui ne représentaient pas les intérêts du prix de leur office ; aussi se faisaient-ils payer par les plaideurs pour rendre la justice, comme le greffier, l'avoué et l'avocat. Il avait toujours été admis qu'un plaideur en visitant ses juges leur portât un cadeau *d'épices*, denrées coûteuses et recherchées au moyen âge. On conserva le nom d'épices, mais sous ce nom les plaideurs se mirent à donner aux juges de l'argent.

SCÈNE RUSTIQUE

Sous la direction d'un personnage coiffé d'un bonnet retroussé et confortablement vêtu d'une jaquette, de chausses, de bottes, des paysannes et des paysans voiturent les gerbes jusque dans une grange où elles seront battues, emportent de cette grange les sacs de grains et les chargent sur des chars.

La noblesse de robe. — Les offices étaient recherchés pour l'honneur plus encore que pour l'argent. En effet, depuis qu'on les faisait payer au titulaire, on avait dû lui laisser prendre l'habitude de les considérer comme sa propriété. Louis XI déclara les juges *inamovibles*. Les rois qui régnèrent ensuite les laissèrent désigner leurs successeurs, même parmi leurs parents et enfants. Les juges devinrent donc, en fait, *héréditaires*, comme les nobles.

Les nobles de naissance s'en plaignirent. Pour leur donner satisfaction, le roi ordonna que les charges ou offices vénaux feraient retour au roi si leurs propriétaires ne les avaient transférés à un autre *quarante jours* au moins *avant leur mort*. Ainsi les titulaires n'étaient jamais sûrs de faire passer leur charge à leur fils.

Mais un financier nommé Paulet conseilla à Henri IV, qui avait besoin d'argent, d'accorder la dispense des quarante jours à tous les possesseurs d'office qui paieraient un impôt spécial. Cette taxe, surnommée la PAULETTE, fut établie en 1604, et tous les intéressés s'empressèrent de la payer.

Désormais les hautes fonctions de la *justice*, des *finances* et de l'*administration*, y compris les ministères, furent héréditaires. Leurs titulaires se firent exempter d'impôts. Ils formèrent un nouvel ordre de privilégiés appelé la *noblesse de robe*, à cause du costume des magistrats.

Les fils des nobles de robe achetèrent des terres nobles et se firent autoriser par le roi à en porter le titre. Beaucoup quittèrent la robe pour l'épée et devinrent officiers. La plupart des nobles actuels n'ont pas d'autre origine. Les *descendants des croisés*, comme on appelle les nobles d'ancienne origine, sont très peu nombreux.

La bourgeoisie. — Au-dessous des nobles de robes venaient les bourgeois ou habitants des bourgs. Toutes les villes étaient alors des *bourgs*, c'est-à-dire des places fortifiées. Les principaux des bourgeois étaient des *marchands*. Ceux qui s'enrichissaient tâchaient d'acheter un office pour leurs fils afin d'en faire des nobles de robe.

Les rois pouvaient donc créer des charges nouvelles pour les vendre, toutes les fois qu'il leur fallait de l'argent. « Sitôt que Votre Majesté crée un office, disait un ministre, Dieu crée un sot pour l'acheter. »

Ainsi les Français prirent l'habitude de considérer le commerce et l'industrie comme des occupations inférieures et de regarder comme plus honorables les fonctions publiques bien qu'elles rapportent peu.

Les paysans. — Le peuple se composait des ouvriers des villes, peu nombreux, et des paysans qui formaient alors la grosse majorité des Français.

Les paysans étaient presque tous *libres*, mais ils payaient pour leurs terres 1° des droits au *seigneur* local, 2° la *taille* (p. 9) due au roi.

Les terres nobles, les terres d'Église, les biens des nobles de robe, les villes s'étaient fait exempter d'impôts.

De plus, le paysan était seul obligé de *loger les soldats*; les bourgeois des villes s'en étaient fait exempter.

Le plat pays, c'est-à-dire les villages ouverts, était pillé pendant les guerres, tandis que les villes fermaient les portes de leurs remparts. Les paysans étaient à cette époque très misérables : ils vivaient de porc salé et de légumes, s'habillaient de toile et marchaient pieds nus.

Questionnaire.

Les questions doivent être posées : *a*) sur le sens originaire des mots, *b*) sur les attributions des titulaires des fonctions au xvie siècle).

Provinces. — Baillis, Sénéchaux, Présidiaux, Parlements, Élus, Gouverneurs, Coutumes. Différences avec l'administration actuelle. Qu'entend-on par esprit régional?

Le roi, la cour, les ministres. — Ordonnances. Qu'est-ce qu'un roi absolu? Un favori? Sens divers des mots Cour, Courtisans, Favoris. Où vécurent les rois du xvie siècle? Quelles étaient leurs distractions? Quelles étaient les fonctions sollicitées ou acceptées par les nobles?

Connétable, Maréchal, Chancelier. Qu'est-ce que les sceaux? Surintendant des finances, Secrétaires d'Etat. Attributions des divers chefs de service.

Parlement. — Leurs attributions. Conseillers, Chambres, Présidents. A quelle institution actuelle peuvent-ils être comparés? Situation particulière du Parlement de Paris. Lit de justice. Enregistrement des édits. Remontrances.

La richesse. — D'où venait-elle? Quels étaient alors les pays industriels, commerçants, maritimes? D'où vient le préjugé contre le travail et le commerce?

Les ordres. — Pour le clergé, voir p. 80. La noblesse. Déroger. Mésalliance. Quartiers de noblesse. Droit d'aînesse et de masculinité. Les cadets et les nobles pauvres. Hiérarchie nobiliaires. Anoblissements.

Vénalité des charges. Quels étaient les offices vénaux? Causes de la vénalité. Nombre des gens de loi. Épices. Inamovibilité. Hérédité. La Paulette. Noblesse de robe.

La bourgeoisie. D'où vient l'amour des fonctions publiques? Les paysans. Leurs charges. Privilèges des bourgeois comparés aux paysans.

SUJETS COMPLÉMENTAIRES

Administration : 1° *d'une province féodale* (Angoumois, domaines du connétable de Bourbon, etc.), 2° *d'une province d'États* (Languedoc, Provence, Bretagne, etc.), 3° *d'une province d'élections.*

Les propriétaires d'office d'une ville, d'une province.

Les favoris. Montmorency, les Guise.

Un château des bords de la Loire et la vie de Cour.

CHAPITRE VIII

LES GUERRES DE RELIGION

La Réforme en France. — La Réforme fit des adeptes en France dès le commencement du règne de François Ier.

Les rois de France n'avaient rien à gagner à la Réforme parce que le Concordat leur donnait le pouvoir de disposer des biens de l'Église (p. 64). Ils n'aimaient pas les réformés français qui se recrutaient parmi les gens indépendants, surtout dans la *noblesse* et la bourgeoisie. Néanmoins, François Ier, à l'époque où il avait besoin des princes luthériens d'Allemagne contre Charles-Quint, fit paraître un édit de *tolérance* (1535); mais ces dispositions ne durèrent pas.

Le roi passa sous l'influence des Guise, très catholiques; alors il devint persécuteur : il fit brûler des protestants à Paris, puis il fit détruire par ses soldats les villages des Vaudois, montagnards de Provence, qui étaient séparés de l'Église depuis le moyen âge. 3 000 Vaudois furent massacrés et les vallées où ils habitaient transformées en désert.

Pendant les guerres de Henri II, on continua à poursuivre des protestants, mais il n'y eut pas de persécution générale. En 1559, Henri II fit la paix du Cateau-Cambrésis pour pouvoir détruire l'hérésie (p. 100). Il publia un édit qui *interdisait le culte réformé*; mais, peu après, il fut tué par accident, pendant les fêtes données à l'occasion de la paix.

La conjuration d'Amboise. — Son fils François II (1559-60) n'avait que seize ans. Il avait pour femme Marie Stuart, nièce des Guise : ceux-ci devinrent plus puissants que jamais.

Les chefs de la maison de Bourbon (p. 2), qui étaient les plus proches parents du roi, furent mécontents et se mirent à la tête des nobles protestants. C'étaient Antoine, roi de Navarre, le père de Henri IV et son frère le prince de Condé.

Les nobles mécontents protestaient de leur fidélité au roi; ils prétendaient qu'ils voulaient seulement le délivrer des Guise qui, disaient-ils, le tenaient en tutelle.

Un grand nombre de ces nobles se réunirent en armes autour du château d'Amboise où le roi séjournait. Les troupes du roi s'emparèrent d'eux; tous furent massacrés ou exécutés et leurs corps furent exposés au public par ordre des Guise. « Ainsi, dit un contemporain, furent plusieurs jours, pendant un mois, employés ou à couper têtes, ou à pendre ou à noyer. Il s'en trouvait dans la rivière de Loire, tantôt six, huit, dix, douze, quinze, attachés à des perches, qui avaient encore leurs bottes aux jambes. Les rues d'Amboise étaient coulantes de sang et tapissées de corps morts en tous endroits, tant qu'on ne pouvait durer par la ville pour la puanteur et infection. »

PORTRAIT DE CATHERINE
DE MÉDICIS

Costume de drap brodé d'or. La mode féminine de cette époque a déjà été décrite ci-dessus.

Les Guise accusèrent le prince de Condé d'avoir réuni les nobles autour d'Amboise pour enlever le roi. Ils le firent condamner et on se préparait à l'exécuter quand le roi mourut (1560).

François II eut pour successeur son frère Charles IX (1560-74), âgé de dix ans. La reine-mère, Catherine de Médicis, prit la régence et voulut exercer le pouvoir. Elle renvoya Marie

Stuart en Écosse, écarta les Guise et nomma chancelier (c'est-
à-dire ministre de la justice) un magistrat partisan de la *tolérance*, Michel de l'Hôpital.

L'Hôpital refusa d'établir l'Inquisition en France. Il réunit
les représentants de l'Église catholique et des Églises protestantes dans le *Colloque* (conférence) *de Poissy*, près de Paris,
pour essayer de conclure une entente entre eux (1561). Mais
les deux partis s'injurièrent dans l'assemblée et se séparèrent
plus irrités qu'auparavant.

Bien que le Colloque n'eut pas répondu à ses espérances,
l'Hôpital fit rétablir la *liberté de culte* (1562).

Commencement des guerres. — Le duc de Guise, qui
revenait de Lorraine avec une escorte armée, suivant l'usage
des grands seigneurs, rencontra, à *Vassy* en Champagne, des
protestants qui célébraient leur culte dans une grange à côté
de l'église; les gens du duc les assaillirent sous prétexte qu'ils
troublaient la messe et tuèrent ceux qu'ils purent atteindre.
Quelques jours après, le duc de Guise entra à Paris, et les
habitants, qui pendant les guerres de religion furent toujours
hostiles aux protestants, le reçurent par des acclamations.

En même temps, un vieux militaire gascon, Montluc, envoyé
dans le Sud-Ouest, où les protestants étaient nombreux et où
le gouvernement craignait de les voir se révolter, voyageait
avec « deux bourreaux, lesquels, dit-il, on appela depuis mes
laquais ». Et il ajoute qu'il fit décapiter, « brancher » ou
fouetter à mort tous les protestants qu'on lui dénonça « sans
sentence ni écriture, car, en ces choses, j'ai ouï dire qu'il faut
commencer par l'exécution ».

Alors le prince de Condé quitta secrètement Paris à la tête
d'une troupe de nobles protestants à cheval, s'empara d'Orléans et s'y fortifia. Ainsi commença la première guerre de
religion (1562).

Les armées. — Il n'était pas difficile aux chefs de trouver
des soldats car, en France, les nobles pauvres ne voulaient pas
d'autre métier que la guerre et ils se trouvaient sans emploi
depuis la paix de Cateau-Cambrésis.

Les protestants avaient presque toujours comme but de sur-
prendre des places pour s'y fortifier et en faire des centres

calvinistes. Aussi la guerre est-elle une suite très embrouillée de courses de cavalerie et de surprises de bourgs. Dans les régions troublées, les habitants fortifient même les villages. On se croirait revenu au temps des guerres féodales.

Les opérations se font surtout : 1º dans le Sud-Ouest, où les protestants étaient nombreux, et sur les routes qui mènent de Paris au Sud-Ouest par Orléans et Poitiers ; 2º entre Paris et la Normandie ; 3º à l'est de Paris. Ces deux dernières régions sont celles par où les protestants attendaient les secours de leurs coreligionnaires anglais et allemands.

PORTRAIT DE CHARLES IX,
PAR CLOUET

Toque ornée d'une plume ; pourpoint brodé, petit manteau brodé, haut-de-chausse (culotte), bouffants de satin, chausses (longs bas) de soie, souliers d'étoffe précieuse.

Les Allemands envoyaient des corps de cavaliers légers, armés de pistolets et d'épées, sans lances, ni armures de fer, appelés *reîtres* (en allemand, *cavaliers*) qui servaient comme mercenaires.

Du côté catholique, le gros des forces était composé par la cavalerie et l'infanterie de l'armée royale (p. 82). La principale force d'infanterie était fournie par les Suisses catholiques, piquiers et arquebusiers ; le roi, suivant ses ressources, en recrutait de 6 à 12 000. L'armée royale était en général plus disciplinée et plus solide que celle des réformés.

Les premières guerres. — Dans la première guerre, le duc François de Guise, le vainqueur de Metz et de Calais, commanda les armées royales contre le prince de Condé, chef des protestants ; il le battit et le fit prisonnier au moment où il cherchait à atteindre la côte normande pour recevoir des secours anglais.

Puis le duc de Guise alla assiéger Orléans ; il fut assassiné par un noble protestant au moment où il allait reprendre cette ville. Alors la paix fut faite et l'on rétablit la liberté de culte comme avant la guerre (1563).

Quatre ans après, Condé et les protestants s'armèrent pour essayer d'enlever le roi pendant un voyage : ils voulaient le séparer de Catherine de Médicis qu'ils trouvaient trop puissante. Le coup manqua et on rétablit la paix précédente (1568).

Mais Catherine de Médicis, irritée contre les protestants, changea de politique. Elle disgrâcia l'Hôpital, *interdit le culte protestant* et ordonna aux pasteurs de sortir du royaume. Les protestants prirent les armes dans le Sud-Ouest.

Catherine envoya contre eux une armée qui les atteignit dans le passage du Poitou. Condé fut battu, blessé et fait prisonnnier. Un capitaine des gardes du roi lui cassa la tête d'un coup de pistolet : il fut récompensé par Catherine de Médicis.

Alors l'armée protestante reconnut comme chef le neveu de Condé, *Henri de Navarre* (plus tard Henri IV), prince du sang, alors âgé de quinze ans. Comme Henri de Navarre était trop jeune pour commander, le vrai général protestant fut un noble de haut rang, Gaspard de *Coligny*, qui avait fait les guerres d'Italie. Il continua la troisième guerre pendant deux années (1568-70).

A la fin, Catherine n'ayant plus d'argent, fit la paix ; elle rétablit la *liberté de culte* et pour la première fois elle céda aux protestants des forteresses appelées *places de sûreté*. La principale était le port de La Rochelle, qui permit aux protestants de communiquer avec l'Angleterre.

ARQUEBUSIER SOUS HENRI III

Dans la main droite, l'arquebuse à mèche ; dans la gauche, la fourche dont on se servait pour appuyer le canon quand on mettait en joue ; à la ceinture, une épée dont l'arquebusier se servait dans le combat à l'arme blanche. Voir p. 153, 154.

La Saint-Barthélemy. — On put croire alors que Catherine était revenue à la politique de tolérance. Elle s'allia avec les protestants contre les Guise. Elle fit épouser Marguerite, sœur de Charles IX, à Henri de Navarre.

Le roi reçut à Paris Coligny et l'autorisa à préparer, pour occuper les nobles et soldats sans emploi, une expédition dans les *Pays-Bas espagnols*. Philippe II, roi d'Espagne, essayait alors de faire exterminer les protestants de ces provinces. Coligny voulait aller à leur secours et prendre les Pays-Bas pour le roi de France. Son projet plut au jeune Charles IX, âgé alors de vingt et un ans.

Mais les catholiques étaient fort mécontents. D'autre part, la reine-mère craignait d'être supplantée auprès du roi par Coligny; elle excita secrètement les chefs catholiques contre les chefs protestants.

Le duc de Guise, assassiné à Orléans, avait été remplacé à la tête du parti catholique par son fils aîné Henri; la famille de Guise croyait que Coligny avait inspiré l'assassinat et considérait que son honneur l'obligeait à se venger.

Coligny fut blessé à la sortie du palais du roi, en plein jour, par un assassin à la solde des Guise. Le roi furieux jura de venger cet attentat où, disait-il, « l'injure et l'outrage sont pour moi ».

Alors la reine et ses conseillers, en partie des Italiens, vinrent lui représenter que les catholiques, partisans de Guise, était les plus nombreux en France, qu'il valait mieux donner raison à Guise et le laisser tirer vengeance de Coligny et de ses amis. Ils ajoutèrent que les principaux nobles protestants étaient réunis à Paris pour le mariage de leur prince Henri de Navarre et pour les préparatifs de la guerre des Pays-Bas, et qu'il avait une occasion unique de les faire disparaitre. « Il faut tout tuer, dit un Italien, le péché étant aussi grand pour peu que pour beaucoup. » Après avoir résisté plusieurs heures, le jeune roi céda brusquement à la fin de l'après-midi du 23 août.

Aussitôt le duc de Guise fut chargé de diriger le massacre, ce qu'il accepta avec joie. Il prévint le prévôt des marchands (c'est-à-dire le maire de Paris), qui fit fermer les portes et réunir les bourgeois en armes. A minuit, on annonça aux capitaines de la milice bourgeoise pourquoi ils étaient convoqués; on les invita à faire porter à leurs hommes une croix blanche en signe de ralliement et à commencer le massacre dès que l'église bâtie en face du Louvre sonnerait le tocsin. Les Parisiens étaient tous très ardents catholiques et chacun était si pressé de commencer que le tocsin fut sonné en pleine nuit, et non point à l'aurore comme il était convenu.

Guise et sa suite envahirent aussitôt la maison de Coligny, qui fut tué et jeté par la fenêtre dans la rue. Presque tous les nobles protestants connus furent tués dans la nuit. Le massacre continua les jours suivants. A Paris on tua jusqu'au 17 septembre. Mais, comme les malfaiteurs s'étaient mis à piller les maisons, les chefs militaires firent arrêter les massacres et rétablirent l'ordre.

Le roi avait fait écrire aux gouverneurs de suivre l'exemple de Paris. Quelques-uns refusèrent mais beaucoup obéirent. On dit que, 2 à 10 000 personnes périrent à Paris, 15

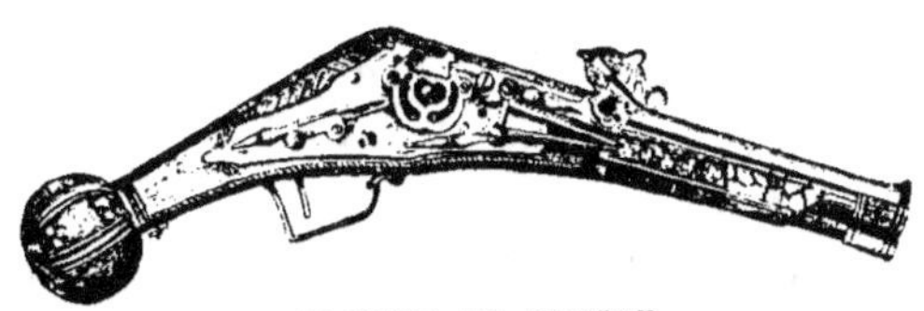

PISTOLET DE REITRE

Arme à rouet; la poudre était enflammée par les étincelles produites au moyen d'un rouet ou petite roue dentée dont les dents frappaient sur une pierre à feu sous l'action du chien. Ces pistolets les premiers inventés, étaient très longs et très gros.

à 20 000 en province. Le roi d'Espagne Philippe II et le pape envoyèrent des *félicitations* à Charles IX.

Le parti protestant était privé de ses chefs. Henri de Navarre avait été emprisonné à Paris. Le parti protestant fut ruiné dans le Nord, mais il se maintint dans le *Sud-Ouest*. Il y tenait quatre *places de sûreté* comme La Rochelle qui résistèrent aux troupes royales.

Après une *quatrième guerre* civile, le roi dut confirmer les traités précédents, mais en restreignant la liberté de culte aux places de sûreté, ce qui cantonnait l'hérésie dans une petite partie du Midi (1573). Charles IX mourut l'année suivante, sans laisser de fils.

Les politiques. — Le second frère de Charles IX, Henri, était roi de Pologne. Catherine de Médicis aurait voulu faire couronner son troisième fils, le duc d'Alençon, plus tard duc d'Anjou. Mais Henri revint en toute hâte de Pologne et prit le pouvoir sous le nom de HENRI III (1574-1588).

Les catholiques venaient alors de se diviser. Plusieurs d'entre eux se déclarèrent partisans de la tolérance, à l'exemple de l'Hôpital qui venait de mourir : on les appela les *politiques*. Le duc d'Alençon, qui désirait renverser son frère, se mit à leur tête.

Henri de Navarre s'échappa de Paris et alla prendre le commandement des protestants.

Protestants et politiques alliés firent une *cinquième guerre* dans le Midi et obligèrent le roi à leur accorder par l'Edit de Beaulieu les *plus grandes concessions* qu'on eût jamais faites aux huguenots ; liberté de culte *partout*, sauf à Paris, augmentation des places de sûreté, chambres composées à moitié de conseillers protestants dans 8 Parlements (p. 107), réhabilitation de Coligny.

La Ligue. — Malgré la paix, le gouverneur de Péronne refusa de laisser établir la liberté de culte dans sa ville en prétendant que le roi était opprimé par les hérétiques et il invita les autres gouverneurs et les conseils de ville de la région à s'unir dans une Ligue « pour la conservation de la ville et de la province en l'obéissance du roi et en l'observance de l'église catholique ». La Ligue s'étendit rapidement dans tout le royaume ; elle eut pour elle les bourgeois, sauf au Sud-Ouest, et une partie des gouverneurs catholiques.

Henri III, inquiet, convoqua les États généraux à *Blois* (1576). La Ligue fut assez forte pour empêcher qu'il y eut aux États généraux des députés protestants. Les États, réunis à Blois, demandèrent la reprise de la *guerre* contre les hérétiques. Alors Henri III se déclara *chef de la Ligue* pour essayer de se rendre populaire et il demanda aux États de l'argent pour faire la guerre aux protestants.

Il y eut ensuite dans le Sud-Ouest deux petites *guerres* où les protestants commandés par Henri de Navarre furent défaits. Le roi leur imposa une paix qui restreignait la liberté de culte sans toucher aux autres avantages. Personne n'en fut satisfait (1580).

Les trois Henri. — Henri III n'avait pas de fils : son frère cadet, le duc d'Alençon et d'Anjou, mourut en 1584. L'héritier présomptif de la couronne de France devint alors le chef de la maison royale de Bourbon, *Henri de Navarre*, chef des huguenots, qui était le plus proche parent de Henri III.

Les catholiques français ne voulaient pas d'un roi hérétique. Leur chef, *Henri de Guise*, déclara qu'il considérait comme successeur de Henri III un oncle de Henri de Navarre, resté catholique, le cardinal de Bourbon ; en réalité Guise espérait prendre la couronne ; il s'était fait fabriquer une généalogie d'après laquelle les Guise descendaient de Charlemagne, ce qui leur permettait de réclamer la couronne de France comme un héritage de leurs ancêtres supposés.

Henri de Guise s'allia par un traité en forme avec le *roi d'Espagne* Philippe II, qui désirait à la fois extirper l'hérésie partout et démembrer la France à son profit. Il obtint l'appui du *pape* Sixte-Quint, qui déclara les Bourbons protestants déchus du trône. Il fut alors assez fort pour imposer sa direction à Henri III, pour obtenir un édit qui *interdisait le culte* protestant et pour se faire donner le commandement d'une armée contre les protestants.

La guerre recommença pour la *8e fois*. Dans le Sud-Ouest, Henri de Navarre battit complètement l'armée royale et tua son

CHEVAU-LÉGER ESPAGNOL

Cavalier sans armure de fer, muni d'une épée, d'une arquebuse ou de pistolets, et pouvant se mouvoir plus rapidement que les gens d'armes.

chef ; mais, aux environs de Paris, Henri de Guise dispersa les reîtres allemands qui venaient au secours des protestants.

En même temps, Philippe II envoyait une flotte formidable, l'*Armada*, pour s'emparer de l'Angleterre, qui était le principal État protestant.

Guise fut un moment le maître de la France. Il se rendit à Paris, bien que le roi lui eût défendu d'y paraître ; il était accompagné de ses troupes victorieuses et les bourgeois en armes l'accueillirent avec enthousiasme. Henri III fit venir à Paris des régiments suisses pour sa sûreté. Alors les bourgeois de Paris élevèrent des *barricades* dans les rues et refoulèrent les Suisses dans le Louvre.

Henri III *s'enfuit* à Blois pendant la nuit (1588). Puis, pour gagner du temps, il accorda à Guise ce qu'il demandait; il le nomma lieutenant-général du royaume (c'est-à-dire vice-roi), il déclara les princes protestants indignes de lui succéder et convoqua les États généraux, mais il eut soin de les réunir à *Blois*, et non à Paris.

Les seconds États de Blois furent, comme les premiers, composés de catholiques ardents. Mais Henri III avait autour de lui les Suisses et les gentilshommes de sa garde. Il venait d'apprendre que l'*Armada* avait été détruite et que Philippe II ne pourrait, de quelque temps, venir au secours de Guise. Il fit appeler Guise au château de Blois; tandis que le duc traversait l'antichambre, les gardes du roi se jetèrent sur lui et le tuèrent. Le lendemain, les Suisses massacrèrent son frère, le cardinal de Lorraine (1588).

Assassinat de Henri III. — A la nouvelle de l'assassinat des Guise, Paris se souleva sous la conduite des curés de paroisse et des couvents, alors fort nombreux. Ce fut une époque de prêches violents, de jeûnes, de processions où les moines figuraient armés par-dessus leurs robes. Dans une procession de nuit, sur le signal des prêtres, tous les assistants éteignirent brusquement leurs cierges en criant : « Que Dieu éteigne ainsi la race des Valois! » Henri III était le dernier des Valois.

Le frère de Guise, Mayenne, prit le titre de lieutenant-général du royaume, réunit des troupes et essaya d'enlever Henri III à Blois. Le roi, craignant d'être pris, se résigna à s'allier à Henri de Navarre : il le reconnut comme son successeur, accepta le concours de l'armée *protestante* et vint avec Henri de Navarre assiéger Paris. La ville allait être prise quand Henri III fut assassiné par un moine (1589).

Le dernier Valois étant mort, la couronne revenait par droit de naissance aux Bourbons. Mayenne fit proclamer à Paris le cardinal de Bourbon sous le nom de Charles X. Henri de Navarre prit le nom de HENRI IV, roi de France et Navarre. Mais beaucoup de nobles catholiques refusèrent de rester avec lui. Son armée étant fort réduite par les défections, il dut lever le *siège de Paris.*

Mais Henri IV ne voulut pas retourner dans le Sud-Ouest par crainte d'y être définitivement enfermé. Il s'obstina, malgré une partie de ses amis, à tenir la campagne entre la Manche, par où il attendait des secours d'Élisabeth, et Paris, qu'il voulait prendre à tout prix. Il battit deux fois Mayenne à *Arques* et à *Ivry*, l'enferma dans Paris et vint l'y assiéger de nouveau.

Alors, Philippe II ordonna à son meilleur général qui était dans les Pays-Bas de repousser Henri IV. L'armée espagnole des Pays-Bas vint débloquer Paris. Henri IV fut rejeté en Normandie pendant deux ans (1590-92) et Paris reçut une garnison espagnole. Mais le général espagnol fut blessé mortellement et son armée rentra aux Pays-Bas.

PORTRAIT DE PHILIPPE II

Costume déjà décrit, en velours noir, avec le chapeau haut qui devint à la mode et remplaça la toque à la fin du XVIe siècle.

Abjuration de Henri IV. — A ce moment les Ligueurs réunirent à Paris des ÉTATS GÉNÉRAUX pour décider à quel roi la France obéirait ; Charles X était mort, prisonnier de Henri IV. Les députés envoyés aux États généraux de Paris étaient tous catholiques ; ils trouvèrent devant eux plusieurs candidats catholiques dont le principal était Mayenne. D'autre part l'ambassadeur d'Espagne leur dit que Philippe II voulait établir en France un prince de sa famille. Alors les députés et les membres du Parlement déclarèrent qu'ils ne voulaient pas obéir à un étranger.

Depuis plusieurs années, les *politiques* faisaient conseiller à Henri IV d'abjurer le protestantisme, c'est-à-dire de renoncer à cette religion et de se convertir au catholicisme. Il n'avait pas voulu le faire jusque-là par crainte de perdre les nobles protestants sans gagner les catholiques. A la nouvelle de ce qui se passait aux États généraux, il n'hésita plus. Il vint *abjurer* solennellement dans la basilique de Saint-Denis tout près de Paris. On avait annoncé partout l'événement; une foule de Parisiens étaient sortis de la ville pour y assister (1592).

Ensuite Henri IV se fit *sacrer* roi de France par un évêque. Quelques protestants ardents le quittèrent et allèrent s'installer à Genève, mais beaucoup de catholiques se rallièrent à lui.

La paix de Vervins. — Henri IV, après son abjuration, put emprunter de l'argent. En 1594, il acheta la capitulation de Paris au gouverneur, puis il fit de même dans les provinces. Son royaume lui coûta 32 millions. Quand il fut le maître, le même pape qui l'avait déclaré déchu lui accorda l'absolution (1595). Enfin, Mayenne, qui résistait encore en Bretagne, fit sa soumission.

Philippe II avait essayé d'empêcher le pape de reconnaître Henri IV. N'ayant pas réussi, il recommença la guerre. Les Espagnols des Pays-Bas entrèrent par surprise dans Amiens (1595); mais Henri IV battit une armée espagnole qui menaçait la Bourgogne. Alors Philippe II fit une paix définitive sur les bases du traité de Cateau-Cambrésis (1598). Philippe II mourut peu de temps après.

L'Edit de Nantes. — La même année Henri IV mit fin aux guerres civiles par l'Édit de Nantes. Il accordait la liberté de conscience partout, la liberté de culte seulement sur les terres des seigneurs protestants et dans certaines villes (pas à Paris), il maintenait des chambres mi-protestantes, mi-catholiques dans plusieurs Parlements. Enfin il laissait provisoirement aux protestants des places de sûreté.

Le nonce et les évêques se plaignirent qu'on accordât la liberté de conscience aux hérétiques: les Parlements refusèrent d'enregistrer l'Édit; les catholiques firent des émeutes dans quelques villes. Mais le roi vint à bout des résistances sans répression sanglante. Quand tout fut calmé, il laissa entrer les *jésuites*, à qui on avait interdit de résider en France en 1594, après un attentat catholique contre Henri IV.

Questionnaire.

La Réforme en France jusqu'en 1562. — Politique de François Ier, de Henri II à l'égard des réformés. D'où venait la puissance des Guise? Qu'était-ce que les Bourbons? Qu'appelle-t-on conjuration d'Amboise? Quel rôle a joué Catherine de Médicis? Politique de l'Hôpital. Comment commencèrent les guerres?

Les guerres de religion sous Charles IX. — Où a-t-on combattu? Employait-on de grandes armées? Quel genre d'opérations faisait-on? Quels furent les chefs catholiques, protestants? Qu'appelait-on places de sûreté? Pourquoi Henri de Navarre et Coligny vinrent-ils à Paris? Comment le massacre de la Saint-Barthélemy fut-il décidé? Qui le dirigea? Fut-il borné à Paris?

La Ligue et les dernières guerres. — Que voulaient les politiques? Qu'était-ce que la Ligue? Les premiers États généraux de Blois. Politique de Henri III. Les trois Henri. Quel fut le puissant allié de Henri de Guise? Qu'est-ce que la journée des Barricades? Les seconds États généraux de Blois. Pourquoi Henri III fit-il le siège de Paris? Pourquoi Henri IV ne put-il lui succéder immédiatement? Que dut-il faire pour cela? États généraux de Paris. Dernière guerre avec l'Espagne. Édit de Nantes.

SUJET COMPLÉMENTAIRE

Récits de persécution, de guerre, de siège, d'après un contemporain.

CHAPITRE IX

LA FRANCE DE 1598 A 1661.

I. — HENRI IV

Henri IV. — Henri IV avait quarante-cinq ans en 1598. C'était un homme vigoureux, aimant l'exercice physique et le plaisir, gai, vif, sans façon, qui se vantait d'être un pur Gascon. Les efforts qu'il avait dû faire pour conquérir le royaume lui avaient donné une expérience des affaires et des hommes peu commune chez les rois. Il tâcha toujours d'arranger les difficultés par la conciliation, il se montra sans rancune pour tous ceux qui se rallièrent à lui et se fit des amis par son caractère et son esprit.

Henri IV gouverna avec des ministres pris dans les deux partis; un *noble protestant*, Sully, s'occupa des finances et de l'armée; des *magistrats*, autrefois *ligueurs*, s'occupèrent de la justice et des affaires étrangères.

Sully. — Sully était très fier de sa noblesse, cérémonieux, hautain, cassant; les autres ministres ne l'aimaient pas. Mais Henri IV lui témoignait une grande confiance parce qu'il avait appris à connaître pendant les guerres ses qualités, économie, honnêteté, fermeté.

Après la paix de Vervins et l'Édit de Nantes, Henri IV et Sully *licencièrent* la plus grande partie de l'*armée* par économie. Des bandes de *brigands* s'étaient formées pendant les guerres; elles furent détruites.

Les finances. — Sully s'attacha ensuite à trouver de l'*argent*.

Pendant les troubles, les receveurs de la taille (p. 9) avaient pris l'habitude de détourner une partie de ce qu'ils percevaient. Sully leur fit rendre des comptes et leur reprit ce qu'il estimait dû par eux.

Des financiers avaient acheté à forfait le produit des impôts indirects et ils percevaient ces impôts à leur profit. Sully les força à passer de *nouveaux traités* plus avantageux que les anciens pour le roi.

Il racheta ou reprit les *domaines* du roi qui avaient été vendus, donnés en gages ou usurpés.

Il tint des comptes exacts de ce que le roi recevait. Il demanda moins d'argent au peuple et il eut pourtant, grâce à l'ordre et à la paix, un budget en *excédent*, ce qu'on n'avait pas vu depuis longtemps.

Ce fut alors qu'on établit sur les nobles de robe l'impôt de la Paulette (p. 114).

Le roi percevait chaque année environ 120 millions de notre monnaie, au lieu de 30 en 1592 ; il en dépensait les deux tiers et mettait le reste en réserve.

NOBLE SOUS HENRI IV

Costume déjà décrit, avec chapeau de feutre, pourpoint très court et haut-de-chausses très bouffant.

Sully constitua ainsi un *trésor* mis à l'abri dans l'arsenal de Paris, ce qui ne s'était pas vu depuis Louis XI : en 1610, le trésor renfermait près de 100 millions. Cependant Sully avait *remboursé la moitié de la dette* publique.

L'agriculture et l'industrie. — Sully pensait que le meilleur moyen d'enrichir le roi était d'enrichir le royaume. Gentilhomme campagnard, il croyait que la principale source de richesse était l'*agriculture*.

Les paysans, qui payaient seuls la taille, principal impôt, avaient été ruinés par la guerre : Sully renonça à leur réclamer l'arriéré de la taille. Il réduisit cet impôt.

Les routes n'avaient pas été entretenues. Sully les fit refaire et ordonna de réparer les ponts. Les communications se faisaient surtout par eau. Sully fit commencer les travaux du *premier canal à écluses* de France, celui de Briare, destiné à unir la Seine à la Loire.

On employa des ingénieurs flamands et hollandais pour dessécher les marais de la côte Atlantique.

Mais Sully ne s'intéressait qu'à l'agriculture, parce qu'elle seule, disait-il, forme des hommes solides, propres à faire des soldats. Il ne voulait pas d'industrie : il aurait souhaité interdire par des lois l'importation des *produits de luxe* qu'on achetait dans les pays plus industriels que la France, la soie, les velours, les fils d'or, les verreries d'Italie, les tapisseries et les toiles fines de Flandre et de Hollande, les cuirs d'ameublement de l'Espagne. Les 36 millions que les nobles et les riches payaient chaque année pour ces objets lui paraissaient une mauvaise dépense.

Henri IV ne partageait pas ces idées; il voulait seulement que l'argent employé à acheter des produits de luxe fût dépensé en France; aussi encouragea-t-il l'établissement de manufactures de tissus de *soie* à Tours et à Lyon; il fit planter des mûriers pour l'élevage du ver à soie en France.

Henri IV essaya aussi de fonder des colonies au Canada et en Guyane (p. 36), malgré Sully, qui trouvait ces entreprises trop coûteuses. Mais le roi ne se jugea pas assez riche pour avoir une forte marine.

Les guerres et la diplomatie. — Henri IV ne fit plus de grandes guerres après 1598; il put donc maintenir ses troupes permanentes à un effectif très réduit, 10 000 hommes environ. Mais l'argent du Trésor permettait de recruter rapidement des hommes en cas de besoin. D'autre part, Sully avait réuni dans les arsenaux plus de 100 canons, des munitions, des arquebuses et des armes de tout genre pour être prêt à toute éventualité. Il avait fait réparer les forteresses.

La seule guerre que fit Henri IV fut une expédition contre le duc de Savoie qui voulait s'emparer d'un duché italien réclamé par Henri IV. Henri IV occupa rapidement la Savoie et obligea le duc à lui céder, en échange du duché italien, la Bresse, le

Bugey et le Valromey, c'est-à-dire le *département* actuel de l'*Ain* (1601). La Savoie était ainsi séparée de la Franche-Comté espagnole. Plus tard Henri IV empêcha le duc de Savoie de prendre la petite république réformée de Genève.

Les succès de Henri IV inquiétaient le roi d'Espagne. Ses agents se mirent en relations avec des nobles et des catholiques mécontents qui complotaient contre Henri IV. Deux *conspirations* furent découvertes et leurs auteurs décapités.

Henri IV fut assez puissant pour faire conclure une trêve de 12 ans entre les *Hollandais* révoltés et l'Espagne (1609). Cette trêve sauva la Hollande protestante.

En 1609, un prince allemand, voisin des Pays-Bas, mourut sans enfants : sa succession fut disputée par des princes protestants et des catholiques. L'empereur et le roi d'Espagne se prononcèrent pour les catholiques.

Henri IV, malgré ses ministres catholiques, écouta Sully et se décida à faire la guerre sous prétexte de soutenir les protestants : en réalité il comptait bien employer le trésor et les armements entassés depuis douze ans à prendre les *Pays-Bas* espagnols. « _Voudriez-vous, disait-il, que je dépensasse 60 millions à conquérir des terres pour autrui, sans en rien retenir pour moi? Ce n'est pas là mon intention ». Il fit enrôler des soldats et les réunit à Paris.

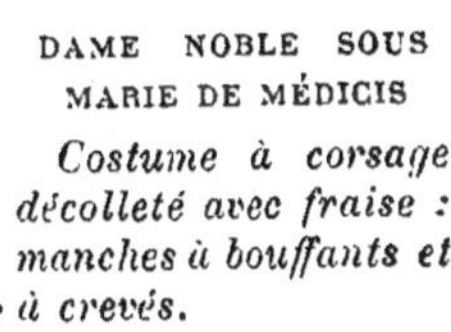

DAME NOBLE SOUS MARIE DE MÉDICIS

Costume à corsage décolleté avec fraise : manches à bouffants et à crevés.

Les catholiques était mécontents de cette guerre. Un fanatique s'imagina sauver l'Église en tuant le roi. Il suivit le carosse du roi, un jour qu'il allait conférer avec Sully, se jeta à la portière au moment où un embarras arrêtait la voiture et poignarda Henri IV (1610).

II. — LOUIS XIII ET RICHELIEU

Marie de Médicis et les grands. — L'ordre établi dans le royaume tenait à l'autorité personnelle du roi. Quand il disparut brusquement, il ne se trouva personne pour le remplacer.

Son fils, Louis XIII, avait neuf ans ; sa veuve, Marie de Médicis, qui se fit donner la *régence*, était sans intelligence et sans caractère ; elle se laissait mener par sa sœur de lait Léonora, qu'elle avait amenée avec elle de Florence, et par l'Italien Concini, époux de Léonora.

Concini se fit donner plusieurs millions puisés dans le trésor de Henri IV, il acheta un marquisat et se fit nommer maréchal de France.

Alors, comme dans les minorités précédentes, les *princes du sang* se plaignirent qu'on leur refusât l'autorité à laquelle, disaient-ils, leur naissance leur donnait droit ; ils prétendirent vouloir affranchir le roi de ceux qu'ils appelaient les mauvais conseillers. A la tête des mécontents était le prince de Condé, le plus proche parent du roi ; il groupait autour de lui des *nobles*, gouverneurs de provinces ou de places fortes, qui désiraient se rendre inamovibles dans leurs gouvernements ; il espérait soulever les *protestants*.

En effet, Marie de Médicis avait renvoyé Sully, tout en gardant les ministres catholiques de Henri IV ; elle avait abandonné les protestants d'Allemagne et, *revenant à la politique catholique*, elle avait négocié le mariage de Louis XIII avec Anne d'Autriche, fille du roi d'*Espagne*.

Condé et ses amis réunirent des soldats ; bientôt on put croire que les guerres civiles allaient recommencer.

Tant que le trésor de Henri IV dura, Marie de Médicis calma les chefs de la noblesse mécontents en leur donnant de l'argent ; ainsi Condé reçut une pension annuelle de 200 000 livres, 450 000 livres une fois données, des châteaux et des terres ; environ 15 millions furent partagés entre les autres nobles mécontents.

États généraux de 1614. — Les nobles avaient réclamé la réunion des États généraux, comme dans la minorité de

Charles VIII (p. 10). Quand le roi fut majeur (1614) et qu'ils ne craignirent plus de voir discuter la question de la régence, les conseillers de Marie de Médicis firent réunir les États, espérant qu'ils donneraient tort aux nobles.

Les États généraux se réunirent à Paris en 1614. Ils délibérèrent *par ordres*, séparément. Le Tiers État, composé de

NOBLE ET DAMES NOBLES SOUS LOUIS XIII

Le gentilhomme porte les cheveux longs et frisés. Chapeau de feutre à plumes, col plat de dentelles au lieu de la fraise; haut-de-chausses plat, long, orné de rubans, bottes évasées. Les dames portent aussi les cheveux flottants et bouclés et le col plat de dentelles.

Ces costumes sont ceux de l'époque où Alexandre Dumas a pris le sujet de son roman célèbre « Les Trois Mousquetaires ».

magistrats et de bourgeois riches, portait un costume noir, sans ornements et sans épée, marques distinctives réservées aux députés de la noblesse.

Les députés nobles demandèrent la suppression de la *Paulette* (p. 114), qui permettait aux magistrats sortis de la bourgeoisie de former une noblesse de robe. Le Clergé demanda qu'on permit d'enseigner en France les décrets du Concile de Trente (p. 78), affirmant que le pape était supérieur à toutes autres autorités. Le Tiers, dirigé par des magistrats, très bons catholiques, mais gallicans (p. 64), protesta contre cette prétention, qui ne fut pas admise. D'autre part, le Tiers État se plaignit qu'on eût donné trop d'argent aux nobles depuis 1610. Un noble battit un député du Tiers qui ne put obtenir justice.

La Cour profita de ces divisions pour renvoyer les députés, avant qu'ils eussent pu rien faire. *Il n'y eut plus d'États généraux avant 1789.*

De Luynes. — Le jeune roi était mécontent de ne pas gouverner quoi qu'il fût majeur : un cadet de noblesse provençale, de Luynes, chargé de dresser les faucons du roi, gagna sa confiance. Sur son conseil, le roi donna à son capitaine des gardes Vitry l'ordre d'arrêter Concini ; le capitaine tua Concini d'un coup de pistolet au moment où il entrait au Louvre ; le roi assistait à cette opération de sa fenêtre. Il nomma Vitry maréchal, et il exila Marie de Médicis au château de Blois (1617).

De Luynes se fit attribuer les biens et les titres de Concini ; plus tard il se fit nommer *connétable* (chef de l'armée). Il fit de ses frères des ducs. Pendant quatre ans il resta le favori du roi.

Les *princes du sang* et les nobles, toujours mécontents d'être écartés du pouvoir, se *rapprochèrent alors de Marie de Médicis* qu'ils avaient combattue avant sa disgrâce. Ils la firent s'évader de Blois et réunir une petite armée autour d'elle. Le roi et Luynes achetèrent une partie des chefs de la révolte et battirent les autres.

Ils leur fallut ensuite faire la guerre aux protestants. Luynes continuait en effet la *politique catholique*. Les protestants, mécontents du rapprochement avec l'Espagne, s'étaient organisés en une sorte de *république*, avec des assemblées périodiques. Une de ces assemblées décida de lever des troupes (1621). Alors de Luynes vint à la tête de l'armée royale assiéger les places protestantes de la Garonne. Il mourut pendant cette expédition.

Richelieu. — Marie de Médicis revint à la cour avec ses amis ; elle fit nommer cardinal l'un d'eux, Richelieu, puis elle lui fit donner un ministère malgré le roi. « Je le connais mieux que vous, disait Louis XIII, c'est un homme d'une ambition démesurée. »

En quatre mois, Richelieu fit arrêter le principal ministre, prit sa place, remplit le ministère de ses créatures et devint le chef du gouvernement : il le resta jusqu'à sa mort (1624-1641).

Armand du Plessis de Richelieu était né en 1585 d'une famille noble poitevine et avait été élevé à Paris pour devenir officier : mais un de ses frères, qui était évêque de Luçon (en Vendée), quitta son évêché. Henri IV fit alors donner l'évêché de Luynes à Richelieu, qui était âgé de vingt-deux ans.

BOURGEOIS ET BOURGEOISE AU COMMENCEMENT DU XVIIe SIÈCLE

Même mode que pour les nobles, mais plus simple. Le bourgeois ne porte ni épée, ni bottes à éperons, ni plumes. Il est resté fidèle au chapeau haut de l'époque de Henri IV.

Richelieu fut député du clergé aux États généraux de 1614. Il devint un des favoris de Marie de Médicis, fut ministre au temps de Concini, puis exilé après sa chute.

Après qu'il eut repris le pouvoir, il se fit donner le titre de duc et pair, le plus haut de la noblesse en dehors des princes du sang ; il obtint du roi des terres et des pensions donnant un revenu total de trois millions par an : il combla sa famille de titres de noblesse et de charges lucratives : son frère fut archevêque de Lyon, trois de ses parents ou alliés, maréchaux, deux, généraux, deux, amiraux ; ses nièces épousèrent des gens de haute noblesse ; l'une d'elles fut mariée au fils de Condé, le premier prince du sang.

Mais, contrairement à ses prédécesseurs, Richelieu ne vit pas dans le pouvoir uniquement le moyen de faire sa fortune.

Richelieu a résumé sa politique en disant qu'il promit au roi de « ruiner le parti huguenot, rabaisser l'orgueil des grands, réduire tous ses sujets en leur devoir et relever son nom dans les nations étrangères, au point où il devait être ».

Il fut obligé, pour ses débuts, de faire la guerre en France et en Italie avec peu de troupes et peu d'argent.

En France, il essaya de prendre *La Rochelle*, port qui mettait les protestants en communication avec l'étranger ; mais comme le roi n'avait pas de vaisseaux, Richelieu dut en louer à prix d'argent aux Anglais et aux Hollandais qui se battirent mal contre des coreligionnaires.

En Italie, Richelieu envoya une armée pour chasser les Espagnols de la Valteline (p. 153), mais deux guerres étaient trop alors pour la France. Richelieu dut traiter avec les protestants et les Espagnols sans avoir rien gagné (1625-1626).

Fin des guerres de religion. — Richelieu résolut alors de reprendre aux protestants de France les places de sûreté. Il se procura de l'argent, réunit toutes les troupes françaises et vint en personne avec le roi assiéger *La Rochelle*.

Le roi d'Angleterre, qui venait de se brouiller avec le roi de France, envoya successivement deux flottes au secours de la ville. Richelieu fit repousser la première flotte, puis il ferma complètement l'entrée du port par une digue fortifiée de 1 kilomètre et demi qui empêcha la seconde flotte de passer dans le port de La Rochelle. Du côté de la terre, la ville fut enveloppée par un rempart de terre continu long de 12 kilomètres. Les habitants, ne recevant plus de vivres, furent en proie à la famine qui tua plus de la moitié d'entre eux. Au bout de quatorze mois de blocus, La Rochelle se rendit. Richelieu fit raser les remparts et enleva aux habitants le droit d'élire l'administration municipale.

Puis Richelieu assiégea et prit les autres places de sûreté des protestants. La dernière prise fut Privas.

Alors Richelieu supprima tous les privilèges provisoirement accordés en 1598 et renouvelés, c'est-à-dire les places de sûreté, les assemblées périodiques des protestants, mais il maintint la liberté de *conscience et de culte* (p. 128). Ce fut la paix d'Alais ou *Édit de grâce* (1629), qui mit fin à la dernière guerre de religion.

Le parti catholique de France fut mécontent de voir que Richelieu maintenait la liberté de conscience; il s'indignait aussi de le voir faire la guerre d'Espagne avec l'appui des protestants étrangers.

Les finances. — Après 1629, le cardinal put alors consacrer toutes ses ressources à la guerre étrangère (p. 157). Mais il lui fallait pour la soutenir des sommes énormes. Aussi eut-il recours à tous les expédients.

Il créa des offices inutiles que les bourgeois riches achetaient cher pour devenir nobles de robe (p. 113).

Il fit refondre les monnaies d'or, diminuant la proportion de métal fin.

Il emprunta 87 millions et demi, mais comme l'État, quand il n'avait plus d'argent, cessait de payer les rentes, les prêteurs étaient exigeants et l'intérêt des emprunts dut être porté à 12 p. 100 en moyenne.

La taille (p. 9) monta de 17 millions sous Henri IV à 46 millions : de plus le logement des troupes était à la charge des paysans. La taille fut perçue avec rigueur, chaque paroisse devait payer pour les insolvables.

Le pouvoir absolu. — Richelieu ne tolérait ni résistances ni observations. Il exila les membres des Parlements qui refusaient d'enregistrer les édits. Le *Parlement* de Paris envoya plusieurs des membres se plaindre de la création de nouveaux offices parce que ses membres ne voulaient pas voir créer à côté d'eux de nouveaux nobles de robe. Le roi fit attendre les magistrats

PORTEUR DE FAGOTS
SOUS LOUIS XIII

Petit pourpoint s'ouvrant sur la chemise; longs hauts-de-chausses; guêtres. Même coupe de vêtements que les précédents, mais vêtements très simples et négligés.

trois semaines, puis il les reçut en présence de Richelieu, et, sans les laisser parler, leur déclara qu'il n'admettrait jamais le droit de remontrances. « Vous n'êtes établis, leur dit-il, que pour juger entre Pierre et Jean, et si vous continuez vos entreprises, je vous rognerai les ongles de si près qu'il vous en cuira. »

En province, plusieurs assemblées d'*États provinciaux* furent suspendues.

Les Parlements provinciaux, jusque-là chargés de contrôler l'administration, ne faisaient pas appliquer les édits relatifs aux impôts. Richelieu envoya dans les provinces, sous le nom d'*intendants de justice, police et finances*, des commissaires extraordinaires et révocables choisis parmi les magistrats soumis au roi : ces intendants firent percevoir plus rapidement et plus sévèrement les impôts et réprimèrent les révoltes. Ainsi furent réduits les pouvoirs des gouverneurs nobles et des parlements *inamovibles*. Quand la guerre devint générale et coûta plus cher (1635), Richelieu augmenta le nombre des intendants et en envoya dans presque toutes les provinces ; de plus il les laissa en fonctions pendant tout son ministère, bien que leur mission fût théoriquement *provisoire*.

Sous ce ministère, les paysans des campagnes et le peuple des villes se soulevèrent en plusieurs endroits contre les impôts : les émeutes les plus redoutables furent celles des *croquants* dans le Sud-Ouest (1635-1636) et des *va-nu-pieds* en Basse-Normandie (1637-1639). Richelieu les fit réprimer très durement par des soldats. 1200 croquants furent massacrés après la prise d'un village fortifié où ils résistaient. Les chefs des va-nu-pieds furent pris, pendus ou roués vifs. Le Parlement de Caen fut exilé pour n'avoir pas montré assez de sévérité contre les va-nu-pieds. « Il vaut mieux, dit Richelieu, frapper trop que trop peu. » Il a dit encore : « Il y a des crimes où il faut punir d'abord et puis informer (faire une enquête) ensuite ».

Les complots contre Richelieu. — Les ennemis de Richelieu essayèrent de profiter du mécontentement. Ils se groupèrent autour de la *reine-mère*, qui s'était brouillée avec son ancien favori, et essayèrent d'agir sur Louis XIII.

Le roi était indolent, il ne se passionnait que pour la chasse
et la guerre. Il comprenait que Richelieu le servait mieux que
n'auraient fait ses rivaux, mais il était faible, jaloux, fantasque.
Richelieu s'attacha à demeurer toujours près de lui, à l'en-
tourer de ses créatures, à écarter ses ennemis de la cour. Il employa tout un monde d'espions à Paris, en province, à l'étranger.

Les mœurs étaient alors très brutales. Richelieu craignait

BOUTIQUE DE CORDONNIER SOUS LOUIS XIII

*A gauche, le maître (patron) et sa femme ; au milieu, un client, puis l'apprenti,
enfin le compagnon (ouvrier). La boutique a vue sur la rue par un grillage.*

d'être assassiné ; il se fit donner le droit d'avoir une garde
de gentilshommes armés, comme le roi.

Il montra contre ses ennemis personnels la même sévérité
qu'envers les révoltés et les insubordonnés. Jamais il ne par-
donna. Il fit exécuter cinquante personnes pour six complots
contre lui. Quand il craignait de voir les tribunaux réguliers
acquitter ses ennemis, il les faisait juger par des commissions
extraordinaires composées de gens à lui. L'un d'eux disait qu'il
se chargeait de faire pendre n'importe quel homme si on lui
donnait seulement quelques mots de son écriture.

Richelieu commença par vouloir marier à son gré Gaston d'Orléans, frère du roi et héritier présomptif. Les amis de Gaston lui conseillaient de résister; Richelieu en fit enfermer un à la Bastille, où il mourut, il en fit décapiter un autre. Gaston se soumit (1626).

En 1630, Marie de Médicis décida un instant le roi à renvoyer le cardinal, mais un ami du cardinal retourna Louis XIII et fit dire à Richelieu de revenir. C'est ce qu'on appelle la *Journée des Dupes*. Richelieu se vengea de tous ceux qui avaient voulu le faire renvoyer. Marie de Médicis fut reléguée à Compiègne : elle s'enfuit aux Pays-Bas chez les Espagnols. Richelieu empêcha qu'on lui envoyât de l'argent et la laissa mourir dans la misère. Il fit emprisonner, sous divers prétextes, ceux qui avaient pris parti pour la reine-mère contre lui; l'un d'eux fut condamné à mort dans la maison même de Richelieu et fut exécuté.

Gaston d'Orléans s'était enfui à l'étranger : il s'entendit avec Montmorency, gouverneur du Languedoc, qui essaya de soulever sa province, mécontente à cause des impôts. Montmorency fut battu, puis condamné et décapité à Toulouse.

Anne d'Autriche, femme de Louis XIII, délaissée par son mari, venait souvent au couvent du Val de Grâce qu'elle avait fait construire aux portes de Paris, elle y recevait les ennemis du cardinal et correspondait avec sa famille, celle du roi d'Espagne contre qui Richelieu faisait la guerre. Richelieu fit faire une perquisition dans les appartements de la reine au Val de Grâce : il exila ses amis. Il décida Louis XIII à se réconcilier avec sa femme. Peu après naquit un fils (plus tard Louis XIV); Gaston ne fut plus l'héritier présomptif.

Au plus fort de la guerre, et pendant les émeutes contre les impôts, Gaston s'entendit avec deux seigneurs qui marchèrent sur Paris, mais leur armée fut dispersée.

Richelieu avait placé auprès du roi un jeune gentilhomme nommé Cinq-Mars. Cinq-Mars plut à Louis XIII comme autrefois de Luynes; il essaya de profiter de sa faveur pour supplanter son protecteur Richelieu. Ne réussissant pas, il forma un complot pour assassiner Richelieu et s'entendit en pleine guerre avec le roi d'Espagne. Un espion procura à Richelieu le traité avec l'Espagne. Richelieu fit arrêter Cinq-Mars et un de ses amis qui furent décapités à Lyon (1642). « Perpignan est aux mains du roi, écrivait Richelieu, M. Cinq-Mars et M. de Thou en l'autre monde. Ce sont deux effets de la bonté de Dieu pour l'État et pour le Roi qu'on peut bien dire être égaux. »

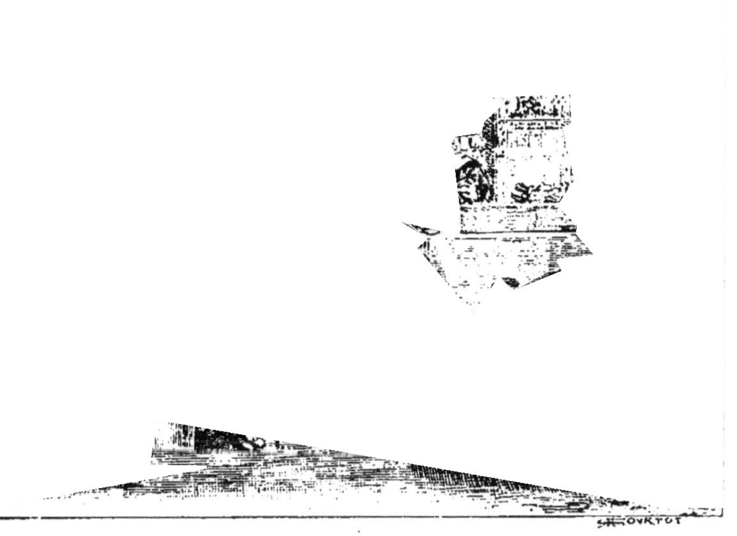

CABINET D'UN HOMME DE LOI SOUS LOUIS XIII

Aux murs sont pendus les sacs dans lesquels on conservait les dossiers ou papiers des procès. A droite, derrière la table, l'homme de loi, vêtu de noir. Devant la table, des cadeaux apportés par les clients et les solliciteurs.

Richelieu mourut quelques semaines plus tard. Quand le curé venu pour l'administrer lui demanda s'il pardonnait à ses ennemis, Richelieu répondit : « Je n'en ai jamais eu d'autres que ceux de l'État ».

III. — MAZARIN

Régence d'Anne d'Autriche. — Louis XIII mourut six mois après Richelieu. Il avait pris comme ministre Mazarin, que Richelieu lui avait indiqué. Dans son testament, le roi avait imposé à Anne d'Autriche, sa femme, pour le cas où elle serait régente, un conseil de gouvernement chargé de continuer la politique de Richelieu.

Louis XIV n'avait que cinq ans. Anne d'Autriche fit casser le testament de Louis XIII par le *Parlement* de Paris, qui fut heureux de voir ainsi reconnaître son autorité.

Anne d'Autriche eut seule le pouvoir. Les anciens amis, les conspirateurs contre Richelieu, s'empressèrent de revenir d'exil avec la prétention de prendre part au gouvernement; on les surnomma les *Importants*. Mais, à l'étonnement de tous, Anne d'Autriche les mit à l'écart et laissa Mazarin au ministère.

Mazarin. — Mazarin avait su plaire à la reine qui s'unit plus tard *secrètement* à lui par un mariage. C'était un Italien, né en 1602, d'abord officier, puis diplomate au service du pape, que Richelieu avait remarqué, et pris au service de la France. Il parlait mal le français, avec un accent italien très prononcé. C'était un homme aimable, flatteur, doux, sans rancune, très différent de Richelieu, Mais il ne tenait pas ses promesses et il était avare. Les nobles lui reprochaient aussi d'être de naissance roturière. Mazarin avait été fait *cardinal* par le pape; quand il fut ministre, il se fit créer duc, il acquit au service du roi de France une fortune de 100 millions. Il fit de son frère un cardinal archevêque, de son neveu un duc de Nivernais, il maria ses sept nièces à de grands seigneurs français ou italiens.

Mais en même temps il servit bien le roi et sut terminer par des traités avantageux la grande guerre que Richelieu avait engagée. Comme Richelieu, il s'occupa surtout des *affaires étrangères*.

Expédients financiers. — Mazarin confia à un Italien, Particelli, dont il fit un ministre, le soin de trouver l'argent nécessaire pour les guerres qui continuaient. Or Richelieu avait laissé un budget en déficit, des campagnes ruinées par la taille et le passage des troupes, une dette énorme pour le temps.

Particelli essaya de *tirer de l'argent de Paris* qu'on avait jusqu'alors épargné pour éviter les troubles. Il fit payer une indemnité à ceux qui avaient bâti sur la zone militaire, en avant des remparts; il supprima les exemptions d'octroi accordées aux magistrats. Il créa de nouveaux offices pour les vendre.

Le *Parlement* n'enregistra les édits établissant les nouveaux impôts qu'en lit de justice (p. 107) et le peuple parisien se mit à considérer le Parlement comme son défenseur. Les Parisiens détestaient Mazarin, ils chantaient des chansons, dirigées contre lui et appelées *mazarinades*. Mais le cardinal, moins sévère

REPAS DE PAYSANS SOUS LOUIS XIV (TABLEAU DES FRÈRES LE NAIN)

Des paysans, vêtus de toile et de laine grossière fabriquée chez eux, partagent leur repas avec un pauvre qui est nu-pieds : l'enfant de la maison marche lui aussi sans chaussures.

Les frères Le Nain, auteurs de ce tableau, ont peint toute une série de scènes paysannes prises dans la région de Laon.

que Richelieu, se contentait de dire : « Ils chantent, donc ils paieront. »

Enfin Particelli offrit aux magistrats de renouveler la *Paulette* (p. 114) à condition qu'ils abandonneraient quatre années de gages (1648). Le Parlement avait été excepté de cette mesure par faveur spéciale. Néanmoins il invita les membres des autres *Cours souveraines* de Paris, Grand Conseil, Cour des Comptes, Cour des Aides (p. 104) à venir délibérer avec lui « pour réformer les abus de l'État ». Il était guidé par l'exemple du Parlement d'Angleterre [1] alors en lutte contre Charles Ier (p. 167). Les quatre *Cours*, comprenant à peu près toute la noblesse de robe parisienne, se réunirent, rédigèrent un *arrêt d'union* contenant des demandes de réformes et les présentèrent à la régente (juin 1648).

Demandes des Cours souveraines. — L'arrêt d'Union demandait la suppression des *intendants* (p. 140) qui réduisaient les pouvoirs des Parlements et des gouverneurs.

Il demandait aussi la réunion d'un tribunal pour juger les *traitants*, c'est-à-dire les financiers qui traitaient avec le gouvernement pour lui fournir de l'argent à des conditions très onéreuses. La noblesse de robe détestait et méprisait ces nouveaux enrichis qui menaçaient de prendre plus d'influence qu'elle.

L'arrêt demandait encore que le Parlement eût le droit d'examiner et corriger les édits établissant les impôts ; c'était la reconnaissance et l'augmentation du *droit de remontrances* (p. 108).

Enfin, il demandait que toute personne arrêtée fût interrogée dans les vingt-quatre heures.

A ce moment l'armée espagnole menaçait la frontière du Nord. Mazarin céda aux Parlementaires, fit rendre un édit conforme à leurs demandes, mais en disant à la reine qu'il avait « dessein de ne pas l'exécuter ».

Quelques jours après on apprit que Condé venait de battre les Espagnols à Lens. Le roi et la régente allèrent solennellement remercier Dieu à Notre-Dame. Mazarin voulut profiter de la popularité que la victoire donnait au gouvernement : il fit, le jour même des fêtes, arrêter trois membres du Parlement considérés comme les plus opposants.

Les amis de l'un d'entre eux ameutèrent la foule. Un jeune prélat, qui devint plus tard le cardinal de Retz, était alors

---

1. Mais on a vu que le Parlement anglais correspondait aux États généraux de France (p. 14).

coadjuteur de l'archevêque de Paris et se rangeait parmi ceux qui voulaient renverser Mazarin; il souleva les pauvres des paroisses et tous ceux qui dépendaient des curés et des couvents. Les Parisiens s'armèrent et élevèrent des *barricades* comme en 1588 (p. 126). Le Parlement vint en corps réclamer ses membres arrêtés : la reine voulait résister, mais Mazarin, qui n'avait pas de troupes à Paris, fit relâcher les trois conseillers.

A la même époque, les traités de Westphalie mirent fin à la guerre de Trente Ans, mais le roi d'Espagne ne conclut pas la paix avec la France parce qu'il espérait profiter des troubles qui commençaient.

La Fronde parlementaire. — La régente avait confirmé au Parlement les promesses de réformes, mais en janvier 1649, par une nuit obscure et froide où la garde bourgeoise ne veillait pas aux portes de Paris, la reine-mère, le jeune roi et le ministre *s'enfuirent* du Louvre et se réfugièrent au château de Saint-Germain.

Là, ils réunirent une armée dont le Grand Condé prit le commandement. Il fit le siège de Paris.

A Paris, le *Parlement* s'entendit avec Retz et les nobles mécontents, il leva des taxes et fit armer les bourgeois. Mais les troupes parisiennes furent battues par Condé. Alors, les nobles mécontents qui s'étaient alliés au Parlement proposèrent de traiter avec le roi d'Espagne. Le Parlement préféra traiter avec Mazarin.

Une forte armée espagnole venait de passer la frontière, profitant de la guerre civile. Mazarin craignait que le roi ne fût enlevé à Saint-Germain par les Espagnols. Pressé de le ramener à Paris, il promit encore une fois au Parlement d'accorder les réformes demandées par l'arrêt d'Union; le Parlement se soumit après cette promesse et le roi rentra à Paris.

On appela cette courte guerre la *Fronde*, du nom d'un jeu d'enfants; on continua à appeler ainsi les guerres civiles suivantes.

La Fronde des Princes. — Condé, vainqueur des Espagnols et du Parlement, premier prince du sang, se considéra comme le véritable chef du gouvernement. Il était orgueilleux et hautain. Il se montrait avec une suite de jeunes nobles élégants et insolents surnommés *petits-maîtres*. Il traitait publiquement Mazarin de poltron et de faquin (porte-faix) par allusion à sa naissance.

Mazarin dissimula quelque temps son mécontentement. Il s'entendit avec Retz en lui promettant de le faire nommer cardinal et archevêque de Paris; puis, quand il fut certain de n'avoir pas d'émeute à Paris, il fit *arrêter Condé* et ses deux frères (1650).

Mais il ne tint pas les promesses faites à Retz. Alors Retz excita les parlementaires, s'allia avec les partisans des Condé qui essayaient de soulever les provinces. Mazarin sachant que le caractère de Condé le rendrait insupportable à ses partisans, le fit mettre en liberté, puis il *se retira quelques mois* chez l'archevêque de Cologne, d'où il continuait à diriger Anne d'Autriche.

Condé, sorti de prison, alla recruter une armée dans son gouvernement de Guyenne, puis il marcha sur Paris.

Mazarin revint alors avec une partie des troupes françaises d'Allemagne commandées par *Turenne*; Turenne essaya de barrer à Condé le passage de la Loire, mais n'y réussit pas. L'armée de Condé franchit le fleuve et arriva devant Paris, poursuivie par celle de Turenne. Gaston d'Orléans, l'ancien conspirateur, avait le commandement de la ville; il en avait fait fermer les portes. L'armée de Condé fut battue et allait être prise quand la fille de Gaston fit ouvrir les portes aux frondeurs et tirer le canon sur l'armée du roi qui les poursuivait. Cette princesse avait espéré épouser le jeune Louis XIV. Aussi Mazarin put-il dire après l'exécution des ordres qu'elle avait donnés : « Voilà un coup de canon qui a tué son mari! »

Fin de la Fronde. — Condé, à Paris, eut le peuple pour lui, mais la bourgeoisie et les magistrats tenaient pour le roi. Les partisans de Condé attaquèrent les conseillers de la ville de Paris réunis à l'hôtel de ville parce qu'ils ne voulaient pas se prononcer pour le prince, en massacrèrent plusieurs et mirent le feu à l'hôtel de ville. Les bourgeois furent, plus que jamais, irrités contre Condé. Mazarin fit payer les rentes sur l'État pour se concilier les bourgeois et s'arrangea secrètement

PILLAGE D'UN VILLAGE PAR DES GENS DE GUERRE (GRAVURE DE CALLOT)

Jacques Callot, de Nancy, célèbre graveur lorrain, a publié pendant la guerre de Trente Ans une série de gravures intitulées « Misères et Malheurs de la guerre ». L'une de ces gravures est reproduite ici.

avec les membres du Parlement en leur faisant des promesses : cette conduite lui réussit.

Condé fut réduit à s'entendre avec les Espagnols; il sortit de Paris, au bout de trois mois et demi, pour les rejoindre.

Immédiatement, le Parlement et le conseil de ville vinrent prier *Louis XIV de rentrer dans la ville* où il fut reçu en triomphe (1652). Mazarin s'était éloigné une seconde fois par précaution; il revint définitivement en 1653. La Fronde était finie.

Fin des guerres. — La guerre civile continua encore quelques mois dans la province de Guyenne, l'un des gouvernements de Condé. Bordeaux fut soumis en 1653.

Condé ne fut plus alors qu'un général au service de l'Espagne. Il commanda pendant six ans les armées espagnoles contre celles de Turenne qui cherchaient à reprendre les places perdues pendant la guerre civile. Enfin le roi d'Espagne se décida à traiter. Ce fut la paix des Pyrénées (1659), dernier succès de Mazarin, qui mourut en 1661.

Suppression du droit de remontrances. — La Fronde est la dernière des guerres civiles avant la Révolution : après 1652, le pouvoir absolu est établi comme l'avait voulu François Ier avant les guerres de religion (p. 108), puis Richelieu avant la Fronde, mais définitivement cette fois.

Revenu à Paris, le jeune roi révoqua tout ce qu'il avait accordé après l'arrêt d'Union.

Trois ans après, le Parlement s'étant rassemblé pour préparer des remontrances contre un édit, le roi ne prit même pas la peine de tenir un lit de justice en grand costume. Sur le conseil de Mazarin, il entra dans la salle des délibérations en vêtements de chasse, avant de partir pour Vincennes, et déclara sur un ton sévère qu'il défendait de pareilles assemblées.

En 1668, le Parlement refusa encore d'enregistrer un édit. Le roi exila les opposants, puis se fit apporter les registres des procès-verbaux et fit arracher les pages qui contenaient les arrêtés du temps de la Fronde. Enfin, en 1673, Louis XIV interdit absolument les *remontrances*; le Parlement n'en fit plus jusqu'en 1715.

Questionnaire.

I

Henri IV. — Caractère de Henri IV. Fonctions de Sully. Mesures pour rétablir l'ordre. Administration des finances. Le trésor. Que fit Sully pour l'agriculture? Travaux publics. Qui voulut encourager l'industrie? Quelle sorte d'industrie fut encouragée? Que savez-vous sur l'armée de Henri IV? Rapports avec les souverains protestants, avec les catholiques. Projets de Henri IV à la fin de son règne. Pourquoi fut-il assassiné?

II

Louis XIII et Richelieu. — Gouvernement de Marie de Médicis. Causes du mécontentement des nobles, des protestants. États généraux de 1614. Divisions entre les ordres. Comment de Luynes prit-il le pouvoir? Politique étrangère de 1610 à 1621.

Richelieu avant 1624. Comment prit-il le pouvoir? Qu'enleva Richelieu aux protestants? Que leur laissa-t-il? Les finances sous Richelieu. Qu'était-ce que les intendants? Contre qui cette création était-elle dirigée? Pourquoi y eut-il des révoltes? Les complots. Quels furent les principaux ennemis de Richelieu? A qui s'allièrent-ils? Caractère de la lutte entre Richelieu et ses ennemis.

III

Mazarin et la Fronde. — Y eut-il un changement de politique à la mort de Richelieu? Mazarin. Son caractère. De quoi s'occupa-t-il? Pourquoi était-il impopulaire à Paris? Causes du mécontentement du Parlement. Comment pouvait-il se manifester? La journée des barricades. La Fronde parlementaire. Comment finit-elle? La Fronde des princes. Rôle de Condé. Comment finit cette Fronde? Les guerres finirent-elles avec elle? Le droit de remontrances. Son abolition.

SUJETS COMPLÉMENTAIRES

Le Parlement de Paris.
Épisodes locaux de l'histoire de France (1598-1653).
Misère des paysans pendant les guerres civiles.

CHAPITRE X

LES GUERRES JUSQU'AUX TRAITÉS
DE WESTPHALIE ET DES PYRÉNÉES

Commencement de la guerre de Trente Ans. — Tandis
que les guerres de religion déchiraient la France et les Pays-
Bas espagnols, l'Allemagne vivait en paix depuis 1555 (p. 70).
Mais les princes catholiques ne voulaient pas que le nombre
des princes protestants s'accrût ni que leurs possessions fussent
agrandies.

Dans les États catholiques d'Allemagne, le pouvoir venait de
passer à une nouvelle génération de princes élevés par les
jésuites (p. 74) et qui voulurent reprendre la lutte contre les
protestants; les principaux furent Maximilien, *duc de Bavière*,
et *Ferdinand II*, souverain héréditaire d'Autriche et de
Bohême, empereur *élu* d'Allemagne (1619-1637).

Quand Ferdinand prit le pouvoir, les nobles protestants de
la province de Bohême, qui appartenait à l'Autriche, venaient
de se révolter parce que les évêques avaient fait démolir des
temples. Ils refusèrent de reconnaître Ferdinand et choisirent
comme *roi* de Bohême un prince protestant, l'électeur (p. 22)
palatin dont les États, appelés *Palatinat*, se trouvaient sur les
deux rives du Rhin moyen, au nord de l'Alsace et du duché
actuel de Bade : ils appelèrent les princes protestants à leur
secours et marchèrent sur Vienne. Ainsi commença une guerre
qui allait durer trente années.

Défaite des protestants allemands. — L'empereur

Ferdinand fut secouru par le duc de Bavière, qui lui prêta son armée commandée par *Tilly*, noble des Pays-Bas espagnols.

Personne ne vint au secours des Bohémiens ; en France, Marie de Médicis avait *abandonné les projets de Henri IV* et était revenue à l'alliance avec l'Espagne catholique (p. 134).

Tilly envahit la *Bohême* et en chassa le roi protestant (1620). Ses soldats massacrèrent les révoltés. L'empereur fit exécuter plusieurs seigneurs bohémiens ; il confisqua les trois quarts des grandes propriétés de Bohême et les donna à des Allemands, à des officiers catholiques de toute nation, à des couvents. Qua-

BANDOULIÈRE DE MOUSQUETAIRE

Chacune des petites mesures renferme une charge de poudre, le sac contient les balles.

rante mille familles bohémiennes, dépossédées, quittèrent le pays. Ainsi la Bohême, qui formait un état particulier parlant une langue slave (le tchèque), fut en partie *germanisée*.

Après la Bohême, l'armée de Tilly prit le *Palatinat* : l'empereur en fit don à son allié le duc de Bavière et lui accorda le titre d'*électeur*, qui appartenait au souverain du Palatinat.

Il y eut alors en Allemagne cinq électeurs catholiques contre deux protestants.

Intervention de Richelieu. — En 1624, Richelieu prit la direction des affaires françaises et *revint à la politique de Henri IV.*

Tout d'abord, il voulut empêcher les Espagnols, maîtres du Milanais au nord de l'Italie, de donner la main aux Autrichiens en saisissant les *passages des Alpes* qui appartenaient à la république *protestante* des Grisons ; il envoya donc une petite armée pour enlever aux Espagnols la *Valteline*, où se trouvent ces passages.

En même temps il voulut empêcher l'empereur de devenir

trop puissant en *Allemagne*. Il savait que le roi protestan
de *Danemark* désirait intervenir en faveur de ses coreligion
naires d'Allemagne; il lui promit 600 000 livres par an pour
entretenir une armée, et le roi de Danemark commença la
guerre (1626).

Les armées. — Alors un seigneur bohémien nommé *Waldstein*, né protestant, mais converti et protégé par les jésuites, se fit charger par l'empe-
reur de recruter des soldats.

Former une armée était
alors une entreprise comme
aujourd'hui recruter des ouvriers pour de grands travaux; les soldats ne man-
quaient pas parce que la
guerre se faisait toujours
quelque part, et que pen-
dant la paix on licenciait les
troupes.

Waldstein promit une
solde plus forte que d'habitude et il eut bientôt 25 000
hommes appartenant à toutes
les nations; il finit par en
réunir le double, ce qui était
alors considéré comme une
armée énorme.

La manœuvre a déjà été décrite à la p. 121. Ici le soldat porte le costume de la guerre de Trente Ans.

Ces armées étaient organisées comme celles qu'on a décrites
plus haut (p. 84). Mais elles devinrent plus mobiles à cause
des étendues sur lesquelles se fit la guerre.

La proportion de cavalerie légère augmenta; les *hussards*
furent empruntés aux Hongrois avec leur costume national
orné de tresses, de galons, de fourrures; on eut des *dragons*,
ainsi nommés à cause d'un monstre imaginaire à formes chan-
geantes, parce qu'au début ils combattaient tantôt à pied, tantôt
à cheval. La cuirasse de cuir ou *buffle* devint d'un usage général
sauf dans la *gendarmerie* (p. 8); celle-ci conserva l'armure

de fer, mais elle abandonna la lance et combattit avec l'épée.

Dans l'infanterie, l'arquebuse fit place au *mousquet*, plus léger ; chaque compagnie comprit à la fois des *mousquetaires* sans cuirasse et des *piquiers*, grands, forts, casqués et cuirassés, chargés de résister à la cavalerie.

Les batailles se gagnaient toujours avec la cavalerie. L'artillerie avait peu d'importance.

On cherchait, comme dans les guerres précédentes, à prendre des villes pour les piller, ce qui dispensait de payer les mercenaires. Le noble français Descartes, plus tard célèbre comme philosophe, qui fut officier en Allemagne, a écrit : « J'ai bien de la peine à ranger le métier de la guerre parmi les professions honorables ».

Nouvelles défaites des protestants. — Les mercenaires de Waldstein battirent les Danois et les rejetèrent en Danemark : puis ils occupèrent les États protestants du littoral de la Baltique et y vécurent aux dépens des habitants. Waldstein avait été fait prince, il avait pris pour lui une partie des États conquis, il s'intitulait : « le fouet de l'empereur ». L'empereur reprit aux protestants tous les états ecclésiastiques *sécularisés* (p. 69) depuis 1552 et commença à y rétablir le catholicisme.

Gustave-Adolphe. — Mais les princes allemands eurent peur de voir l'empereur devenir trop puissant, ils exigèrent qu'il *destituât Waldstein* et licenciât son armée. L'empereur céda (1630).

Alors un souverain protestant, le roi de Suède, Gustave-Adolphe, intervint au nom des protestants allemands. Gustave-Adolphe ne régnait que sur un million et demi de sujets, mais tous les Suédois étaient astreints au service militaire ; leur roi commandait une armée de 13 000 hommes, petite, mais entièrement suédoise, toute protestante, bien disciplinée : elle était aguerrie, car le roi avait pendant plusieurs années fait la guerre aux Polonais. Il comptait être renforcé par les troupes des princes protestants allemands.

Il débarqua en 1631 sur la côte allemande de la Baltique, mais les protestants allemands n'osèrent se joindre à lui.

Alors Gustave-Adolphe se décida à *accepter* les propositions que *Richelieu* lui faisait depuis la défaite des Danois. Il promit à Richelieu de faire la guerre avec 30 000 fantassins et 6 000 cavaliers pour ramener l'Allemagne dans l'état où elle était avant la guerre, à condition que la France lui donnerait un million par an pour recruter et entretenir des soldats.

Après ce traité, Gustave-Adolphe marcha contre l'armée catholique de Tilly et la battit (1631). Puis il alla reprendre le *Palatinat* aux Bavarois et passa l'hiver sur les bords du Rhin. Au printemps de 1632 il s'empara de la *Bavière*, où *Tilly* fut battu et tué.

PIQUIER

Les piquiers, placés à côté des mousquetaires et destinés à soutenir les charges de cavalerie, conservèrent le casque et la cuirasse jusque sous Louis XIV. C'étaient les fantassins les plus vigoureux et les mieux payés.

Pendant l'hiver de 1631-1632, l'empereur avait rappelé Waldstein et l'avait chargé de recruter une armée. Waldstein réunit des troupes et barra à Gustave-Adolphe la route de Vienne; puis les deux généraux restèrent en présence l'un de l'autre jusqu'en novembre, aucun n'osant risquer la bataille. Enfin Waldstein disloqua son armée pour prendre les quartiers d'hiver. A ce moment Gustave-Adolphe se jeta sur l'armée de Waldstein à la tête de sa cavalerie. Les Impériaux durent céder le champ de bataille, mais le roi de Suède avait été tué dans la charge (1632).

Défaite des Suédois. — Un prince allemand protestant, Bernard de Saxe-Weimar, prit le commandement de l'armée suédoise et continua la guerre avec les subsides de Richelieu.

Peu de temps après, Waldstein, ambitieux, irrité contre les catholiques qui ne croyaient pas sa conversion sincère, confiant dans les prédictions d'un astrologue qui lui avait prédit les plus hautes destinées, s'entendit secrètement avec les Suédois. Ayant découvert sa trahison, des officiers catholiques irlandais et italiens l'assassinèrent ; ils furent récompensés par l'empereur.

Puis l'armée impériale, que Waldstein avait tenue immobile, marcha contre les Suédois et les *mit en déroute*. La guerre parut finie (1635).

Nouveaux projets de Richelieu. — Mais Richelieu voulait continuer la guerre. Il avait détruit en France la puissance des protestants, il s'était débarrassé de Marie de Médicis et de ses principaux ennemis, il savait que Louis XIII le laisserait agir.

Il ne désirait plus seulement attaquer les Espagnols en Italie ; pendant la guerre, il avait peu à peu formé un plan de *conquêtes* qu'il a résumé ainsi : « rendre à la France les frontières que la nature lui a désignées (c'est-à-dire le Rhin) et partout où fut l'ancienne Gaule, y rétablir la France ». Pour réaliser ces projets il fallait prendre l'Alsace, la Lorraine appartenant à l'Empire, et aussi les Pays-Bas, la Franche-Comté, le Roussillon appartenant à l'*Espagne*.

Richelieu s'allia avec les *princes italiens*, qui espéraient prendre les provinces d'Italie soumises à l'Espagne, il conclut un traité avec les *Hollandais* pour partager avec eux les Pays-Bas espagnols, puis il déclara la guerre au roi d'Espagne (1635).

En Allemagne, il prit à sa solde la dernière armée suédoise commandée par Bernard de Saxe-Weimar, qui se trouvait en Palatinat. L'empereur s'allia aux Espagnols contre Richelieu.

Forces du roi de France. — La guerre commença sur toutes les frontières de France ; les rois de France n'en avaient pas fait de pareille depuis Henri II. Il fallut que Richelieu trouvât de l'*argent* pour augmenter l'effectif de l'armée, alors très faible (p. 132).

Au lieu de 15 000 hommes en 1635, Louis XIII eut, en 1639, 125 000 fantassins et 23 000 cavaliers, répartis entre plusieurs armées.

Sur mer, les rois de France n'avaient que quelques navires, mal entretenus ; à la tête de la marine étaient plusieurs *amiraux* grands seigneurs qui ne dépendaient pas des ministres. Richelieu racheta leurs charges, créa une direction centrale de la marine et s'en fit le chef sous le nom de Grand-Maître : c'est la première ébauche de notre ᴍɪɴɪsᴛÈʀᴇ de la ᴍᴀʀɪɴᴇ.

Avant Richelieu, les dépenses de la flotte étaient faites par les officiers de vaisseaux, sans contrôle. Richelieu leur enleva les achats et ventes et les confia à des *commissaires*, fonctionnaires civils soumis à un contrôle.

Les Français ne savaient pas construire les vaisseaux de guerre : Richelieu fit venir des charpentiers hollandais. Sur l'Océan, il fit lancer des *vaisseaux* en bois et à voiles, considérés comme très grands à cette époque. Le plus gros avait 1 200 tonnes, 15 fois moins qu'un de nos cuirassés de premier rang. Ces vaisseaux portaient sur les deux flancs trois batteries ou rangées de canons superposés. Richelieu eut jusqu'à 39 vaisseaux.

En Méditerranée on continua d'employer les *galères* (p. 25). Mais Richelieu n'en put entretenir qu'une vingtaine, faute de rameurs.

Corbie. — Les premières années de guerre furent malheureuses pour les armées improvisées du roi de France. L'armée de l'empereur envahit la Bourgogne et ne fut arrêtée qu'à la *Saône* par la défense énergique de la place forte de Saint-Jean-de-Losne. L'armée espagnole des Pays-Bas arriva jusqu'à la *Somme*, devant la place de Corbie (1635-1636); elle était à quelques jours de Paris. Richelieu fut obligé de faire lever en toute hâte une armée à Paris; le roi ordonna aux patrons de fermer boutique pour que leurs ouvriers et apprentis, sans travail, fussent obligés de s'enrôler. Mais les ennemis ne continuèrent pas leur marche en avant.

Richelieu reprit ses projets de conquête, malgré les plaintes de ses ennemis qui l'accusaient d'avoir des plans trop ambitieux et trop coûteux pour la France; il dépensa plus d'argent encore

GÉNÉRAL DE CAVALERIE LÉGÈRE

Il porte la cuirasse de buffle par-dessus son costume Louis XIII.

et augmenta l'effectif des troupes. Il put à son tour envahir et conquérir.

Conquêtes de Richelieu. — L'armée suédoise et allemande de Bernard de Saxe-Weimar s'empara de plusieurs villes *alsaciennes* (1638). Son chef mourut; alors Richelieu *acheta* cette armée aux officiers et promit d'en payer *toute la solde*, à condition qu'il en nommerait le général et que les conquêtes en ALSACE seraient faites pour le compte du roi de France.

La principale armée française commandée par le roi, que Richelieu accompagnait, opéra d'abord au nord de la Somme : elle prit Arras et la plupart des villes de l'ARTOIS (1640).

A ce moment deux États annexés à l'Espagne se révoltèrent et demandèrent l'appui de la France; c'étaient le Portugal et la Catalogne, capitale Barcelone, qui comprenait aussi le ROUSSILLON, capitale Perpignan. Richelieu, maître de l'Artois, vint avec le roi et la principale armée française assiéger Perpignan qui capitula (1642). Ce fut son dernier succès. Il mourut quelques semaines plus tard, en pleine guerre, et fut remplacé par Mazarin (p. 114).

Condé et Turenne. — Sous Mazarin, les grandes opérations se firent surtout sur la frontière des Pays-Bas et en Allemagne. Le duc d'Enghien (plus tard prince de Condé), jeune prince du sang, nommé général en chef à vingt-deux ans, détruisit l'armée espagnole des Pays-Bas qui était venue assiéger la place de *Rocroy* (1643).

En Allemagne, les Français et leurs alliés essayèrent, au lieu des sièges et incursions sans ordre, une marche combinée sur Vienne. Les Suédois, partant des bords de la Baltique qu'ils occupaient, devaient arriver sur Vienne en remontant l'Elbe; l'ancienne armée weimarienne, commandée par le vicomte de Turenne, nommé maréchal de France à trente-deux ans, devait les rejoindre en partant d'Alsace, franchissant la Forêt Noire, et en descendant le Danube à travers la Bavière dont le duc était le principal allié de l'empereur. Les deux armées tentèrent l'opération chaque année pendant la belle saison, mais sans réussir.

Enfin, en 1648, l'armée suédoise arriva à *Prague* et prit la ville, tandis que Turenne s'établissait en *Bavière* et s'entendait avec les Suédois pour marcher sur Vienne. En même temps, la dernière armée espagnole des Pays-Bas était dispersée par Condé, près de la place de *Lens* (Pas-de-Calais).

Traités de Westphalie. — L'empereur se décida à conclure la paix. Les négociations avaient commencé dès 1642 entre tous les États en guerre ; elles se faisaient dans deux villes de Westphalie (Allemagne du nord-ouest) l'une pour les catholiques, l'autre pour les protestants. Mais chaque parti les faisait traîner quand il espérait la victoire.

CAVALIER HONGROIS AU XVIᵉ SIÈCLE

A l'époque de la guerre de Trente Ans, les cavaliers hongrois, appelés hussards, d'un mot emprunté à leur langue, avaient remplacé l'arc par les pistolets ou la carabine.

Le gouvernement de l'Espagne espérait faire renaître la guerre civile en France. Il reconnut pour la première fois l'*indépendance de la Hollande* (1647), et décida ainsi les Hollandais à *abandonner* l'alliance française ; puis il se retira des négociations et continua la guerre.

Toutes les autres puissances signèrent en 1648 les *traités de Westphalie*. Mazarin, victorieux, imposa ses conditions et dirigea les négociations. Les traités furent favorables à la France et à ses alliés.

La France conserva l'ALSACE moins les deux villes libres les plus importantes, Mulhouse, alliée à la confédération Suisse, et Strasbourg ; elle conserva Pignerol, en Italie, au débouché des Alpes.

En Allemagne, la Suède obtint la Poméranie et plusieurs petits États qui lui donnèrent presque toute la *côte allemande de la Baltique* ; une partie du Palatinat et le titre d'électeur furent rendus au fils de l'électeur palatin (p. 152). Les princes protestants furent agrandis aux dépens des petits États et surtout des *principautés ecclésiastiques*.

L'empire d'Allemagne subsistait, et les électeurs, en majorité catholiques, continuèrent à choisir comme empereur des souverains autrichiens ; mais les princes allemands eurent le droit de faire des *traités de guerre et de paix* avec les puissances étrangères. Mazarin en profita pour former contre l'empereur une *Ligue du Rhin*, qui réunissait neuf princes allemands et la Suède sous la direction du roi de France (1658).

Fin de la guerre avec l'Espagne. — Après les traités de Westphalie, la guerre continua entre la France et l'Espagne pendant plus de *dix ans*. La Fronde obligea Mazarin à employer les généraux et les armées fidèles contre le Parlement et les princes (1649-1652). Turenne fit un moment défection puis il rentra au service du roi.

Condé devint le chef de la Fronde (p. 147). Pendant les troubles, les Espagnols reprirent Barcelone et une partie des places de l'Artois. Quand l'ordre fut rétabli, *Condé* avait passé aux Espagnols. Il devint leur général aux Pays-Bas et commanda leur armée contre l'armée française de *Turenne*.

Ces deux généraux se combattirent pendant quatre ans avec des succès divers. La France et l'Espagne étaient l'une et l'autre épuisées par cette guerre qui durait depuis 1635, mais aucune ne voulait faire de concessions à l'autre.

Enfin, Mazarin réussit à s'assurer l'alliance de la *République* d'Angleterre. Il reconnut comme souverain Cromwell, qui était le chef de la République anglaise ; il lui promit de lui laisser Dunkerque, alors espagnol, si cette ville était prise (1657). La flotte anglaise vint bloquer Dunkerque pendant que l'armée de Turenne, renforcée d'un petit corps anglais, faisait le siège sur terre. Condé vint essayer de délivrer la ville : Turenne le battit aux *Dunes* (1658). Dunkerque fut pris. Alors le roi d'Espagne demanda à traiter.

Traité des Pyrénées. — Les conditions de la paix furent réglées à Paris entre Mazarin et un envoyé espagnol. Quand on fut d'accord, Mazarin et le premier ministre d'Espagne eurent une entrevue sur un pavillon flottant au milieu de la rivière Bidassoa qui sépare les royaumes, et là ils échangèrent leurs signatures. Le traité fut appelé *traité des Pyrénées* (1659).

Il laissait à la France l'Artois, conquis en 1640, 11 places espagnoles situées entre la mer du Nord et la Moselle. le Roussillon, conquis en 1642 : il rendait à l'Espagne toutes les autres places conquises par la France, et la Catalogne.

Dunkerque restait aux mains des *Anglais.*

Le roi de France abandonnait son allié le roi de Portugal, qui traita avec l'Espagne et fut reconnu *indépendant.*

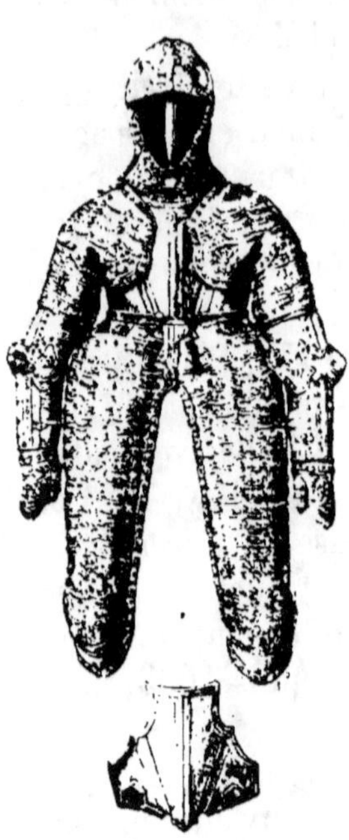

ARMURE DE LOUIS XIII

Jusqu'au commencement du règne de Louis XIV, les gens d'armes conservèrent la lourde armure du XVe siècle.

Le roi de France rendait au duc de Lorraine ses États, qui avaient été occupés depuis 1633 par des troupes françaises, mais il conservait le droit d'y faire passer des troupes et gardait plusieurs forteresses lorraines sur la route d'Allemagne.

Il pardonnait à Condé sa trahison.

Enfin Louis XIV devait épouser la fille du roi d'Espagne qui renonçait à tous droits sur la *succession d'Espagne à condition* qu'une dot de 500 000 écus d'or lui fût payée. Cette clause préparait de nouvelles guerres, parce que le roi d'Espagne ne pouvait donner la dot prescrite.

Mazarin protège la Suède. — Mazarin fut occupé jusqu'à sa mort par des négociations diplomatiques. Les dernières furent celles qui mirent fin à la guerre de la Baltique.

Le roi de Suède, général de la guerre de Trente Ans, qui n'aimait que le métier des armes, avait attaqué et battu le roi de Pologne ; mais tous ses voisins, Danemark, Brandebourg, Russie s'étaient coalisés contre lui. Il mourut, laissant un fils mineur (1660).

Mazarin se fit alors médiateur entre la Suède et ses ennemis. Il fit reconnaître à la Suède la possession de tout ce que Gustave-Adolphe et ses successeurs avaient conquis, y compris la pointe méridionale de la Suède que le Danemark avait jusqu'alors conservée. La *Baltique* put alors être appelée un *lac suédois*; toutes ses côtes appartenaient en effet à la Suède, sauf la partie entre la Duna et l'Oder.

La Pologne, qui avait été avant le temps de Gustave-Adolphe le plus puissant État de l'Europe orientale, commença à être regardée comme un pays faible, mal défendu, facile à démembrer.

Questionnaire.

La guerre de Trente Ans en Allemagne. — Causes de la guerre de Trente Ans. Qu'était-ce que le Palatinat? un électeur? Pourquoi fit-on la guerre en Bohême? Quelle fut la politique de Henri IV? de Marie de Médecis? de Richelieu? Qu'est-ce que l'affaire de la Valteline?

Comment recrutait-on les soldats? De quoi se composait la cavalerie? l'infanterie?

Quels rois étrangers vinrent au secours des protestants? Pourquoi? Que savez-vous sur l'armée suédoise? sur les rapports de Gustave-Adolphe et de Richelieu? Que devint l'armée suédoise après Gustave-Adolphe?

Période française de la guerre. — Pourquoi Richelieu fit-il la guerre? A qui la fit-il? Avec quels alliés? Avec quelles forces? Que fit-il pour la marine? Que savez-vous des vaisseaux de cette époque? Premiers échecs de Richelieu. Ses conquêtes. Victoires de Condé, de Turenne? Dans quels pays furent-elles remportées? Qu'est-ce que les Traités de Westphalie? Rôle de l'Espagne, de la Hollande. Annexions de la France, de ses alliés. Situation de l'Empire d'Allemagne en 1648.

Guerre avec l'Espagne. — Avec qui la France restait-elle en guerre? Pourquoi la guerre se prolongea-t-elle? Rôle de Turenne, de Condé. Principaux alliés de Mazarin?

Traité des Pyrénées. Annexions de la France. Mariage de Louis XIV. Que signifie renoncer à la succession d'Espagne? Intervention de Mazarin dans le Nord. Pourquoi appelait-on la Baltique un lac suédois?

SUJET COMPLÉMENTAIRE

Turenne et Condé.

CHAPITRE XI

LA HOLLANDE, L'ANGLETERRE,
L'ESPAGNE EN 1660[1]

La Hollande. — L'État qui avait le plus profité des guerres de religion était les Provinces-Unies, que l'on appelle ordinairement la Hollande, du nom de la province la plus riche.

Au XVIe siècle, ces Provinces avaient appartenu à l'Espagne, ainsi que tout le reste des Pays-Bas (p. 1, 4, 19). En 1572 les Pays-Bas s'étaient révoltés contre le roi d'Espagne Philippe II. Les Espagnols firent pendant trente-sept ans la guerre aux révoltés; ils réussirent à garder la partie sud des Pays-Bas (la Belgique actuelle) qui resta catholique. Mais le nord se proclama indépendant (1581) et la majorité de ses habitants se firent *calvinistes*.

Le Nord des Pays-Bas, qui s'était ainsi séparé de l'Espagne, se composait de provinces et de villes libres; chacune garda son autonomie, la plupart étant gouvernées par des nobles, les deux plus riches, Hollande et Zélande, par la haute bourgeoisie. Elles formèrent, comme la Suisse, une fédération d'États.

Cette fédération était administrée par des députés qui formaient l'Assemblée des *États généraux* siégeant à *La Haye*; les provinces et les villes entretenaient à La Haye un secrétaire

---

1. L'état des autres pays d'Europe en 1660 a été indiqué dans les chapitres précédents.

général appelé le *grand pensionnaire*, qui devint peu à peu un véritable ministre des Affaires étrangères.

L'armée était commandée par un *sthathouder* (c'est-à-dire un lieutenant) désigné par les États généraux; Guillaume le Taciturne, chef de la famille princière allemande de Nassau-Orange, fut le premier stathouder; on prit l'habitude de choisir les autres dans cette famille, qui devint hollandaise.

La Hollande était gouvernée par des calvinistes; mais il y avait dans ce pays une minorité catholique qui était *tolérée*. Les discussions et la presse étaient moins surveillées en Hollande que dans les monarchies. Descartes et plusieurs autres penseurs étrangers vinrent s'y réfugier et y publier leurs écrits. On y imprima les premiers *journaux*.

Le commerce hollandais. — Les Pays-Bas espagnols furent dévastés par la guerre, pillés par les soldats, dépeuplés par les persécutions.

Au contraire, beaucoup de réfugiés vinrent s'établir en Hollande; ils y apportèrent des capitaux, y établirent la fabrication des toiles et des tissus de laine pour l'*exportation*.

Les Hollandais ne purent garder *Anvers*, qui était au xvie siècle le plus grand port de l'Europe septentrionale; mais ils occupèrent les bouches de l'Escaut et empêchèrent les navires de remonter au fond de l'estuaire où se trouve Anvers. Ce grand port devint une petite ville morte; tout son commerce passa à *Rotterdam* et à *Amsterdam*, ports de la Hollande.

Les Hollandais savaient construire des navires : les côtes hollandaises étaient peuplées de pêcheurs; les capitalistes hollandais recrutèrent parmi eux des marins : ils purent faire de grandes expéditions.

Pendant la première partie du xviie siècle, les Hollandais s'attaquèrent aux colonies du Portugal (p. 32), qui était alors annexé à leur ennemie l'Espagne. Ils s'installèrent à la place des Portugais sur la route des Indes, au Cap, à Maurice, à Ceylan, dans l'archipel Malais, qui produisaient les épices; ils commercèrent avec la Chine et le Japon. Ils devinrent les seuls marchands d'épices, de café, de porcelaines, de soies, de tous les produits de l'Extrême-Orient.

Ces entreprises n'étaient point faites par l'État comme en

Portugal et en Espagne. mais par une *Société* de marchands appelée *Compagnie des Indes*. Elle avait ses navires de commerce et sa flotte de guerre, ses soldats, son drapeau ; elle faisait la guerre à ses concurrents. Mais comme elle était constituée pour rapporter de l'argent, elle combattait le moins possible, s'efforçait de traiter avec les princes indigènes, interdisait à ses agents toute propagande *religieuse* : les missionnaires portugais racontaient que les marchands hollandais acceptaient de fouler aux pieds un crucifix pour être admis au Japon.

Les armateurs hollandais eurent bientôt plus de navires et de marins qu'il n'en fallait pour le commerce hollandais ; ils se mirent à faire les transports par mer dans tous les pays, comme les Anglais de nos jours. On les appela *les rouliers des mers*.

Les capitalistes hollandais, enrichis par le commerce, firent fructifier leur argent dans des *banques* où les étrangers, même les souverains, venaient emprunter à gros intérêts.

Lutte entre le roi d'Angleterre et le Parlement. — Élisabeth, reine d'Angleterre, étant morte sans enfant, son cousin, le roi d'Écosse Jacques, devint roi d'ANGLETERRE sous le nom de Jacques Ier (1603). L'Écosse et l'Angleterre eurent dès lors un souverain commun, mais elles gardèrent pendant un siècle deux Parlements distincts.

Jacques Ier et son fils Charles Ier ne suivirent pas les avis du *Parlement anglais* (p. 14) et ils gouvernèrent en souverains absolus.

En religion, ils étaient anglicans, c'est-à-dire partisans du protestantisme anglais avec des évêques (p. 74) et ils essayèrent d'imposer des évêques aux protestants dissidents qui n'en voulaient point. Ils réussirent en Angleterre ; les dissidents qui ne voulaient pas se soumettre s'embarquèrent avec leurs familles et allèrent fonder la *Nouvelle-Angleterre* sur les côtes alors sauvages de l'Amérique du Nord. C'est l'origine des États-Unis.

En 1639, Charles Ier voulut imposer des évêques aux *Écossais* qui sont presbytériens (p. 74). Les Écossais se révoltèrent.

Charles Ier fut alors obligé de réunir un Parlement à Londres

SYNDICS DE LA CORPORATION DES DRAPIERS D'AMSTERDAM. — TABLEAU DE REMBRANDT (MUSÉE D'AMSTERDAM)

Les marchands drapiers formaient l'une des corporations les plus riches d'Amsterdam ; les syndics étaient les administrateurs de la corporation, élus par les patrons ou maîtres. Ces chefs de corporations riches faisaient peindre leurs portraits par les artistes les plus célèbres du temps.

pour lui demander de voter des impôts afin de pouvoir faire la guerre aux Écossais. Le Parlement fut composé en majorité de

COUR D'UNE MAISON HOLLANDAISE

D'après le tableau d'un peintre hollandais du XVIIe siècle. Les costumes ont changé depuis cette époque, mais la maison hollandaise est restée la même, petite, bien tenue, propre, bâtie en briques souvent peintes, avec un petit jardin par derrière.

députés qui n'aimaient pas la politique absolutiste et religieuse du roi. Il fit condamner et décapiter les ministres de Charles.

Le roi quitta Londres avec la plupart des nobles et réunit quelques milliers de mercenaires pour dissoudre le Parlement. Alors le Parlement leva une petite armée, fit au roi une guerre qui dura sept ans, et finit par le prendre.

Cromwell. — La victoire du Parlement était due à un brasseur, Cromwell, homme très énergique et très pieux, qui

INTÉRIEUR HOLLANDAIS

D'après le tableau d'un peintre hollandais. Les chambres, carrelées, lavées, toutes peintes d'un vernis clair dont la nuance change avec chaque pièce, sont très propres et très gaies. L'opération à laquelle se livre la femme est la chasse à la vermine.

avait formé un régiment de cuirassiers volontaires appelés les *Côtes de fer*, pris parmi les plus vigoureux et les plus religieux des propriétaires ruraux.

Cromwell devint le chef de la petite armée parlementaire et voulut être le maître en Angleterre. Il fit chasser du Parlement par ses soldats les députés qui lui étaient défavorables et obligea les autres à juger le roi : Charles Ier fut condamné à mort et *décapité* (1648).

Le Parlement prit alors le gouvernement et proclama la RÉPUBLIQUE ; il supprima les évêques, fit fermer les boutiques le dimanche, interdit les costumes brillants, les bijoux, le luxe, supprima les bals et les théâtres.

Puis le Parlement voulut par économie, licencier l'armée. Alors Cromwell, à la tête des soldats, ferma le Parlement sous prétexte qu'il était composé d'impies et de corrompus ; il se fit nommer *Lord Protecteur* (1653) ; il gouverna l'Angleterre en souverain absolu jusqu'à sa mort (1658).

Le commerce anglais. — L'Angleterre était encore peuplée surtout de cultivateurs et d'éleveurs de moutons ; mais dès le XVIe siècle les *marchands de Londres* avaient commencé à faire des entreprises maritimes (p. 36) ; les rois d'Angleterre avaient une flotte de guerre.

Le Parlement et plus tard Cromwell voulurent seconder les marchands de Londres qui avaient pris parti contre le roi : ils voulurent aussi occuper au dehors la flotte de guerre d'Angleterre dont les officiers étaient royalistes.

Les marchands anglais se plaignaient de la concurrence hollandaise. Cromwell proposa et fit voter par le Parlement l'ACTE DE NAVIGATION (1651), qui interdisait aux navires étrangers d'apporter en Angleterre d'autres produits que ceux de leur propre pays ; le cabotage en Angleterre et le commerce avec les pays coloniaux furent donc réservés aux Anglais.

Les Hollandais dont le commerce était menacé firent deux *guerres maritimes* aux Anglais, mais ils ne réussirent pas à obtenir l'abolition de l'acte de 1651.

Cromwel n'avait été reconnu par aucune des monarchies

MATELOT HOLLANDAIS
AU COMMENCEMENT
DU XVIIe SIÈCLE

Ce matelot porte le bonnet rond de laine et les grosses culottes bouffantes qui firent longtemps partie du costume des pêcheurs et marins hollandais. Quelques pêcheurs du Zuyderzée les portent encore aujourd'hui.

européennes; comme les deux plus puissantes, la France et l'Espagne étaient alors en guerre, il résolut de profiter de leurs querelles. Toutes deux s'empressèrent de le reconnaître et se disputèrent son alliance.

Cromwell se décida contre l'Espagne dont les colonies offraient une belle proie aux marins anglais. La flotte anglaise enleva deux fois les galions ou navires qui apportaient en

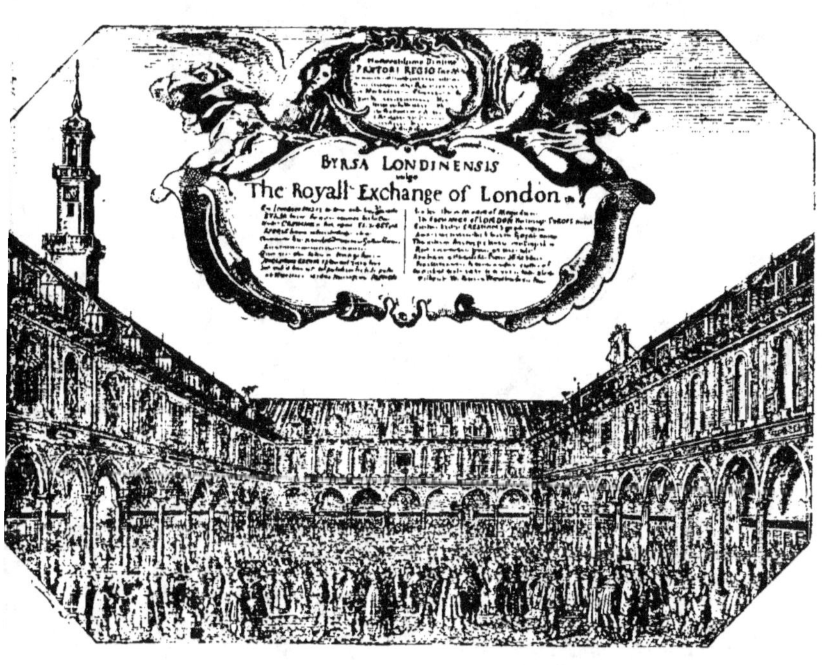

LA BOURSE DE LONDRES AU XVIIᵉ SIÈCLE

On appelle Bourse un endroit où se font les achats et les ventes de valeurs (actions, obligations, etc.), les achats et ventes en gros de marchandises et de tous les produits dont le prix est sujet à des variations continuelles. Les premières Bourses furent tenues dans des galeries disposées autour d'une cour centrale.

Espagne l'argent d'Amérique; elle prit aux Antilles la *Jamaïque* qu'enrichissait la culture de la canne à sucre. Ce fut la première bonne colonie de l'Angleterre.

Enfin Cromwell s'allia à Mazarin pour enlever *Dunkerque* aux Espagnols et reçut la ville comme prix de son alliance (1658).

La Restauration anglaise. — A la mort de Cromwell, ses généraux se disputèrent sa succession. L'un d'eux finit par s'entendre avec le fils de Charles Ier qui vivait en exil : il le fit revenir et *restaura* la royauté (1660).

Le nouveau roi, Charles II, rappela les nobles, rétablit la cour, les fêtes, les théâtres, le luxe. Très dépensier, il avait sans cesse besoin d'argent et ne voulait pas en demander à un Parlement. Il vendit Dunkerque à Louis XIV (1662); plus

ATELIER DE FILEUSES ESPAGNOLES. — TABLEAU DE VELASQUEZ (MUSÉE DE MADRID)

Velasquez a représenté ici de pauvres ouvrières espagnoles : l'une file la laine au rouet, une autre met la laine filée en écheveaux. Au fond une tapisserie terminée. On ne voit pas le métier à tapisserie.

tard, il mit sa flotte au service du roi de France, moyennant un subside.

Déclin de l'Espagne. — Le roi d'Espagne avait cessé d'être le souverain le plus puissant et le plus riche de l'Europe. Les revenus énormes qui permettaient à Charles-Quint et à Philippe II de faire leurs grandes guerres venaient de deux sources principales : les Pays-Bas et l'Amérique.

Aux *Pays-Bas*, ce qui restait aux Espagnols était, on l'a vu, complètement ruiné.

L'*Amérique* restait le grand pays producteur d'*argent*. L'argent partait une fois par an sur les galions, escortés de navires de guerre, mais les marins anglais ou les pirates les guettaient, et l'Espagne, à cause des guerres, n'avait pas toujours les moyens de les faire escorter suffisamment.

Le roi d'Espagne avait pris l'habitude de compter sur les arrivées de métaux précieux. Aussi procédait-il comme un fils de famille prodigue. Il donnait des fortunes à ses favoris. Il engageait de grandes guerres et parfois il ne *pouvait payer* ni ses soldats, ni ses fonctionnaires. Les soldats pillaient même en pays ami : c'était une des causes de la révolte des Pays-Bas. Les fonctionnaires commettaient des exactions.

On ne s'était nullement préoccupé d'enrichir le royaume pour enrichir le roi, à la manière de Sully en France. Beaucoup d'habitudes et de privilèges allaient directement contre l'intérêt général.

Ainsi l'Amérique aurait pu alimenter un commerce important, mais le commerce d'Amérique était le *monopole* d'un seul port, Cadix, et il ne pouvait se développer comme il l'aurait fait si tous les ports d'Espagne avaient eu le droit d'y prendre part.

Les *Maures*, qui cultivaient l'Andalousie, avaient été expulsés et le pays s'était vidé : Les travaux d'irrigation sans lesquels cette province ne peut rien produire tombaient en ruine.

La Castille était partagée entre de grands propriétaires qui élevaient des troupeaux de moutons et les faisaient sans cesse passer d'une région à l'autre ce qui empêchait la culture et le peuplement.

Les routes n'étaient pas entretenues, les brigands parcouraient le pays. L'Espagne avait été ravagée par des révoltes provinciales contre les impôts de guerre, celles de la Catalogne, du Portugal (p. 159).

La société espagnole. — Nulle part le préjugé suivant lequel *vivre noblement* c'est vivre sans rien faire, n'était enraciné aussi profondément. Les petites gens se groupaient autour d'un protecteur noble ou d'un couvent dont on attendait des faveurs, des charités, un poste. Sur six millions d'habitants on comptait 70 000 moines, 725 000 nobles. Les nobles ne voulaient faire que la guerre ou le service de Cour.

La *Cour* d'Espagne était la plus considérable d'Europe. Elle siégeait dans un palais éloigné de la capitale, l'*Escurial*, bâti en plein désert par Philippe II. C'était la plus cérémonieuse d'Europe, celle où l'on avait inventé les formalités compliquées connues sous le nom d'*étiquette*, la seule où le roi avait fait de ses actes les plus simples une sorte de représentation réglée suivant un programme immuable.

Questionnaire.

La Hollande. — A qui appartenait-elle au xvi⁰ siècle? Comment devint-elle indépendante? De quoi se composait-elle? Qu'étaient-ce que les États généraux? le grand pensionnaire? le Stathouder? La tolérance en Hollande. Industrie hollandaise. Ports hollandais. Colonies hollandaises. Objets du commerce hollandais. Organisation des Compagnies. Différence avec la colonisation espagnole et portugaise. Pourquoi appelait-on les Hollandais « rouliers des mers »?

L'Angleterre. — Union de l'Écosse et de l'Angleterre. Qu'était-ce que les anglicans? les presbytériens? Comment furent fondés les Etats-Unis? Qu'était-ce que le Parlement? Pourquoi entra-t-il en lutte avec le roi? Issue de cette lutte. La République. Cromwell. Qu'est-ce que l'Acte de navigation? Contre qui était-il dirigé? Colonies anglaises en 1660. La Restauration. De qui Charles II fut-il l'allié?

L'Espagne. — Sources de ses richesses. Ont-elles toujours duré? Causes de ruine économique. La Société. La Cour. L'Escurial. L'étiquette.

SUJETS COMPLÉMENTAIRES

Les banques, les bourses des Pays-Bas et d'Angleterre.
Cromwell.
La cour d'Espagne.

CHAPITRE XII

LOUIS XIV, COLBERT ET LOUVOIS

Le roi et les ministres. — A la mort de Mazarin (1661),
un ministre vint demander à Louis XIV à qui il devait désormais
s'adresser pour la direction des affaires : « A moi, répondit le
jeune roi ».

Louis XIV n'eut plus jamais de *premier ministre* ; il employa
comme secrétaires d'État des nobles de robe comme Louvois,
de simples bourgeois comme Colbert, qui lui devaient tout et
qu'il croyait devoir lui être soumis. Un grand seigneur mécontent a appelé ce règne un *règne de vile bourgeoisie*. Un prêtre
noble a dit que Louis XIV prenait des *commis* pour ministres.
En réalité, ces ministres s'empressèrent, une fois au pouvoir,
de faire entrer leur famille dans la noblesse et de l'enrichir
comme tous leurs prédécesseurs l'avaient fait. Louvois, fils
d'un noble de robe, le chancelier Le Tellier, devint marquis, fit
des ministres de son fils et d'un de ses parents. Colbert, fils
d'un marchand, fit de son frère un archevêque, de son fils un
marquis, fit anoblir et entrer au ministère trois de ses parents.

Louis XIV accorda à ses ministres ce qu'ils demandaient
parce qu'il voulait exciter leur jalousie l'un contre l'autre,
espérant régner plus sûrement en divisant ceux qu'il employait.

Les Conseils. — Louis XIV eut surtout l'*apparence* du
pouvoir. Il crut diminuer la puissance de ses ministres en leur
imposant des conseils. D'ailleurs il aimait présider des délibé-

rations et se donner l'illusion de les diriger. Aussi organisa-t-il cinq CONSEILS qui se réunissaient chaque semaine, chacun examinant les affaires d'un ministère. Mais il n'y eut qu'un conseil important, le CONSEIL SECRET, où les deux ou trois ministres importants venaient seuls délibérer avec le roi. Les ministres actifs et énergiques, en ayant soin de parler très respectueusement au roi, lui faisaient adopter leurs propositions.

Chute de Fouquet. — Le roi n'aimait pas les ministres qui avaient pris le pouvoir au temps de Mazarin. Il haïssait surtout Fouquet, surintendant des finances, qui avait espéré succéder à Mazarin comme premier ministre.

Fouquet s'était enrichi en se faisant donner de l'argent par les financiers qui prêtaient au roi, par les fournisseurs et les entrepreneurs : c'était l'habitude du temps. Mazarin partageait cette sorte de bénéfices avec Fouquet.

Fouquet était plus riche que le roi et il le montrait trop : il avait le plus beau château de France, donnait les plus belles fêtes, employait les plus grands artistes, pensionnait des écrivains comme La Fontaine, faisait jouer chez lui la troupe de Molière ; il avait acheté le marquisat de Belle-Isle avec une place forte où il entretenait des soldats.

Le roi, jeune, orgueilleux, voulut frapper Fouquet. Colbert, employé de Mazarin que le cardinal avait récompensé en le faisant conseiller d'État et en le recommandant au roi, devina la jalousie de Louis XIV et fit sa fortune en la servant.

Fouquet fut arrêté et traduit devant une chambre de justice, tribunal d'exception, formé sur les indications de Colbert pour condamner les financiers à rendre au roi une partie de leurs bénéfices. Colbert y fit mettre un de ses parents.

Le procès de Fouquet dura trois ans. Le roi fit savoir aux juges qu'il voulait une condamnation à mort. Les juges se prononcèrent pour le bannissement. Louis XIV, mécontent, en exila plusieurs et, par une sévérité inaccoutumée, il aggrava la peine en condamnant Fouquet à la prison perpétuelle.

Colbert. — La charge de surintendant des finances fut abolie. Colbert prit le ministère des Finances avec le titre plus modeste de *contrôleur général* ; il acheta les charges de surintendant des bâtiments et de *secrétaire d'État de la maison du* *roi*. Louis XIV créa pour lui un nouveau *secrétariat d'État* (p. 106), celui de la *Marine* (1669). Colbert eut ainsi tous les ministères, excepté la Guerre et les Affaires étrangères (1661-1683).

Colbert était ambitieux, dur, sévère, mais il travaillait avec acharnement et imposait à ses subordonnés l'application et l'ordre.

Les Finances. — Dans les finances, Colbert travailla surtout à mettre le budget en équilibre. Depuis Richelieu, les impôts ne suffisaient plus aux dépenses, le roi était obligé chaque année d'emprunter.

Sous Colbert, la Chambre de justice arracha aux traitants 110 millions d'amendes et de restitutions qui entrèrent au trésor.

En outre Colbert fit *supprimer* une partie des rentes sur l'État.

Les impôts *indirects*, aides, gabelles (p. 8), douanes, étaient affermés à des traitants qui les percevaient à leur profit sous condition de payer au roi un revenu fixe. Colbert garda ce système, mais il refit de nouveaux baux de fermage plus avantageux.

La *taille* (p. 9) était payée par les roturiers. Colbert fit reviser la liste des nobles et *remit à la taille* tous ceux qui ne purent pas prouver leur noblesse. Il imposa une part plus grande de la taille aux provinces d'États (p. 101) malgré les États provinciaux. Dans l'ensemble, il réduisit la taille de 53 à 38 millions, et cependant le roi reçut plus d'argent qu'autrefois parce que la perception était mieux faite.

Colbert fit tenir des états de recettes et de dépenses, ce que nous appelons aujourd'hui un *budget*. Son budget se solda pendant les années de paix par un *excédent*, ce qu'on n'avait

SECRÉTAIRE D'ÉTAT AU COMMENCEMENT DU RÈGNE DE LOUIS XIV

C'est le costume que portaient Colbert et Louvois.

A la place des cheveux naturels à la mode sous Louis XIII, une grosse perruque bouclée de cheveux postiches. Le cordon en sautoir est une décoration. A la ceinture, un bouffant de dentelles, et plus bas une sorte de jupe ample.

pas vu depuis Sully. Les dépenses s'élevaient alors, par an, à 300 millions (à peu près 1500 de notre monnaie).

Colbert aurait voulu ne plus jamais faire d'emprunts. Mais quand Louis XIV recommença les grandes *guerres* (1672), on revint aux emprunts, on augmenta les impôts et le désordre d'autrefois recommença.

L'industrie. — Colbert, comme Sully, pensait que le moyen d'enrichir le roi était d'enrichir ses sujets. Or, il avait trouvé le royaume horriblement saccagé par les guerres : beaucoup des villages brûlés n'avaient pu être reconstruits, la culture avait diminué.

Colbert, qui était le fils d'un drapier de Reims, ne s'intéressa pas à l'agriculture autant que Sully, gentilhomme et propriétaire rural, mais il comprit mieux que lui l'utilité de l'industrie et du commerce.

On trouvait alors en France de petits patrons groupés en *corporations* et travaillant pour le marché local, mais la France n'avait pas, comme la Hollande et l'Italie, des *manufactures*, c'est-à-dire de grandes réunions d'ouvriers produisant pour l'*exportation* sous la direction d'un patron riche.

Colbert créa des manufactures : pour éviter les procès avec les corporations des villes qui prétendaient avoir chacune le monopole de leurs métiers dans l'intérieur des murs, les manufactures furent établies dans les faubourgs ou dans les villages.

Colbert fit donner des *primes* en argent aux fondateurs de manufactures, il protégea par des droits de douanes leurs produits contre la concurrence étrangère.

Il attira en France des drapiers de Hollande qui s'établirent à Elbœuf. Les Vénitiens seuls savaient couler de grandes glaces et leur gouvernement interdisait d'en livrer le secret à des étrangers. Colbert acheta le secret et le fit exploiter en France; il fit venir des dentellières de Flandre et d'Italie.

Enfin, pour les industries de luxe, il créa des manufactures appartenant au roi et chargées de donner l'exemple de la perfection. Ainsi fut établie la fabrique de meubles et de tapis des *Gobelins* (dans un faubourg de Paris), où naquit le *style Louis XIV*. La tapisserie de Beauvais date aussi de cette époque.

Les règlements. — Colbert croyait que les propriétaires de *manufactures* fabriqueraient de mauvais produits si l'État ne les surveillait pas. Il leur imposa donc des règlements minutieux et il créa un corps d'inspecteurs pour les faire observer surtout dans l'industrie du drap. Pour la fabrication du drap, ces règlements fixaient le nombre de fils, la teinture, la manière de tisser, les marques. Les draps non conformes au règlement étaient détruits.

Le commerce intérieur. — Colbert fit réparer les routes qui étaient négligées : on les *pava* pour les faire durer plus longtemps sans trop d'entretien.

ATELIER DE MENUISIER EN 1660

Cette gravure représente des ouvriers des villes à l'époque de Colbert ; ils travaillent à la main avec des instruments dont la forme n'a guère varié ; ils sont misérablement vêtus : la mère débarrasse ses enfants de leur vermine.

Mais les principales voies de communication restaient toujours les *cours d'eau*. Colbert reprit le creusement des canaux, abandonné après Sully. Il fit exécuter le *canal des Deux-Mers* de la Garonne à la Méditerranée (1666-1681) et obligea les États provinciaux du Languedoc à prélever sur les contribuables de cette province une grande partie de la dépense.

Les provinces étaient séparées par des *douanes intérieures* que des traitants ou fermiers exploitaient avec un bail. Colbert voulait les supprimer, mais il fallait pour cela indemniser les fermiers : il ne put le faire que pour une partie des provinces.

Le protectionisme. — Colbert voulut empêcher les produits des manufactures étrangères, surtout hollandaises, le blé et les produits agricoles, de venir en France faire concurrence aux produits français : il les frappa de droits *très élevés* par le tarif de 1667, tandis qu'il laissait entrer librement les matières premières nécessaire à l'industrie française.

En même temps, il voulait que la France vendît le plus possible à l'étranger ; il donna aux fabricants français des *primes* proportionnelles au nombre de pièces de draps exportés par eux. Les draps de la plaine languedocienne remplacèrent sur les marchés de Turquie et d'Asie Mineure les draps italiens. Marseille augmenta ses affaires avec le Levant.

Il y avait peu d'armateurs de navires en France : les transports par mer, très importants à cette époque, étaient faits par bateaux hollandais. Déjà Fouquet imitant l'Acte de Navigation (p. 170) avait frappé d'un *droit de 50 sous par tonneau* les navires étrangers qui importaient des marchandises en France. Colbert maintint le droit et, de plus, il donna des *primes* aux constructeurs français de navires.

Les Hollandais se plaignirent des droits qui frappaient en France leurs marchandises et leurs vaisseaux : ils répondirent par des tarifs de représailles sur les vins et eaux-de-vie de France. Ce fut une des causes de la guerre de 1672.

Cette fois Colbert fut d'avis de faire la guerre malgré les dépenses qu'elle entraînait. Mais la guerre ne profita pas à ses projets. A la paix, Louis XIV dut sacrifier le tarif de Colbert et le droit de 50 sous (1678).

La marine de guerre. — Mazarin avait cessé d'entretenir les vaisseaux construits sous Richelieu ; sur la Manche les vaisseaux de guerre anglais obligeaient les français à les saluer en signe d'infériorité.

Colbert et, après lui, son fils, qui lui succéda à la marine, firent construire des navires de guerre. Le roi en eût jusqu'à 300 de toute taille ; on agrandit et on fortifia *Brest* et *Toulon*. Pour remplacer le port de Brouage, envasé, Colbert fit créer un port de guerre et bâtir des fortifications à *Rochefort*.

Les matelots du commerce et les pêcheurs ne servaient pas volontiers sur les vaisseaux du roi. Colbert imagina de les faire inscrire sur des registres et d'exiger d'eux à tour de rôle le service sur les vaisseaux de guerre : c'est ce qu'on appela l'*inscription maritime*.

En compensation de ce service obligatoire, qui n'existait pas alors pour l'armée de terre, Colbert décida que tous les gens de mer, leurs veuves ou leurs orphelins auraient des *retraites*, pour lesquelles comptent toutes les années de navigation à l'État ou au commerce; il créa à cet effet la *caisse des Invalides de la marine* alimentée en partie par des cotisations imposées aux matelots. L'inscription et la caisse existent encore aujourd'hui.

Sur la Méditerranée, le roi continuait à employer une trentaine de *galères* (p. 25), concurremment avec les vaisseaux de haut-bord. Colbert fit ordonner aux intendants de *multiplier les condamnations* aux galères pour avoir des rameurs.

Colbert créa les premières *écoles sérieuses d'officiers* de marine : il fit pour la première fois former des corps de *canonniers* et de *fusiliers marins*.

FORGERON DE VILLAGE
tableau des frères Le Nain

Costumes de paysans aisés à l'époque de Colbert. Pour les frères Le Nain, voir p. 145.

Le budget de la marine s'éleva de 300 000 francs à 13 millions (du temps); mais Louis XIV eut pendant une vingtaine d'années la *plus forte marine du monde*.

Les colonies. — Sous Henri IV, des seigneurs reçurent des domaines au Canada (p. 36) et furent autorisés à y installer des fermiers à leurs frais. Québec fut fondée en 1608, Montréal en 1643. Mais le Canada n'attirait pas les émigrants volontaires. Or, Colbert croyait à l'utilité des colonies de peuplement. Il fit envoyer aux frais de l'État 8 000 hommes et femmes, surtout des paysans de Normandie et de Saintonge pour *peupler le Canada*. Ce sont les ancêtres des 3 millions de Canadiens français qui vivent en Amérique du Nord. Après Colbert on arrêta l'émigration sous prétexte qu'elle risquait de dépeupler le royaume. Le Canada formait une province française avec un intendant.

Aux *Antilles* s'étaient installés, sous Louis XIII, pendant les guerres, des aventuriers qui pillaient les colonies espagnoles et cherchaient à prendre les galions (p. 173). Puis, ils s'étaient partagé le sol en seigneuries et s'étaient mis, à l'exemple des Espagnols à y faire cultiver la canne à sucre par des esclaves noirs. Il en fut de même pour la *Guyane*.

D'autres Français s'étaient installés au *Sénégal* pour y faire la traite des noirs à destination des colonies d'Amérique.

Enfin des commerçants français avaient suivi les Portugais, les Hollandais, les Anglais sur la route des Indes et fondé des postes dans le sud de *Madagascar*, à l'*Ile de France* (Maurice), à *Bourbon* (La Réunion) et des comptoirs de commerce sur la côte de l'*Inde*.

Les Compagnies. — Sous Richelieu et sous Colbert, les plus importantes de ces colonies appartenant à des particuliers furent rachetées à leurs propriétaires et soumises comme le Canada à l'autorité du roi représentée par un gouverneur. Mais comme le roi ne voulait pas dépenser d'argent, il abandonna, dans une partie des colonies, ses pouvoirs à des Compagnies par actions, sur le modèle hollandais (p. 167).

La première avait été fondée à Saint-Malo sous Henri IV. La plus importante fut la *Compagnie des Indes orientales* organisée en 1665 par Colbert pour le commerce de l'océan Indien. Elle eut sa flotte de commerce et de guerre, ses soldats et, en France, un port construit par elle, lui appartenant et appelé Lorient. Elle abandonna Madagascar, mais elle fonda *Pondichéry* (1674).

On se plaignait déjà que les Français n'avaient pas de goût pour le commerce et les entreprises coloniales par préjugé nobiliaire et parce qu'ils préféraient les fonctions publiques (p. 114). Richelieu et Colbert firent déclarer que les nobles pouvaient faire le commerce de mer sans *déroger* (p. 109), comme en Italie, Hollande, Angleterre.

Colbert obligea des nobles de robe et de riches capitalistes qui voulaient des faveurs à prendre des actions de ses Compagnies. Mais sur 5 Compagnies fondées par lui, une seule, celle des Indes, lui survécut : encore ne réussit-elle jamais d'une manière satisfaisante.

Louvois. — Le marquis de Louvois était un magistrat, fils

VAISSEAU DE GUERRE SOUS LOUIS XIV

C'est un des grands trois-mâts construits à l'époque de Colbert. A l'avant, une figure sculptée dont le sujet se rapporte au nom du vaisseau. A l'arrière, plusieurs étages dorés et sculptés formant le château ou gaillard d'arrière, où se trouvent le logement du commandant et le poste de commandement. D'avant en arrière, trois ponts ou étages ayant chacun une batterie ou rangée de canons.

d'un noble de robe, Michel Le Tellier, qui avait acheté l'office de secrétaire d'État de la Guerre : Louvois en hérita et resta jusqu'à sa mort le ministre de la *Guerre* (1666-1691). Louis XIV lui accordait sa confiance parce que Louvois, plus jeune que lui, était très respectueux à son égard et parce qu'il flattait sa passion pour la guerre et les constructions. A la fin, Louvois dirigea toute la politique.

Louvois était hautain, dur et cassant avec les chefs militaires presque tous nobles : il leur imposa une surveillance faite par des fonctionnaires civils.

Augmentation des effectifs. — A cette époque le système militaire, qui avait duré jusqu'à la fin de la guerre de Trente Ans (p. 154), se transformait dans toute l'Europe. Tous les rois voulaient avoir des armées *permanentes*, plus nombreuses qu'autrefois et leur appartenant en propre.

Louvois porta l'effectif des troupes françaises, en temps de guerre, à 200 000 fantassins et 47 000 cavaliers : c'était le chiffre le plus fort de l'Europe.

Il ne changea pas le recrutement. Les soldats furent, comme autrefois, des mercenaires racolés. Des régiments étrangers avec des officiers étrangers servaient à côté des régiments français.

Les officiers. — Les compagnies restèrent la *propriété* des capitaines, les régiments, celle des colonels; pour les leur retirer, il aurait fallu les indemniser, ce qui eût coûté fort cher. On continua donc à acheter ces grades, mais, pour les occuper, l'acheteur dut être agréé par le roi.

Deux grades seulement, celui de lieutenant et celui de lieutenant-colonel, ne s'achetaient pas, mais se donnaient à des officiers pauvres et méritants. Le lieutenant-colonel était souvent un vieil officier de fortune à la fin de sa carrière qui commandait le régiment tandis que le colonel, jeune noble de famille riche, ne se montrait qu'en cas de guerre. Il y eut des colonels de quinze à seize ans.

Louvois aurait voulu qu'on apprît le métier des armes avant d'être promu officier. Il créa des compagnies de cadets ou élèves officiers recrutés dans la noblesse pauvre.

Équipement et armement. — Les colonels devaient habiller leurs soldats; le roi fournissait les armes et payait la solde. Louvois aurait voulu introduire plus d'uniformité dans les vêtements militaires; l'usage de l'*uniforme* s'établit peu à peu dans les divers régiments. Louvois prescrivit aussi plus d'uniformité dans l'armement; mais il n'était pas réformateur. Le *fusil* où la poudre est enflammée par l'étincelle produite par la chute d'un chien armé d'un silex fut essayé dès 1668, pour remplacer le mousquet *à mèche*. Il fut adopté d'abord dans les armées étrangères puis plus tard en France (1698). Son nom vient d'un mot italien qui signifie pierre à feu. Pour-

TAPISSERIE DES GOBELINS

Ces tapisseries étaient faites avec des laines de différentes couleurs tissées et combinées de manière à imiter des tableaux. Les cartons ou modèles d'après lesquels on faisait les tapisseries étaient dessinés et peints par des artistes célèbres. Les tapisseries servaient à décorer les murs des palais royaux et des maisons riches; elles coûtaient très cher.

Le sujet de celle-ci est emprunté à l'antiquité : il représente une déesse antique et un héros.

remplacer la pique, on fabriqua d'abord à Bayonne des *baïonnettes* qui s'enfonçaient dans le canon (1670), puis on imagina de fixer la baïonnette au canon avec une douille, ce qui permettait de continuer à tirer (1687). Cependant les piquiers furent employés dans l'infanterie française à côté des fusiliers jusqu'en 1703 Alors seulement les régiments d'infanterie ne se composèrent plus que de soldats ayant tous des fusils à baïonnettes.

Sous Louis XIV, la cavalerie abandonna définitivement l'ar-

BAÏONNETTE

Premier modèle, qu'on enfonçait dans le canon du fusil.

mure de fer et même la simple cui-rasse. Le nombre des dragons (p. 154) fut augmenté. Tous les cavaliers étaient armés de pistolets et de sabres.

L'artillerie était, avant Louis XIV, confiée à des sortes d'entrepreneurs qui n'étaient pas des militaires. Louvois organisa les premiers régiments de canonniers. Il voulut aussi organiser un corps du *génie* sur la proposition de Vauban, ingénieur militaire qu'employait Louvois. Vauban fut nommé général, mais le *génie* ne forma un corps à part que sous Louis XV.

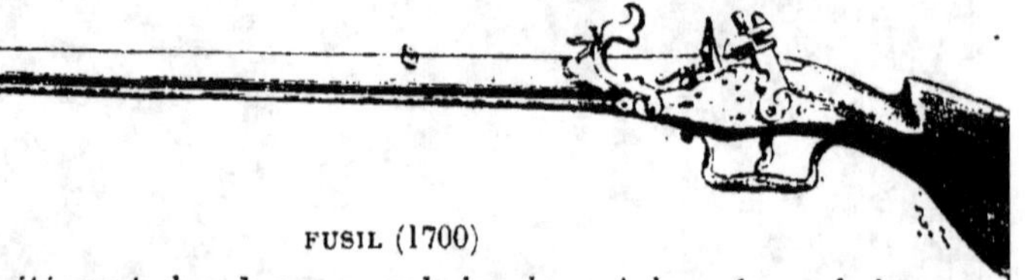

FUSIL (1700)

La charge a été versée dans le canon par la bouche, puis bourrée avec la baguette mobile qui figure sous le canon. Le chien, qui porte une pierre à feu ou fusil, est abattu par la gachette, et vient frapper sur un rebord de fer, ce qui provoque des étincelles : ces étincelles enflamment la poudre ou amorce enfermée dans un petit réservoir appelé bassinet : l'amorce s'enflamme et, par un trou percé à la base du canon, met le feu à la charge.

Sièges et fortifications. — Louis XIV ne conduisit jamais une armée à la bataille, car il ne voulait pas courir le risque d'être vaincu. Il venait tenir sa cour au milieu de l'armée, mais ne faisait pas campagne; il ne porta jamais le costume militaire. Il voulait la guerre pour augmenter le nombre de ses villes, il ne recherchait pas le plaisir de se battre. Aussi n'aimait-il que la guerre de sièges.

Louvois en fit faire plus de cent : il fit fortifier toutes les villes prises suivant la nouvelle méthode.

Les Hollandais avaient donné l'exemple de renoncer aux murailles élevées du moyen âge, trop vulnérables à l'artillerie : ils les avaient remplacées par des remparts au ras du sol, sou-

FORTIFICATIONS A LA VAUBAN. — SIÈGE D'AIRE-SUR-LA-LYS (1676)

Toutes les fortifications se trouvent au ras du sol, derrière des fossés profonds ; elles forment des angles compliqués, appelés saillants et rentrants, de manière que les défenseurs conservent toujours un poste d'où ils puissent tirer sur ceux qui donnent l'assaut, quel que soit le point choisi pour l'attaque.

tenus par des amoncellements de terre et séparés du dehors par un large fossé; on a employé ce genre de fortifications jusqu'à nos jours. Les Français appelèrent ces remparts « à la hollandaise » remparts à la *Vauban*.

Contrôle et magasins. — Louvois établit dans l'armée, comme Richelieu et Colbert dans la marine, des *commissaires civils* qui surveillaient l'emploi de la solde, des armes et de toutes les fournitures données par le roi. Les officiers et les généraux furent obligés de leur rendre des comptes.

On continua à s'efforcer de faire vivre les troupes sur le pays ennemi et de les solder avec des contributions de guerre. Mais Louvois créa des *magasins* de fourrages et de vivres, des approvisionnements de munitions qui permirent de commencer la guerre plus vite qu'autrefois et de la faire même en hiver. Ce fut l'origine de l'intendance.

Il fit bâtir l'Hôtel des *Invalides* pour recueillir les officiers et les soldats blessés à la guerre. Il essaya d'organiser des hôpitaux militaires et des ambulances.

Questionnaire.

Gouvernement et finances. — Pourquoi a-t-on appelé le règne de Louis XIV un règne de vile bourgeoisie? Comment Louis XIV gouverna-t-il? Qu'était-ce que les conseils? Qu'était-ce que le surintendant des finances? Pourquoi le roi voulut-il frapper Fouquet? Que savez-vous de Colbert? Quelles furent ses diverses fonctions? Mesures pour rétablir l'équilibre financier. Impôts indirects. Taille. Budget. L'équilibre financier fut-il durable?

Industrie, marine et colonies sous Colbert. — Sens du mot manufacture. Primes à l'industrie. Autres encouragements. Quelles industries furent encouragées? Règlements imposés aux manufactures.

Mesures pour développer le commerce intérieur. Régime des douanes. Qu'est-ce que les droits protecteurs? les primes à l'exportation? le droit sur les navires étrangers? les primes à la construction? Quel pays se plaignit de ce régime?

Nouveaux ports militaires. Inscription maritime. Caisse des Invalides. Importance de la marine de guerre sous Colbert. Comparaisons avec les époques précédentes.

Que fit Colbert pour le Canada? Continua-t-on à le faire après lui? Origine de la colonisation aux Antilles, au Sénégal, dans l'océan Indien. Colonies royales. Colonies concédées à des Compagnies.

Qu'était-ce que les Compagnies? Qui en avait fourni le modèle? Les efforts de Colbert réussirent-ils?

L'armée. — Louvois; ses fonctions. Était-il militaire? Transformation des armées. Le recrutement. Comment devenait-on officier? Y avait-il d'autres fonctions vénales (p. 112)? Grades obtenus sans paye. L'uniforme. L'armement. Vauban. Qu'était-ce qu'un commissaire? Qu'est-ce que l'Hôtel des Invalides?

SUJETS COMPLÉMENTAIRES

Les corporations.
Industrie au temps des manufactures et industrie actuelle.
Comparer les droits protecteurs et primes de Colbert et les nôtres.
Administration des provinces sous Louis XIV.

CHAPITRE XIII

NOUVELLES CONQUÊTES DE LOUIS XIV (1667-1678).

Ambitions de Louis XIV. — Louis XIV fit la guerre pendant la plus grande partie de son règne. Après la paix des Pyrénées (1659) la France n'eut pas de grandes guerres pendant quelques années, mais Louis XIV envoya des troupes contre les Turcs, des navires contre les corsaires d'Alger et il se conduisit comme un roi qui voulait se montrer l'arbitre de l'Europe.

L'Espagne, qui avait joué ce rôle depuis Charles-Quint, était affaiblie (p. 173). Le désir de Mazarin, d'abord, de Louis XIV ensuite, fut de la *démembrer*, comme on avait essayé de démembrer les autres États faibles ou divisés, l'Italie au xvie siècle, l'Allemagne pendant la guerre de Trente Ans. Mazarin prépara un prétexte à intervention en faisant épouser à Louis XIV la fille du roi d'Espagne (p. 162). En se mariant, elle avait renoncé à la succession d'Espagne, mais à condition qu'on lui paierait une grosse dot, ce que l'Espagne ne put faire.

Le roi d'Espagne Philippe IV mourut en 1665, laissant un fils, Charles II, âgé de quatre ans et qu'on croyait destiné à mourir bientôt ; Philippe IV avait un autre gendre que Louis XIV, l'empereur d'Allemagne.

Première guerre avec l'Espagne. — Louis XIV s'appliqua à isoler le roi d'Espagne et l'empereur ; il renouvela ses alliances avec le roi d'Angleterre, les Hollandais, la Suède, les princes d'Allemagne (p. 161-2).

Puis il réclama le morceau des possessions espagnoles qui était le plus à sa convenance, c'est-à-dire les Pays-Bas, en prétendant que c'était la part de sa femme dans la succession. Les garnisons espagnoles y étaient très faibles. Turenne occupa les *Pays-Bas* sans bataille (1667).

Mais la *Hollande* s'effraya d'avoir le plus puissant roi d'Europe comme voisin : après l'occupation des Pays-Bas,

LA TRANCHÉE AU SIÈGE DE TOURNAI (1667)

Les assiégeants creusaient, parallèlement aux remparts de la ville assiégée, une tranchée ou fossé où leurs troupes se trouvaient abritées des projectiles lancés par les assiégés. Partant de la première tranchée, ils en creusaient d'autres vers les remparts, en zig-zag, de manière qu'elles ne pussent être enfilées par le feu de l'artillerie ennemie. Quand la dernière tranchée ou parallèle était creusée à bonne portée des remparts, on y plaçait des canons avec lesquels on faisait dans les remparts un trou ou brèche; on donnait ensuite l'assaut par la brèche. Dans la tranchée représentée ici, on voit à la fois des mousquetaires et des piquiers.

elle changea de côté et entraîna, par des promesses d'argent, deux autres alliés de Louis XIV, les rois d'*Angleterre* et de *Suède.*

Louis XIV venait de prendre la Franche-Comté à l'Espagne; il dut arrêter là ses conquêtes et traiter à *Aix-la-Chapelle.* Il rendit la Franche-Comté, mais garda les places qu'il avait prises dans les Pays-Bas espagnols (1668).

FERME FLAMANDE

D'après le tableau d'un peintre flamand. On trouve encore aujourd'hui, dans les plaines de Flandre, ces fermes aux bâtiments de briques, bas, sans étages avec des toits de chaume.

FAMILLE BOURGEOISE DE FLANDRE

D'après le tableau d'un peintre flamand qui a représenté sa propre famille. C'est un intérieur riche de ville flamande; les personnages sont vêtus en bourgeois; les femmes portent des coiffes. L'une des filles joue du clavecin, instrument qui précéda le piano. Aux murs sont suspendus des tableaux

Guerre de Hollande. — Louis XIV se mit aussitôt à préparer une guerre contre la Hollande. Louvois écrivait à cette époque : « Le véritable moyen de parvenir à la conquête des Pays-Bas espagnols est d'abaisser les Hollandais et de les *anéantir*, s'il était possible ». De son côté, Colbert espérait ruiner l'industrie et le commerce hollandais (p. 180).

Les ambassadeurs de Louis XIV isolèrent la Hollande en donnant de l'argent aux rois et aux ministres d'Angleterre et de Suède.

En 1672, l'armée de Louis XIV, forte de 120 000 hommes, tourna les Pays-Bas espagnols en passant par les États des princes allemands du Rhin, franchit le Rhin à gué en Hollande et dispersa les troupes hollandaises (1672).

Les Provinces-Unies étaient alors dirigées par le grand pensionnaire de Hollande (p. 165) appuyé sur la bourgeoisie riche ; le gouvernement hollandais n'avait qu'une petite armée : il ne put arrêter Louis XVI.

Quand le pays fut envahi, Guillaume d'Orange, descendant du premier Stathouder (p. 165), souleva les nobles et le peuple, fit arrêter les gouvernants et les fit massacrer. Puis il prit le commandement de l'armée avec le titre de *stathouder*. Ce prince, alors âgé de vingt-deux ans, passa toute sa vie à faire la guerre contre Louis XIV et fut son *adversaire le plus redoutable.*

PAYSANNE DES ENVIRONS DE LIÈGE

Les Liégeois formaient un petit état indépendant, de langue française, gouverné par un prince-évêque qui fut généralement l'allié de Louis XIV.

Cette paysanne liégeoise porte par-dessus ses vêtements une longue cape qui est encore en usage dans plusieurs provinces.

Guillaume fit rompre les digues de la côte hollandaise ; la mer couvrit les plaines basses, où sont Amsterdam, La Haye, toutes les grandes villes : l'armée de Louis XIV ne put venir les assiéger.

Guerre contre la coalition. — Pendant ce temps Guillaume préparait la première coalition contre Louis XIV. L'*Espagne* y entra ainsi que l'*empereur* et plusieurs États allemands; il ne resta du côté de Louis XIV que la flotte anglaise et l'armée suédoise. La guerre devint générale.

Une armée française reprit aux Espagnols la *Franche-Comté* (1674), qui n'était pas gardée.

AGRANDISSEMENTS DE LA FRANCE SOUS LOUIS XIV

L'armée française la plus importante commandée par Condé continua la guerre contre Guillaume en Hollande et aux Pays-Bas espagnols. Le roi était de ce côté; on y fit surtout des sièges dirigés par Vauban. On prit *Valenciennes* et les autres villes de l'*Escaut*, ce qui fit au royaume, suivant l'expression de Vauban, son « pré carré » sur la frontière du Nord.

Une autre armée commandée par Turenne alla défendre

l'Alsace que les Impériaux voulaient reprendre. La ville de Strasbourg, qui était restée indépendante, laissa passer l'armée impériale sur le pont de Kehl qui lui appartenait. Alors Turenne dut se retirer derrière les Vosges : les Impériaux se dispersèrent pour prendre leurs quartiers d'hiver en Alsace.

Pendant ce temps, Turenne se portait vers le Sud, le long des Vosges; il reparut brusquement en Alsace par la trouée de Belfort, surprit les Impériaux et les rejeta en Allemagne (1675). Il passa le Rhin derrière eux, mais il fut tué au moment où il se préparait à livrer une nouvelle bataille. On le regretta comme le meilleur général au service du roi.

Le successeur de Turenne repassa le Rhin et se contenta de défendre l'Alsace.

Sur mer, les flottes anglaise et française attaquèrent les flottes hollandaises dans la Manche et aux colonies, mais les grandes batailles navales se livrèrent sur les côtes de *Sicile*. Cette île s'était révoltée contre l'Espagne. Louis XIV envoya à son secours ses galères et sa principale flotte de l'Océan commandée par *Duquesne*. La flotte hollandaise vint livrer combat à Duquesne; elle fut battue trois fois et son amiral fut tué (1675-1676).

Mais les Suédois, alliés de Louis XIV, avaient été battus en Allemagne par l'électeur de Brandebourg.

En Angleterre, le Parlement (p. 14) était mécontent de voir Charles II soutenir un roi catholique contre des protestants et aider la France à écraser la Hollande qui était sa rivale sur mer. Le roi d'Angleterre dut rappeler sa flotte, puis donner sa nièce en mariage à Guillaume d'Orange, enfin s'allier aux Hollandais et se tourner contre Louis XIV (1677).

Traité de Nimègue. — C'était trop tard, car toutes les puissances en avaient assez de la guerre. Elles signèrent la paix à Nimègue, en Hollande (1678).

La Hollande ne perdit rien; bien plus, elle obtint de la France la suppression du tarif prohibitif de 1667 (p. 180).

La France s'agrandit aux dépens de l'Espagne : elle acquit au *Nord*, de la mer à la Meuse, la frontière actuelle, à quelques villes près. Elle garda la *Franche-Comté*.

Bien que Louis XIV n'eût pas réussi à détruire la Hollande,

il sortait victorieux de la guerre. Le traité de Nimègue marque le point culminant de sa puissance militaire.

Questionnaire.

Les premières guerres. — Quelles conquêtes Louis XIV voulut-il faire? Rappelez pourquoi il avait des prétentions sur les possessions espagnoles. Quand commença-t-il à les faire valoir? Que prit-il à l'Espagne? Qui intervint en faveur de l'Espagne?

Qui conseilla la guerre contre la Hollande? Pourquoi? Quel en fut le résultat? Quelle était l'organisation de la Hollande? Qu'était-ce que le Stathouder? Guillaume d'Orange.

La coalition de 1672. — Qu'est-ce qu'une coalition? Quels furent les coalisés contre Louis XIV? les alliés de Louis XIV? Opérations à la frontière du nord, de l'est, sur mer? Traité de Nimègue. Acquisitions de la France depuis 1648.

SUJET COMPLÉMENTAIRE

L'Artois, la Flandre, la Franche-Comté avant leur annexion à la France.

CHAPITRE XIV

LA MONARCHIE ABSOLUE. — LES LETTRES ET LES ARTS

I. — LA COUR

De 1678 à 1687, Louis XIV ne fit que de petites expéditions. C'est pendant cette paix *relative* qu'il a donné à la monarchie absolue le caractère qu'elle conserva jusqu'à la Révolution.

Versailles. — Au début du règne, le roi habitait le Louvre à Paris. Colbert, surintendant des bâtiments, fit mettre le Louvre au goût du jour : on jeta par terre la dernière partie gothique et on la remplaça par une *colonnade* à l'antique.

Mais Louis XIV n'aimait point Paris à qui il gardait rancune de la Fronde. Louvois, rival de Colbert, poussa le roi à agrandir un petit château de chasse que Louis XIII avait construit dans la forêt de VERSAILLES. Louvois dirigea les travaux de Versailles.

On fit à Versailles un palais à l'italienne, à façade plate, à grandes fenêtres, à toits en terrasses. L'intérieur se composait de grandes salles et de galeries décorées de glaces, de tapisseries, de peintures et de meubles dorés d'un style nouveau appelé style Louis XIV. L'ensemble est éclatant et majestueux, mais le logement manque de confortable.

Le parc de Versailles fut arrangé *à la française*, suivant les principes établis vers le milieu du siècle en France, avec de grandes allées larges et droites, des rangées de statues, des bassins, des jets d'eau. Versailles est sur un plateau sec. On fit des travaux coûteux pour y amener l'eau nécessaire.

En 1682, Louis XIV vint s'installer définitivement à Versailles; l'année suivante, Colbert mourut et Louvois resta seul ministre influent.

Tous les ministères furent transportés à Versailles; autour du château se construisit une *ville neuve*, peuplée de fonctionnaires, de courtisans, de domestiques et de régiments de gardes. La France eut dès lors deux centres, la *Cour* (Versailles) et la *Ville* (Paris).

La Cour. — A Versailles, Louis XIV introduisit l'*étiquette* imitée de la cour d'Espagne (p. 174). Désormais chaque acte de la vie du roi, depuis le lever au coucher fut une sorte de cérémonie religieuse; c'était un honneur d'y assister; des règlements minutieux déterminaient la place de chacun.

Par exemple le lever du roi comprenait plusieurs entrées; tout d'abord les princes du sang entraient seuls et voyaient le roi au lit; puis les ducs et pairs étaient admis et trouvaient le roi assis dans un fauteuil; enfin venaient les autres nobles admis au lever. Alors le roi changeait de chemise et s'habillait en public. C'était une grande faveur réservée aux nobles favoris que de lui présenter ses habits. Toute la vie du roi se passait ainsi en représentation, du matin au soir.

Il y avait toujours à Versailles plusieurs milliers de personnes; les unes étaient logées au château, les autres, moins favorisées, se logeaient en ville.

Louis XIV exilait de la cour ceux qu'il voulait punir. Il ne donnait rien à ceux qui ne demandaient pas à être reçus à la cour. Les gouverneurs, les évêques, tous les hauts fonctionnaires d'épée ou de robe durent passer la plus grande partie de leur temps à Versailles; quand ils restaient longtemps à leur poste, c'était signe qu'ils étaient disgraciés. Ainsi, quand Fénelon déplut, il fut renvoyé dans son archevêché.

La dévotion. — On venait à la cour pour avoir des faveurs, mais on s'y ennuyait. Ce fut bien pis encore quand le roi tomba dans la dévotion.

Louis XIV avait toujours été catholique pratiquant; mais, au début de son règne, il aimait le plaisir. Il faisait jouer des tragédies et des opéras au Louvre; il faisait composer par Molière

CONSTRUCTION DE LA COLONNADE DU LOUVRE

Colbert fit démolir la dernière partie gothique du Louvre. A sa place on éleva une colonnade de style classique avec des colonnes, des chapiteaux, des frontons imités de l'antiquité et un toit plat en terrasse, bordé d'une galerie. Cette colonnade a été longtemps considérée comme une merveille d'architecture.

des divertissements et des ballets dans lesquels il jouait un rôle.

Mais les *jésuites*, qui cherchaient à diriger partout les princes (p. 76), finirent par réussir, après un siècle d'efforts, à dominer la cour de France. A partir de 1673, le confesseur du roi fut toujours un jésuite. Ce jésuite se fit donner le droit de distribuer les bénéfices (p. 62) aux ecclésiastiques; ce fut en réalité lui qui choisit les évêques.

Les jésuites décidèrent le roi à renvoyer sa favorite, Madame de Montespan. Peu après la reine mourut. Le roi prit comme favorite la gouvernante de ses enfants, *Madame de Maintenon*, protestante convertie, entièrement dans les mains des jésuites. Les jésuites décidèrent le roi à l'épouser secrètement; elle eut jusqu'à la fin une grande influence et contribua à imposer la dévotion. On espionnait ceux qui n'allaient pas à la messe; les courtisans devinrent hypocrites pour plaire au roi et à son entourage. « Qu'est-ce qu'un dévot? dit un moraliste contemporain, La Bruyère, c'est un homme qui, sous un prince impie, serait impie. »

II. — PERSÉCUTIONS RELIGIEUSES

La déclaration gallicane (1682). — En dépit de sa dévotion, le roi de France eut plusieurs fois des difficultés avec les papes. Il ne pouvait supporter aucune autorité au-dessus de la sienne. Aussi était-il décidé à maintenir les principes gallicans (p. 64), suivant lesquels les bulles du pape ne peuvent être publiées en France que si le roi y consent. Il fit proclamer solennellement ces principes devant l'assemblée du Clergé de France par le plus éloquent des évêques, le célèbre Bossuet, précepteur du Dauphin. Ce fut la *Déclaration de 1682*.

Le pape répondit en jetant l'anathème sur Louis XIV. Le roi résista onze ans; enfin, poussé par ses confesseurs jésuites, il finit par céder et traita avec le pape.

Persécution des protestants. — Le roi pensait que tous les sujets doivent avoir la même croyance; c'est ce que l'on appelle l'*unité morale* du pays. Suivant lui cette croyance devait être celle du souverain. Aussi eut-il toujours l'intention de supprimer le protestantisme.

LE CHATEAU DE VERSAILLES

La vue est prise du côté des jardins ; au fond, le palais avec sa façade et son toit à l'italienne, qui le distinguent des châteaux du XVIe siècle. Par devant, le parterre à la française, avec des pelouses, des arbres taillés, des jets d'eau. En avant du parterre s'étendait un parc planté d'arbres qui existe encore.

Mais les protestants étaient plus nombreux, *relativement à la population*, qu'ils ne le sont aujourd'hui ; comme la plupart des fonctions leur étaient fermées, ils se faisaient commerçants, industriels, banquiers. Louis XIV se rendait compte que s'il expulsait ou exterminait les hérétiques, il ruinerait la France comme les rois persécuteurs avaient ruiné l'Espagne (p. 19, 173). Il essaya donc de convertir les protestants par tous les moyens.

Jusqu'en 1680, on leur interdit le plus de professions possible, on refusa de leur donner de l'avancement. Ainsi Duquesne, protestant, ne fut pas nommé amiral malgré ses victoires. On agissait ainsi sur la classe supérieure.

Pour ramener les protestants du peuple au catholicisme on créa, sous la direction d'un converti, une *caisse* qui payait des primes à ceux qui se faisaient catholiques.

Le nombre des conversions fut faible. *Louvois* alors proposa de loger les régiments les plus enclins au pillage, ceux des *dragons*, exclusivement chez les paysans protestants en fermant les yeux sur leurs excès. On les y laissait jusqu'à ce que les paysans se convertissent. C'est ce qu'on appela les *dragonnades*. Beaucoup de paysans se convertirent pour n'être pas ruinés (1681-85).

Révocation de l'Édit de Nantes. — Alors, Louis XIV déclara qu'*il n'y avait plus de protestants* en France, que, par suite, l'*Édit de Nantes* (p. 128) devenait inutile, et il le *révoqua* (1685).

Les pasteurs protestants reçurent l'ordre de quitter le royaume sous peine de mort, mais il était interdit, sous peine des galères, à tous les autres protestants d'aller à l'étranger. Ces ordres furent appliqués avec la plus grande rigueur.

Néanmoins un grand nombre de protestants réussirent à s'échapper. Ils allèrent dans les pays protestants qui étaient alors tous gouvernés par des ennemis de Louis XIV, surtout en Allemagne et en Hollande.

Il faut dire que la conversion par force était conforme aux idées du temps. Presque tous les catholiques approuvèrent la révocation et s'en réjouirent.

Vauban, qui était un économiste en même temps qu'un officier, fut presque seul à dénoncer les conséquences ruineuses de la Révocation. « Elle amena, dit-il, la désertion de 100,000 Français, la sortie de soixante millions, la ruine du commerce, les flottes ennemies grossies de 2,000 matelots, les meilleurs du royaume, leurs armées de 600 officiers et de 12,000 soldats plus aguerris que les leurs. » Vauban était au-dessous de la vérité. Plus de 400,000 protestants sortirent du

LA CHAMBRE A COUCHER DE LOUIS XIV (ÉTAT ACTUEL)

Ameublement de style Louis XIV, avec beaucoup de dorures : une barrière sépare le lit royal de la partie de la chambre qui reste libre. C'est dans cette chambre qu'avaient lieu les cérémonies du lever du roi, décrites à la p. 198, et du coucher du roi, qui se faisait avec une étiquette semblable à celle du lever.

royaume. C'étaient ceux des villes industrielles et des provinces riches.

Seuls en France les montagnards des Cévennes, dont le pauvre pays n'avait pas alors de routes, restèrent protestants parce qu'on ne put envoyer des troupes chez eux pour les forcer à se convertir.

Persécution des jansénistes. — Les jésuites ne trouvaient pas l'unité morale suffisamment rétablie.

Depuis l'époque de Richelieu ils luttaient contre les *jansénistes*, catholiques disciples d'un évêque des Pays-Bas nommé Jansénius. Les jansénistes n'interprétaient pas le dogme de la même façon que les jésuites; ils reprochaient aux jésuites leur indulgence, leurs cérémonies pompeuses (p. 76). Enfin ils défendaient le gallicanisme tandis que les jésuites prêchaient la soumission au pape.

Les rois de France ou les ministres firent arrêter de temps à autre les jansénistes les plus ardents, parce qu'ils troublaient l'ordre; Richelieu disait de l'un d'eux : « Il est plus dangereux que six armées ». Mais tout d'abord le gouvernement ne poussa pas à fond la persécution contre les jansénistes.

Les jansénistes purent fonder à Port-Royal, près de Versailles, un couvent de femmes et une maison d'éducation : ils formèrent des élèves qui devinrent célèbres, comme Racine et Boileau.

Vers la fin du règne de Louis XIV, les jésuites, maîtres de la cour, finirent par obtenir contre les jansénistes des mesures rigoureuses. En 1709, ils firent enlever les religieuses de Port-Royal qui furent dispersées dans d'autres couvents; ils firent démolir pierre par pierre Port-Royal; on retourna même la terre du cimetière et on brisa les tombes.

En 1713 le pape condamna formellement les doctrines jansénistes par la bulle *Unigenitus*.

III. — LA MONARCHIE DE DROIT DIVIN

L'absolutisme. — Louis XIV et ses ministres ont voulu établir partout l'unité sous la direction du roi. A la tête des provinces ils ont maintenu les *intendants* (p. 140). Il n'y eut plus de provinces, mais 32 circonscriptions d'intendants appelées *généralités*, du nom d'une ancienne division financière. L'intendant, que le roi pouvait révoquer, était chargé surtout de faire lever les impôts et de diriger la police. Ce furent les intendants qui inventèrent les dragonnades et menèrent la persécution contre les protestants.

Les derniers *États provinciaux* (carte de la p. 291) furent réduits à rien par les intendants. Colbert et les autres ministres donnaient aux intendants l'ordre d'obliger les députés, soit par la menace, soit par la corruption, à voter le chiffre d'impôts fixé par le gouvernement. Ils n'admettaient aucune pétition ni aucune représentation de la part des administrés. « Il est bon, disait Colbert, que chacun parle pour soi, et personne pour tous. » Louis XIV, dans ses conseils à son petit-fils, dit : « L'assujettissement qui met le souverain dans la nécessité de prendre la loi de ses peuples est la dernière calamité où puisse tomber un homme de notre rang. »

On a déjà vu comment les Parlements furent réduits au rôle de tribunaux (p. 150).

Le droit divin. — Les rois de France avaient toujours prétendu être absolus. Sous Louis XIV, on prétendit justifier l'absolutisme

MEUBLE DE BOULLE (STYLE LOUIS XIV)
(Musée du Louvre).

L'ébéniste André-Charles Boulle (1642-1732), qui travailla pour Louis XIV et Louis XV, se rendit célèbre par la beauté et la perfection de ses meubles incrustés de métal, de bois rares, d'ivoire et d'autres matières précieuses.

par des raisons religieuses. Bossuet, évêque de cour, choisi pour élever le fils de Louis XIV, déclara que l'absolutisme était de droit divin et il le démontra par des citations tirées de la Bible. « Dieu, dit-il, est le vrai roi, mais il établit les

rois comme ses ministres et règne par eux sur les peuples. »
Le roi doit employer pour le bien public la puissance
qu'il tient de Dieu, mais seul Dieu a le droit de lui réclamer
des comptes. Pour tous les hommes, le roi est sacré. Les
sujets ne peuvent discuter ses actes. Ils n'ont pas le droit
de se demander s'il est juste ou injuste, ce serait un péché.
« Ce n'est pas que le roi juge toujours suivant la justice, mais
il est réputé y juger. Il faut donc obéir aux princes comme à
la justice même. Celui qui ne veut pas obéir au prince n'est
pas renvoyé à un autre tribunal, mais il est condamné irrémis-
siblement à mort comme l'ennemi du repos public et de la
société humaine. » Le roi n'est responsable de ses actes que
devant Dieu : une seule barrière s'oppose à la volonté du roi,
c'est la loi divine.

Louis XIV a reproduit ces doctrines dans les instructions
qu'il fit rédiger pour son successeur. On y lit cette phrase.
« La volonté de *Dieu* est que quiconque est né *sujet* obéisse
sans discernement. » Louis XIV ajoute : « Tout ce qui se
trouve dans l'étendue de nos États nous appartient au même
titre » y compris « les deniers que nous laissons dans le commerce de nos peuples ». Le roi peut donc faire toutes les
ordonnances qui lui paraissent utiles au gouvernement, même
sur la fortune et les biens des particuliers; il peut lever des
impôts nouveaux, les augmenter, confisquer des propriétés sans
en rendre compte à personne si ce n'est à Dieu, après sa mort.

IV. — ÉCLAT LITTÉRAIRE ET ARTISTIQUE DU SIÈCLE

Caractères de la littérature. — La littérature française,
qui était en progrès depuis le XVIe siècle, devint extraordinaire-
ment brillante au XVIIe siècle.

Au début du siècle plusieurs écrivains continuèrent à traiter
des sujets de philosophie, de morale, de politique comme à
l'époque de la Renaissance et de la Réforme. Mais quand
Richelieu eut rétabli le pouvoir absolu, on appliqua rigoureu-
sement la loi qui interdisait d'imprimer aucun livre, aucun
papier, si court qu'il fût, sans avoir préalablement l'autorisation

du roi. C'était la *censure préalable*. Même quand un livre avait été imprimé avec autorisation, le roi pouvait toujours le faire saisir et poursuivre son auteur. Il n'y eut plus en France aucune liberté de presse, ni d'opinion. Les indépendants durent aller faire imprimer leurs œuvres dans la République de Hollande, beaucoup s'y établirent par prudence.

En France, les gens instruits qui aimaient la discussion durent se borner aux querelles théologiques. On discuta sur la grâce (p. 73, 76) pendant tout le xviie siècle et une partie du xviiie siècle ; on fut pour les jésuites ou les jansénistes. Encore ces discussions exposaient-elles ceux qui ne partageaient pas l'avis du roi ou des ministres à être emprisonnés.

Les discussions littéraires ou grammaticales sur la langue, les genres littéraires étaient moins suspectes. Le xviie siècle en eut beaucoup. La plupart des gens instruits s'occupèrent surtout de questions de style, de poésie, de théâtre.

La littérature classique. — Vers la fin du règne de Henri IV, plusieurs écrivains commencèrent à dire que la langue française n'était pas assez ordonnée ; ils voulurent en supprimer les expres-

MILON DE CROTONE. GROUPE EN MARBRE PAR PIERRE PUGET (MUSÉE DU LOUVRE)

Le sculpteur a pris pour sujet la fin de Milon de Crotone, athlète ou lutteur de la Grèce antique. Les Grecs racontaient que Milon, traversant une forêt, avait aperçu un arbre que des bûcherons avaient abandonné après avoir essayé sans succès de le fendre ; qu'il avait essayé de le briser, mais que l'une de ses mains s'était prise dans le bois, qu'il n'avait pu se dégager et qu'il avait été dévoré par les bêtes féroces.

sions provinciales, les mots trop scientifiques, les termes populaires ; ils trouvaient aussi que les écrivains du xvie siècle avaient une gaieté trop grosse, et aimaient trop ce qu'on a appelé depuis le genre gaulois.

Ces nouveaux écrivains, dont les principaux furent, en poésie MALHERBE (1555-1628), en prose BALZAC (1594-1654), fondèrent le genre noble ou *classique*.

Eux et leurs amis se réunissaient dans une maison riche appartenant à la marquise de Rambouillet et où les dames dirigeaient la conversation. C'était la première fois qu'on voyait en France des réunions de ce genre en *dehors de la cour*. Elles montrent que l'instruction faisait sans cesse des progrès dans les classes riches depuis la Renaissance.

L'Académie française. — Plusieurs écrivains organisèrent une réunion d'hommes où l'on cherchait les moyens d'épurer la langue française. Richelieu l'apprit et, comme il voulait mettre tout sous la direction du roi, il transforma cette réunion privée en une institution royale. Le nouveau corps ainsi fondé fut appelé l'*Académie française* (1636). Ce nom d'Académie avait désigné, dans l'antiquité, un endroit où se réunissaient des philosophes.

L'Académie française devait continuer, sous la direction du ministre, à faire ce que ses premiers auteurs avaient projeté, une *grammaire* et un *dictionnaire* de la langue française. La première édition du dictionnaire ne fut imprimée qu'en 1694.

Richelieu voulut aussi pensionner les auteurs. A cette époque les gens riches commençaient à peine à s'instruire ; les livres se vendaient peu et leurs auteurs ne pouvaient compter sur leur vente pour vivre. Ils devaient accepter les dons ou pensions que leur faisaient des gens nobles ou riches désireux de passer pour protecteurs des lettres : en échange ils louaient leurs protecteurs dans leurs ouvrages.

Depuis le xvie siècle, les rois avaient cherché à pensionner seuls les meilleurs écrivains pour être seuls loués par eux, mais l'argent leur avait toujours manqué. Ce fut aussi le cas de Richelieu : la guerre l'empêcha de payer les pensions. A la paix, Colbert les rétablit, mais elles ne durèrent pas.

Pour vivre, les écrivains durent solliciter une place du roi ;

ainsi Molière fut son tapissier, Racine et Boileau ses historiens; d'autres, comme La Fontaine et La Bruyère, restèrent au service de personnages puissants.

Comme tous les gens influents durent vivre à la Cour, les écrivains prirent l'habitude d'habiter près d'eux, à Versailles ou à Paris; alors se fit la *centralisation* artistique, conséquence de la centralisation politique.

Les grands écrivains. — Le philosophe et savant DESCARTES

LES BERGERS D'ARCADIE. — TABLEAU DE NICOLAS POUSSIN (MUSÉE DU LOUVRE)

Le peintre a emprunté ce sujet à l'antiquité. L'Arcadie était une région de la Grèce ancienne dont les habitants étaient des bergers. Poussin a représenté plusieurs de ces bergers essayant de lire l'inscription gravée sur un monument.

(p. 59) publia ses ouvrages au commencement du xviie siècle; vers le milieu du siècle, PASCAL, lui aussi savant et écrivain, et de plus partisan des jansénistes (p. 68), publia les *Lettres provinciales*, où il attaque la morale des jésuites, et prépara, pour défendre la religion catholique, un livre qu'il ne put achever et dont les fragments ont été publiés après sa mort sous le titre de *Pensées*.

Le moment le plus brillant de la littérature se place au milieu du siècle, dans la jeunesse de Louis XIV. CORNEILLE, qui avait créé la *tragédie* et la *comédie* classiques sous Louis XIII, continua à écrire sous Louis XIV ; après lui débutèrent Molière, le plus grand auteur comique de France, l'un des classiques qui ont le moins vieilli, et Racine, auteur de tragédies qui firent oublier celles de Corneille et qui servirent de modèles pendant un siècle et demi. Avec eux parut La Fontaine, l'auteur des fables, et Boileau, qui défendit le style noble et le genre classique contre ceux qui continuaient d'écrire à la manière libre du XVI⁰ siècle.

En dehors d'eux, les principaux écrivains à la mode furent des prédicateurs catholiques.

Jusque sous Louis XIV, on avait considéré que les littératures grecque et latine étaient supérieures à la française ; mais quand celle-ci eut été illustrée par tant d'écrivains, on commença à penser et à écrire que les *modernes* valaient au moins les anciens.

Les arts. — Sous Louis XIV, on continuait à regarder l'art italien de la Renaissance comme le premier du monde. Les artistes allaient tous étudier à Rome. Colbert fonda l'*Académie* (ou École) de *France à Rome* où le roi envoyait, à ses frais, de jeunes peintres, sculpteurs et architectes classés les premiers à la suite d'un concours : cette école existe toujours.

Mazarin et Colbert organisèrent à Paris, sur le modèle de l'Académie française, une *Académie des Beaux-Arts* qui existe toujours. Elle devait s'adjoindre par élection les meilleurs artistes ; et c'est parmi eux que le roi devait choisir ses peintres, sculpteurs et architectes. Elle fut présidée par Lebrun, peintre médiocre qui traitait des sujets mythologiques comme les Italiens : ce *genre noble* plut au roi et à ses ministres, aussi employèrent-ils de préférence Lebrun et ses élèves.

A cette époque les meilleurs peintres français furent deux *isolés* qui vécurent surtout à Rome et peignirent des paysages, Nicolas Poussin et Claude Gelée, que l'on appelle ordinairement Lorrain, parce qu'il était né dans le duché de Lorraine. Le roi ne leur fit pas de commandes.

En réalité, les grandes écoles de peintres étaient alors non plus en Italie, mais en Flandre et en Hollande (p. 49). Mais Louis XIV ne pouvait souffrir les peintres de ces pays, parce qu'ils représentaient les paysages qu'ils avaient sous les yeux, des scènes de la vie campagnarde ou de la vie bourgeoise, en un mot des sujets peu nobles. Un jour qu'on avait exposé plusieurs de leurs tableaux dans son palais, Louis XIV les fit enlever en disant : « Qu'on m'ôte de là tous ces magots! »

Le plus grand sculpteur français fut Pierre PUGET, de Toulon, qui avait commencé par tailler des figures de bois pour orner les navires de guerre. Ses sculptures sont vigoureuses, animées, parfois tourmentées comme celles de Michel-Ange.

On a déjà parlé de l'architecture, de l'art des jardins et de l'ameublement (p. 197)

Les sciences. — Dans ce siècle de monarchie absolue et de persécution religieuse, les sciences naturelles et physiques ne firent pas les progrès qu'on aurait pu attendre après la Renaissance.

Les savants du XVIe siècle furent surtout des mathématiciens et des astronomes. Les plus célèbres sont un Hollandais, HUYGENS, et un Anglais, NEWTON, qui perfectionna le télescope et formula la loi de la gravitation universelle.

En France, Colbert créa une *Académie des sciences*, fonda l'*Observatoire* de Paris, donna des pensions et des missions aux savants.

On mesura l'arc de méridien en France, on publia la *première carte exacte* de la France. Ce siècle a été surtout un siècle « de calculs et de mesures ».

Influence des mœurs et de la littérature française. — En somme la France devint, dans la seconde moitié du XVIIe siècle, la première nation littéraire du monde; à la même époque son roi fut le plus puissant de tous au point de vue militaire. Les courtisans ont appelé ce siècle le siècle de Louis XIV, bien que le temps de Louis XIII et de Richelieu eut été déjà une époque de grands écrivains et de grandes guerres. Louis XIV se donna comme emblème le soleil qui éclaire le monde. On l'appela le *Roi-Soleil*.

Les souverains étrangers se firent une cour comme la sienne, avec les cérémonies, l'étiquette, le costume de Versailles; ils se construisirent des résidences nouvelles, imitées de Versailles.

avec des parcs à la française ; ils adoptèrent aussi la doctrine du droit divin.

On vint en France, ou plutôt à Versailles et Paris, apprendre les bonnes manières. Les gens instruits de toute l'Europe voulurent lire les auteurs français. Le français devint aussi la langue des diplomates.

Mais les souverains et les gens éclairés de l'étranger, tout en admirant la civilisation française et en apprenant le français, n'aimaient pas Louis XIV parce qu'il prétendait dominer par la force l'Europe entière.

Questionnaire.

I. La cour. — Qu'est-ce que le Louvre? Pourquoi le roi se fixa-t-il à Versailles? Que savez-vous sur le château de Versailles? Qu'est-ce que la Cour? l'étiquette? Exemple d'étiquette.

II. La religion. — La dévotion à la cour. Madame de Maintenon. Qu'est-ce que le gallicanisme? Sens de la Déclaration de 1682. Rapports de Louis XIV et du pape. Situation des protestants en France avant 1685. Qu'est-ce que les dragonnades? Rappelez ce qu'était l'Edit de Nantes. Qu'étaient les jansénistes? Port-Royal. Persécution contre les jansénites.

III. L'absolutisme. — Que signifie le mot absolutisme? Qu'était-ce que les intendants? les états provinciaux? les Parlements? Qu'est-ce que le droit divin des rois? Qui en fit la théorie? Conséquences tirées de ce droit.

IV. Littérature, arts, sciences. — Qu'est-ce que la censure? la censure préalable? Quels sujets traitèrent les écrivains du xviie siècle? Qu'appelle-t-on littérature, art classiques? Qu'était l'hôtel de Rambouillet? l'Académie française? Sens du mot Académie. Fonda-t-on d'autres académies? Existent-elles encore? Comment vivaient les écrivains?

Qu'est-ce que l'École de France à Rome? Pourquoi fut-elle créée? Existe-t-elle encore? Principaux artistes de cette époque. Où étaient alors les grandes écoles de peinture? Quels genres de sciences firent le plus de progrès au xviie siècle? Influence de la civilisation française. De la littérature française.

SUJETS COMPLÉMENTAIRES

Notions sur les grands écrivains du XVIIe siècle.
La vie des littérateurs et artistes au XVIIe siècle et à notre époque.
Étude locale de monuments, œuvres d'art, meubles du XVIIe siècle.
Notions pour la visite des édifices et collections.

CHAPITRE XV

FIN DU RÈGNE DE LOUIS XIV (1688-1715)

Les réunions. — Louis XIV avait fait la guerre pour
agrandir son royaume : il trouvait que la paix de Nimègue ne
lui avait pas donné assez de territoires.

Louvois, qui était devenu tout puissant, imagina de « réunir »
toutes les villes qui avaient, à un moment donné, dépendu des
territoires annexés à la France depuis 1648. Il en prit ainsi 20
aux Espagnols et aux Allemands sur les frontières du Nord et
de l'Est, une en Italie au duc de Savoie.

La réunion la plus importante (1683) fut celle de Strasbourg,
ville libre impériale, qui était restée indépendante après l'annexion de l'Alsace.

En même temps Louvois donnait des ordres aux ambassadeurs bien qu'il fut ministre de la Guerre; il fit renvoyer le
ministre des Affaires étrangères qui se plaignait de cette usurpation sur ses fonctions. Il continuait à faire acheter les
ministres et les souverains étrangers; il employait aussi la
violence, qui était dans son caractère. Il fit attaquer des courriers pour s'emparer de leurs dépêches, il essaya de faire
assassiner des diplomates étrangers, il fit enlever et enfermer
un ministre du duc de Savoie qui fut appelé, à cause d'un
masque qu'on lui fit porter pour cacher ses traits, l'*homme au
masque de fer*. Il fit arrêter à Paris deux ambassadeurs envoyés
pour protester contre les réunions.

L'empereur d'Allemagne était alors occupé à se défendre contre les *Turcs*, que Louis XIV avait lancés contre lui en payant les ministres du sultan. Les Turcs faillirent prendre Vienne, mais la ville fut sauvée par les Polonais (1683).

Les Espagnols seuls essayèrent de résister. Louvois écrivit : « Les verges sont prêtes pour leur supplice ». Il envoya contre eux une armée qui leur prit une nouvelle ville, *Luxembourg*. Les Espagnols durent traiter en laissant à Louis XIV tout ce qu'il leur avait enlevé.

Louis XIV et Louvois, persuadés que nul ne pouvait leur tenir tête, revendiquèrent au nom d'une princesse française la succession de l'électeur Palatin (p. 152) et firent occuper le Palatinat (1688).

La Révolution d'Angleterre (1688). — Pendant que l'armée française était occupée en Allemagne, le plus grand ennemi de Louis XIV, Guillaume d'Orange, stathouder de Hollande, renversa le roi d'Angleterre, Jacques II, allié de Louis XIV.

Les protestants anglais n'aimaient pas ce roi parce qu'il était *catholique* et qu'on le soupçonnait de s'entendre avec Louis XIV pour rétablir le catholicisme en Angleterre. Ils se résignèrent pourtant à lui obéir pendant trois ans parce que Jacques était âgé et qu'il avait pour unique héritière sa fille, mariée à un protestant, Guillaume d'Orange. Mais Jacques II eut un fils.

Alors les principaux des protestants anglais firent appel à Guillaume, qui débarqua avec une armée, chassa sans combat Jacques II abandonné de tous, et se fit proclamer roi d'Angleterre sous le nom de Guillaume III (1688).

La coalition d'Augsbourg. — Cette révolution changea toute la politique extérieure. *L'Angleterre devint l'ennemie de la France.* Guillaume s'entendit avec les Espagnols, et avec les princes allemands qui avaient formé déjà *à Augsbourg* une *ligue* dirigée contre Louis XIV. La guerre éclata et devint bientôt générale (1689).

C'était la seconde coalition contre Louis XIV : mais c'était la première fois que le roi de France se trouvait *sans alliés* « seul contre tous », suivant son orgueilleuse devise. Il accepta la guerre partout. Il la compliqua en promettant de rétablir Jacques II sur le trône d'Angleterre.

Pour aider Jacques II, Louis XIV dut rappeler son armée d'Allemagne. Mais comment empêcher une invasion de ce côté? Louvois eut l'idée de faire *détruire* toutes les maisons et *brûler* toutes les récoltes du *Palatinat* afin de séparer l'Alsace de l'Allemagne par un désert où les armées ennemies ne pourraient vivre. L'ordre fut exécuté, les villes même détruites et la population palatine amenée de force en Alsace. Ce fut le dernier acte de Louvois, qui mourut en 1691.

Guerre sur mer. — Louis XIV donna à Jacques II des troupes qui débarquèrent en Irlande, pays catholique qu'on espérait soulever contre l'Angleterre. Sur mer, les flottes françaises repoussèrent deux fois celles de l'Angleterre. Mais Jacques II se fit battre en Irlande et revint en France.

TAILLEUR VERS 1700

Le client, debout, porte la perruque artificielle, la cravate en dentelles dont l'usage s'introduisit sous Louis XIV, l'habit très ample avec manches à revers qui fut adopté vers la fin du XVIIe siècle. Sous l'habit on portait la veste, gilet à manches qui remplace le pourpoint. Les basques de l'habit cachent la culotte (c'est ainsi qu'on appelle l'ancien haut-de-chausses), les chausses sont remplacées par des bas de soie ou de laine analogues aux nôtres. A côté du client, son chapeau à trois cornes orné de plumes et son épée; ces objets indiquent un noble.

Louis XIV s'obstina à vouloir le rétablir sur le trône. Il réunit à Cherbourg une armée plus forte, concentra dans la Manche tous ses navires de l'Océan et de la Méditerranée sous les ordres de TOURVILLE, et lui ordonna d'attaquer la flotte anglo-hollandaise bien qu'elle fût supérieure en nombre. Tourville engagea la bataille, mais il fut obligé de se mettre en retraite dans la direction de Brest. Il n'y avait pas alors de port militaire à Cherbourg et une dizaine des vaisseaux français ne se trouvaient pas en état d'atteindre Brest. Ils allèrent s'échouer à la *Hougue*, près de Cherbourg, et y furent pris ou détruits (1692).

Les Français durent renoncer à débarquer en Angleterre. Tourville remporta quelques succès dans les années suivantes : mais le roi de France n'avait plus d'argent pour faire réparer ou remplacer ses navires après les batailles. Il *renonça* à avoir une *marine* assez forte pour lutter contre les Anglo-Hollandais.

A la fin de la guerre, les expéditions maritimes furent faites par des *corsaires* au service d'armateurs particuliers qui cherchaient à prendre des navires de commerce pour s'enrichir. Les plus célèbres sont JEAN-BART, de Dunkerque, et DUGUAY-TROUIN, de Saint-Malo ; ils se comportèrent si bravement que le roi les nomma officiers de marine.

Guerre sur terre. — Les grandes batailles furent livrées aux Pays-Bas où le roi Guillaume commandait les coalisés, le maréchal de LUXEMBOURG, les Français. Luxembourg battit trois fois Guillaume, ce qui permit à Louis XIV de prendre Namur : ce fut le dernier des nombreux sièges auxquels le roi assista. Mais Luxembourg mourut et son successeur laissa reprendre Namur.

En Italie, le maréchal de CATINAT prit les états du duc de Savoie.

En Espagne, le duc de VENDÔME prit Barcelone.

Mais Louis XIV n'avait pas réussi sur les deux terrains importants, Angleterre et Pays-Bas, et il n'avait plus les moyens de continuer la guerre. Pour la première fois ce fut lui qui *demanda* la paix.

Traité de Ryswick. — La paix fut signée au château de *Ryswick*, en Hollande (1697).

Louis XIV rendit toutes les conquêtes faites pendant la guerre et en outre toutes les villes réunies depuis 1680, sauf la principale, Strasbourg, qu'il conserva.

Il dut laisser l'Espagne, incapable de se défendre, donner

aux Hollandais le droit de mettre des garnisons dans les places des Pays-Bas pour empêcher la France de les prendre : c'est ce qu'on appela la *Barrière*.

Enfin, il reconnut Guillaume III comme roi d'Angleterre.

Louis XIV commençait à se voir obligé de faire des concessions ; mais les coalisés avaient reconnu que, même isolé, Louis XIV ne pouvait être écrasé.

La succession d'Espagne. — Les deux grands adversaires, Louis XIV et Guillaume III, semblèrent un moment décidés à ne pas recommencer la guerre qui leur avait coûté si cher. Ils essayèrent de s'entendre pour le partage de la succession d'Espagne.

Il s'agissait de savoir à qui appartiendraient les possessions du dernier descendant de Charles-Quint, Charles II, qui était mourant et n'avait pas d'enfants.

L'Espagne était mal administrée, mais ses possessions pouvaient redevenir florissantes sous un gouvernement éclairé ; elles comprenaient les Pays-Bas, le Milanais et le royaume de Naples en Italie, les 2/3 de l'Amérique avec les plus riches mines d'argent du monde.

Pour une succession si belle, les prétendants ne manquaient pas. Les deux principaux furent : 1° Louis XIV, qui avait épousé une sœur de Charles II, roi d'Espagne, et qui depuis cette époque songeait à s'assurer la succession d'Espagne (p. 162) ; 2° l'empereur d'Allemagne, Léopold, qui avait épousé une autre sœur de Charles. Chacun d'eux réclamait l'Espagne pour son fils.

Guillaume III, qui venait de vaincre Louis XIV *sur mer*, ne voulait pas lui laisser prendre les colonies et le titre de roi d'Espagne ; mais, pour éviter la guerre, il signa un traité par lequel il lui laissait prendre une province en Espagne et une autre en Italie, à condition que le fils de l'empereur Léopold devînt roi d'Espagne (1700).

Testament du roi d'Espagne. — Le roi d'Espagne, mécontent qu'on partageât ses États sans le consulter, imagina de brouiller ses héritiers en léguant par testament tous ses États au *petit-fils de Louis XIV*, à condition qu'il devînt roi d'Espagne seulement et *renonçât* à la couronne de France.

Charles II mourut à la fin de 1700. Son testament fut ouvert et on en fit connaître les dispositions à Louis XIV.

En voyant presque réalisées les ambitions de tout son règne, Louis XIV fut ébloui : il abandonna la politique d'arrangements qu'il avait acceptée à regret et ne tint aucun compte des traités qu'il avait conclus. Il accepta la succession d'Espagne, envoya sans tarder son petit-fils se faire couronner à Madrid sous le nom de *Philippe V*; enfin, il déclara que Philippe V *gardait ses droits* à la couronne de France. Un courtisan dit alors : « Il n'y a plus de Pyrénées ». L'empereur d'Allemagne se prépara à la guerre.

Succès de Louis XIV (1701-1704). — Louis XIV s'empara des Pays-Bas espagnols et chassa les garnisons hollandaises de la Barrière. La guerre commença ainsi avec la Hollande.

Guillaume III prépara une nouvelle coalition. Louis XIV, poussé par Mme de Maintenon et les jésuites, reconnut comme roi d'Angleterre le fils de Jacques II, réfugié en France. C'était déclarer la guerre à l'Angleterre.

Tout sembla d'abord favoriser Louis XIV. Guillaume II mourut sans enfants (1702) : la Hollande redevint un état à part; l'Angleterre eut pour reine Anne Stuart, protestante, mais fille de Jacques II et sœur du prétendant que soutenait Louis XIV. La Hollande et l'Angleterre commencèrent pourtant la guerre, mais aux Pays-Bas seulement, et sans être parfaitement d'accord.

Au début, la France et l'Espagne *alliées* n'eurent guère à lutter que contre l'empereur, frustré de la succession d'Espagne. Pour le réduire, les généraux français conçurent un plan de *marche sur Vienne*, beaucoup plus hardi que les plans des précédentes guerres où l'on faisait surtout des sièges. Une armée, sous le duc de Vendôme, devait s'adjoindre les contingents des princes d'*Italie* alliés de Louis XIV et ceux du Milanais espagnol, passer les Alpes et entrer en Autriche. Une autre, sous un nouveau chef, le maréchal de VILLARS, devait passer d'Alsace dans la Bavière dont l'électeur était l'allié de Louis XIV, descendre le Danube et rejoindre l'autre armée devant Vienne. Les deux armées françaises furent victorieuses pendant trois ans, mais elles n'arrivèrent pas à Vienne.

Victoires des coalisés. — En 1704, les deux grands généraux ennemis s'entendirent à leur tour pour une action combinée. C'étaient, pour l'empereur, le *prince* EUGÈNE, et, du côté anglo-hollandais, le duc de MARLBOROUGH, dont la femme était la favorite de la reine Anne. Malgré leurs souverains qui trouvaient les grandes opérations trop coûteuses, ces deux généraux concentrèrent leurs armées en Bavière et écrasèrent la principale armée française, celle du Danube (1704). Puis Marlborough alla reprendre les Pays-Bas, Eugène, l'Italie (1706).

En France, les *camisards*, protestants français des Cévennes, s'étaient soulevés : il fallut envoyer contre eux une armée avec Villars qui traita avec leur chef et obtint sa soumission.

Dans la péninsule ibérique, les Anglais achetèrent le roi de *Portugal*, jusque-là allié de Louis XIV. Alors le prétendant

MARCHAND DE RUBANS

La cliente porte la coiffure de la deuxième partie du règne de Louis XIV : haut chignon surmonté d'une fontanges en dentelles et rubans ; elle se sert d'un manchon de fourrures.

autrichien, fils de l'empereur, débarqua à Lisbonne, se fit couronner roi d'Espagne sous le nom de Charles III, et commença la guerre avec une armée anglo-autrichienne contre l'armée franco-espagnole de Philippe V. Philippe V fut chassé de Madrid (1706).

A la même époque, les Français renonçaient à soutenir la lutte *sur mer*. Le ministre français de la Marine vendit les derniers vaisseaux de guerre aux corsaires qui continuèrent seuls la guerre maritime.

L'année 1707. — La coalition était plus forte que les franco-espagnols. Mais les progrès de ses armées furent arrêtés par l'entrée en Allemagne des Suédois. Charles XII, roi de *Suède* (p. 232), fit la guerre au roi de Pologne, le battit, le poursuivit dans la Saxe qui lui appartenait et fit hiverner son armée en Allemagne (1707). A ce moment Louis XIV essaya de renouveler l'ancienne alliance avec la Suède pour lancer Charles XII contre l'empereur. Mais le roi de Suède quitta l'Allemagne pour aller faire la guerre en Russie.

Nouvelles défaites françaises (1706-1709). — Louis XIV dut envoyer en Espagne, au secours de Philippe V, l'armée de Vendôme, qui reprit le terrain perdu en Espagne.

Mais il ne restait plus à Louis XIV qu'une armée importante, celle des Pays-Bas. Marlborough et Eugène se *réunirent* contre elle et la battirent toutes les fois qu'ils la rencontrèrent (1706-1709).

En vain le roi appela à la tête de l'armée des Pays-Bas ses meilleurs chefs, Vendôme, puis Villars. Ils furent défaits l'un après l'autre. L'armée des coalisés prit *Lille* et se mit à assiéger les places fortes du Nord l'une après l'autre; ces sièges la retardèrent, mais Louis XIV savait qu'elle marcherait sur Paris quand elle les aurait terminés, et il n'avait plus ni soldats ni argent. Ce fut le moment le plus pénible de son règne.

Premières tentatives de paix. — Louis XIV fit solliciter la paix en offrant de *renoncer à la succession d'Espagne* (1709). Mais les Hollandais, qui voulaient se venger de la guerre de 1672, réclamèrent que Louis XIV s'engageât à chasser par les armes Philippe V d'Espagne. Les envoyés de Louis XIV se retirèrent alors en disant : « On voit bien, messieurs, que vous n'avez pas l'habitude de vaincre. » Quand on annonça à Louis XIV les conditions des Hollandais, il s'écria : « S'il faut continuer la guerre, j'aime mieux la faire à mes ennemis qu'à mes enfants! »

La guerre recommença. En Espagne, Vendôme fut victorieux et ramena Philippe V à *Madrid*.

Mais aux Pays-Bas les défaites et les pertes de villes se

succédèrent. En 1711, les coalisés assiégeaient les places fortes les plus rapprochées de Paris ; ils étaient aux sources de la Sambre et de la Somme.

Traités d'Utrecht. — Louis XIV fut sauvé parce qu'Anne, reine d'Angleterre, changea brusquement de politique. Elle disgracia Marlborough, lui enleva le commandement de l'armée, s'entoura de partisans de la paix et fit offrir à Louis XIV de traiter (1711). « C'était, dit le ministre des Affaires étrangères, demander à un moribond s'il voulait la santé. » Des conférences s'engagèrent immédiatement à Utrecht en Hollande.

Le prince Eugène, isolé, fut battu par Villars à *Denain*, près de Douai (1712), et les places du Nord furent reprises par les Français.

La paix fut faite avec l'Angleterre et la Hollande à Utrecht (1713), puis avec l'Empereur et les princes allemands dans deux villes allemandes (1714). Louis XIV mourut au moment où l'on réglait les derniers détails des arrangements (1715).

La succession d'Espagne fut partagée par les traités d'Utrecht.

Philippe V, petit-fils de Louis XIV, eut l'Espagne et les colonies espagnoles, mais il dut abandonner tous ses droits à la couronne de France.

Le fils de l'empereur Léopold, Charles, souverain de l'Autriche et empereur d'Allemagne, eut les *Pays-Bas* et toutes les possessions *espagnoles d'Italie*, sauf la Sicile, qu'on donna au duc de Savoie.

L'Angleterre garda *Gibraltar* et *Minorque*, qu'elle avait pris

PAYSAN AU DÉBUT
DU XVIIIe SIÈCLE

Ce paysan porte un vieux chapeau à cornes déformé, une chemise, une veste, une culotte, des guêtres et des sabots fourrés de paille. Il tient divers instruments agricoles parmi lesquels un fléau à battre le blé appuyé sur son épaule. Ce costume et l'habitude de porter des cheveux longs se sont conservés longtemps dans les campagnes de plusieurs provinces françaises.

à l'Espagne, *Terre-Neuve* et l'*Acadie*, qu'elle avait pris à la France.

Augmentation des impôts. — Depuis 1680, les revenus du royaume de France ne pouvaient plus suffire à la guerre contre la coalition. On doubla la *taille*, mais les paysans épuisés ne pouvaient la payer. On augmenta les impôts sur les boissons et les aliments.

On dut enfin avoir recours à des *impôts* nouveaux *payables par tous*, y compris les privilégiés.

Pendant la guerre d'Augsbourg, le roi demanda à *tous* ses sujets un impôt de guerre, la *capitation* (contribution personnelle). Elle fut abolie à la paix, puis rétablie pendant la guerre d'Espagne. Elle ne suffit pas.

Le roi demanda alors à *tous* ses sujets sans exception un *dixième* de leur revenu. Mais le clergé, les nobles d'épée et de robe, enfin les villes se rachetèrent une fois pour toutes, moyennant des sommes assez modiques; et tout le poids de ces impôts retomba sur les paysans. La réforme était manquée.

Le déficit. — Comme les revenus ne suffisaient toujours pas, le roi recourut à tous les procédés.

Il fit fondre sa vaisselle d'argent, il altéra les monnaies.

Il créa de nouveaux *offices* (p. 112) et en vendit pour un demi-milliard.

Enfin il fit des *emprunts* si nombreux et en paya si mal les intérêts qu'il finit par être obligé d'emprunter à 400 p. 100.

Pour avoir de l'argent immédiatement, il abandonnait aux *traitants* (p. 146), comme intérêts et comme remboursement, le produit des impôts à venir; 137 millions de recettes futures étaient ainsi engagés en 1715. Les traitants s'enrichirent, comme sous la Fronde, alors que chacun s'appauvrissait. Le roi reçut plusieurs d'entre eux à la Cour pour les décider à prêter de l'argent, ce qui irrita les nobles. Il interdit la représentation d'une pièce de théâtre dirigée contre eux.

En 1715, la dette dépassait 2 milliards (12 d'aujourd'hui) pour 166 millions de recettes nettes par an, et le budget était en déficit de 78 millions par an. Le roi semblait condamné à faire banqueroute.

DISTRIBUTION DE PAIN AU LOUVRE EN 1693

Sous l'Ancien Régime, les famines étaient fréquentes, surtout pendant l'hiver, parce qu'on n'avait pas les moyens de communication que nous possédons aujourd'hui. Le roi et les riches faisaient, en temps de disette, distribuer du pain. La gravure représente la foule des Parisiens qui se présente au guichet pour recevoir le pain du roi. Des soldats armés de hallebardes et de bâtons maintiennent brutalement l'ordre.

Parmi les hivers les plus désastreux du temps de Louis XIV, il faut citer celui de 1709, au moment où les armées de Louis XIV étaient vaincues sur presque tous les points. Il fit si froid que la mer gela. La famine fut si terrible que les ouvriers de Paris se révoltèrent et que des troupes de pauvres vinrent se présenter au château de Versailles. Or la guerre avait coûté si cher que le Roi avait dû faire fondre sa vaisselle d'argent pour la transformer en monnaie : la disette était telle qu'un jour, paraît-il, on ne trouva que du pain bis pour la table du roi.

Ruine de la France. — Les impôts et la guerre avaient ruiné beaucoup de particuliers.

Le commerce maritime de la France diminua parce que les Anglais et les Hollandais étaient maîtres de la mer. L'exportation s'arrêta parce que la guerre régnait à toutes les frontières.

Le nombre des manufactures diminua parce que les patrons protestants émigrèrent et parce que les autres ne purent plus compter sur les primes de l'État qui n'avait plus d'argent.

L'agriculture, qui faisait la principale richesse de la France, fut ramenée à l'état où elle était après la Fronde. Les paysans étaient ruinés par le logement des gens de guerre, et par l'augmentation continuelle du principal impôt, la taille, qu'ils étaient seuls à payer; elle fut augmentée de 30 p. 100 pendant la guerre d'Espagne.

Il y eut dans plusieurs provinces des *famines* comme celles de l'Inde et de la Chine aujourd'hui. Les autorités croyaient les empêcher en interdisant le transport des blés d'une province à l'autre, mais cette mesure n'avait d'autre effet que d'empêcher les paysans de vendre à bon prix leurs produits.

Les réformateurs. — L'appauvrissement du royaume devint si évident qu'après la paix de Ryswick, Louis XIV ordonna aux intendants de faire une enquête dans les provinces. Nous avons leurs rapports : ils parlent tous de manufactures abandonnées et de paysans réduits à mendier. Louis XIV paraissait alors désireux de maintenir la paix et de rétablir la prospérité en France.

Après l'enquête officielle, plusieurs réformateurs osèrent publier des livres où ils réclamaient qu'on partageât l'impôt entre tous les Français, en faisant payer tous les privilégiés, qu'on supprimât les règlements sur les manufactures, qu'on laissât le commerce libre, particulièrement celui des grains.

Le roi les laissa faire d'abord, mais, pendant la guerre d'Espagne, il les disgrâcia. Parmi eux figuraient Vauban et Fénelon.

Les partis à la cour. — Mais leurs idées furent accueillies par les princes du sang qui s'attendaient à recueillir la succession de Louis XIV. La plupart d'entre eux s'ennuyaient à la cour et ne pouvaient souffrir les jésuites, Mme de Maintenon et les ministres bourgeois du roi.

Le Dauphin, fils du roi, se fit une cour à lui dans le château de Meudon, près de Paris. Il mourut en 1711. Mais ses amis, Vendôme, général de la guerre de succession d'Espagne, qui descendait de Henri IV, le duc d'Orléans, cousin du roi (plus tard régent), et d'autres encore continuèrent à vivre le plus souvent possible hors de Versailles; ils se moquaient de la dévotion et de l'intolérance : ils s'entouraient de partisans de la liberté de la pensée et des mœurs. Voltaire, dans sa jeunesse, fut reçu chez eux. Les dévôts les accusèrent de n'aimer que la bonne chère et le plaisir. On les appela les *libertins*.

On surnomma au contraire les *Saints* ceux qui s'étaient groupés autour du *duc de Bourgogne* devenu héritier présomptif après la mort de son père le dauphin. Ceux-là étaient inspirés par l'ancien précepteur du duc de Bourgogne, l'archevêque Fénelon, alors en disgrâce. Fénelon demandait des économies, la paix et la diminution des armées, la liberté de l'industrie et du commerce, le rétablissement des États généraux. Lui et ses amis, tous nobles, demandaient aussi que les *grands seigneurs* fussent chargés de diriger les affaires, à la place des bourgeois.

La succession de Louis XIV. — Le duc de Bourgogne mourut en 1712. Il ne resta plus comme héritier qu'un arrière-petit-fils de Louis XIV, né en 1710; à la mort de Louis XIV (1715), cet enfant devint roi, à cinq ans, sous le nom de Louis XV. Il était élevé dans l'idée que Dieu lui avait donné le pouvoir le plus absolu. Son précepteur lui dit un jour, en lui montrant une foule assemblée sous les fenêtres du palais : « Sire, tout ce peuple est à vous. »

Questionnaire.

La guerre de la Ligue d'Augsbourg. — Qu'est-ce que les réunions ? Quand furent incorporés à la France : 1° L'Alsace? 2° Strasbourg? Mœurs diplomatiques.

Qui fit la guerre à Louis XIV? Quel en fut le résultat? Qu'était-ce que le Palatinat? Pourquoi Louis XIV l'occupa-t-il?

Qu'était Guillaume d'Orange? La Révolution de 1688 en Angleterre; ses effets.

Qu'est-ce que la ligue d'Augsbourg? Importance de la coalition.

Ravage du Palatinat. Pourquoi. Tentatives de débarquement en Irlande? Pourquoi? Défaite de La Hougue. Que devint la marine française? Qu'est-ce qu'un corsaire? Où se battit-on sur terre? Traité de Ryswick. La Barrière. Conditions relatives à l'Angleterre.

La guerre de la succession d'Espagne. — Possessions de l'Espagne. Qu'est-ce que la succession d'Espagne? Les prétendants. Premiers arrangements. Testament de Charles II. Conduite de Louis XIV en Espagne; aux Pays-Bas; vis-à-vis de l'Angleterre.

La coalition contre Louis XIV. Première partie de la guerre. Projets français. Victoires des coalisés; leurs causes. Qu'étaient-ce que les Camisards? Guerre en Espagne; sur mer. Pourquoi Charles XII parut-il en Allemagne? Que fit-il ensuite? Quelle frontière fut envahie? Quelles conditions offrit Louis XIV? Pourquoi les premières négociations furent-elles rompues? La situation en 1711. Pourquoi l'Angleterre offrit-elle la paix?

Traités d'Utrecht. Qui devint roi d'Espagne? Entre quel souverain et comment fut partagée la succession d'Espagne? Que gagna l'Angleterre?

Appauvrissement de la France. — Nouveaux impôts; leur caractère. Fut-il durable? Moyens employés pour trouver de l'argent. Qu'était-ce que vendre des offices? Les traitants. Situation financière en 1715. Causes de la ruine du commerce, de l'industrie, de la culture. Qu'était-ce que l'enquête des intendants? Quelles réformes réclamait-on pour l'impôt? pour le commerce? Qui appela-t-on les libertins? les Saints? Qui succéda à Louis XIV?

SUJETS COMPLÉMENTAIRES

Ruine de la marine française.
Les premiers économistes (Bois-Guilbert, Vauban, etc.).
L'enquête des intendants après la paix de Ryswick.

CHAPITRE XVI

L'EUROPE EN 1715

L'Angleterre maritime. — Après la guerre de succession d'Espagne, l'Angleterre enleva définitivement à la Hollande et à la France le rang de *première puissance maritime*.

Le traité d'Utrecht accorda à l'Angleterre la démolition des fortifications de Dunkerque, ville de corsaires, alors le seul port militaire de la France dans le Nord.

Il augmenta les colonies anglaises en cédant à l'Angleterre *Terre-Neuve* et l'*Acadie*, partie maritime du Canada français ; il favorisa les commerçants anglais en leur donnant le monopole de la traite des nègres à destination de l'Amérique espagnole et la permission d'envoyer chaque armée dans un des ports espagnols d'Amérique, un navire chargé de marchandises anglaises et d'en vendre le contenu.

Au xvii° siècle, le seul port important d'Angleterre était Londres. D'autres se fondèrent au xviii°, comme Liverpool, qui s'enrichit par la traite. Les Anglais commencèrent à devenir les rouliers des mers comme autrefois les Hollandais. Ils augmentèrent leur industrie, ils créèrent des manufactures de draps et de toiles pour en exporter les produits. Cette transformation, qui a fait de l'ancienne Angleterre agricole un pays commerçant et industriel, s'opéra lentement pendant tout le xviii° siècle.

L'Angleterre parlementaire. — Lorsque Guillaume III

eut remplacé Jacques II, le Parlement anglais (p. 14) lui donna la couronne mais en l'obligeant à signer la *Déclaration des Droits* (1689). Le roi promettait dans cet acte de ne pas gouverner sans Parlement élu, de ne pas lever d'impôt et de ne pas entretenir d'armée sans le vote du Parlement, enfin de ne pas empêcher les tribunaux de rendre la justice conformément aux lois. On a pu dire à ce propos que Guillaume était plus roi en Hollande qu'en Angleterre.

Guillaume III eut comme successeurs la reine Anne (p. 218), puis un prince allemand Georges I⁰ʳ (1714-1727), qui ne parlait pas anglais. Tous deux laissèrent gouverner le Parlement et les ministres.

L'Angleterre fut au xviiiᵉ siècle la seule monarchie où le roi n'était *pas absolu*. La liberté de parole et de presse y devint plus grande qu'ailleurs. Les écrivains se mirent à écrire sur la morale, la religion, la politique, l'économie politique. Tous les gens éclairés de l'Europe lisaient leurs œuvres et *admiraient l'Angleterre*. Les *philosophes français* du xviiiᵉ siècle apprirent l'anglais et firent des voyages en Angleterre.

La politique anglaise. — Le Parlement anglais fut d'abord dominé par de grands seigneurs, qui maintinrent la paix avec la France et l'Espagne. Puis, vers le milieu du siècle, les gens enrichis par le commerce qui se développait sans cesse prirent une influence grandissante. Un de leurs amis, Pitt, devint ministre ; il fit la guerre à la France pour détruire sa marine et prendre ses colonies (1757).

Agrandissement de l'Autriche. — L'Autriche devint l'un des plus puissants États de l'Europe, la rivale de la France *sur terre*. Elle s'accrut en 1715 des *Pays-Bas*, du *Milanais* et de *Naples* enlevés à l'Espagne. Pendant que Louis XIV, occupé contre la coalition, ne pouvait aider ses alliés les *Turcs*, elle les rejeta définitivement dans la péninsule des Balkans, leur reprit la *Hongrie* et la *Croatie*, après trente-cinq années de guerre (1719).

Pierre le Grand. — Deux puissances alliées de la France, la Suède et la Pologne, furent amoindries pendant les guerres de Louis XIV.

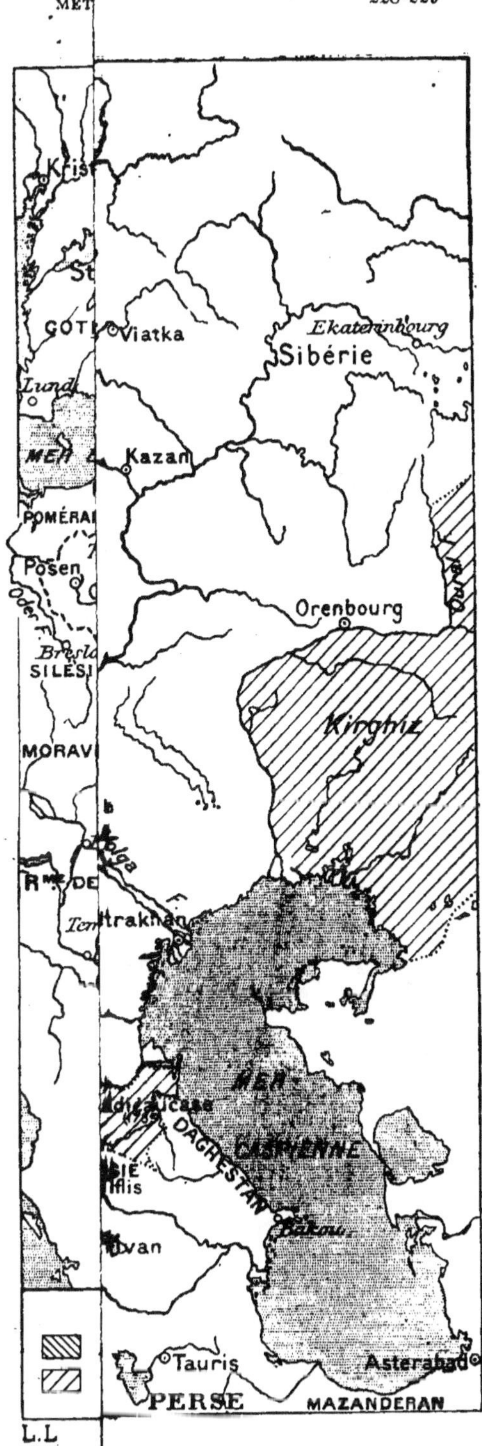
MÉT
Kris
St
GOTI
Viatka
Ekaterinbourg
Sibérie
Lund
MÉN
Kazan
POMÉRA
Posen
Oder F.
Bresla
SILÉSI
Orenbourg
MORAVI
Kirghiz
Volga F.
R.. DE
Temitrakhan
MER
CASPIENNE
Caucase
DAGHESTAN
IE
Tflis
Bakou
Tauris
Asterabad
ivan
PERSE
MAZANDERAN
L.L

EMPIRE RUSSE AU XVIIIe SIÈCLE.

La Russie, devint à leur place le grand État de l'Europe·
orientale. Jusque-là, la Russie ou Moscovie était un état qui ne
possédait pas de côtes, excepté sur la mer Blanche, qui gèle
une grande partie de l'année. Elle était peuplée de Russes
appartenant à la religion orthodoxe (p. 24), qui s'habillaient

MANUFACTURE ANGLAISE DE DRAP AU XVIIe SIÈCLE

*Le fils tient les comptes; son père lui montre les ouvriers et ouvrières réunis
dans la manufacture où tous travaillent à la main. Les uns fabriquent le fil
au rouet, d'autres le tissent.*

*On voit qu'à la manufacture les procédés de travail ne différaient pas encore
de ceux qu'on employait dans la boutique-atelier des maîtres (petits patrons)
de corporations. La différence, c'est que le manufacturier réunit sous sa direction un très grand nombre d'ouvriers, qu'il les fait travailler pour vendre en
gros leur production, enfin qu'il dirige la fabrication et le commerce sans travailler aux métiers mécaniques. Il appartient à la bourgeoisie riche.*

de longues robes et portaient de grandes barbes à la mode
d'Orient. Les Européens les considéraient comme des *barbares*
asiatiques. Ils étaient gouvernés par un souverain héréditaire
absolu, le *tsar*, résidant à Moscou.

En 1682 le tsar mourut, laissant deux fils mineurs dont l'un
devait être Pierre le Grand.

La sœur aînée de Pierre prit la régence et ne s'occupa point de son frère, qui se proména à sa fantaisie dans Moscou et lia connaissance avec quelques marchands et aventuriers étrangers établis dans la ville. Ils lui apprirent à se servir des armes européennes, à faire manœuvrer des soldats, à diriger un bateau.

Réformes de Pierre. — Pierre décida qu'il aurait une armée et une marine à l'occidentale dès qu'il serait le maître. Conseillé par ses amis, il enferma sa sœur dans un monastère et prit le pouvoir.

Puis il alla faire un voyage d'études en Hollande et en Angleterre. Quand il revint, il ordonna aux seigneurs de se raser et de s'habiller comme en Occident, il enrôla de force des paysans qu'il fit vêtir et armer en soldats occidentaux, il fit construire des navires de guerre : il quitta Moscou, ville orientale, et se fit bâtir une nouvelle capitale dans le style d'Occident; on l'appela Saint-Pétersbourg ou ville de saint Pierre, le patron du tsar.

Pierre employait comme ministres et généraux des étrangers, surtout des *Allemands*. Les Russes en furent mécontents; ils s'irritèrent aussi de voir leurs anciens usages abolis par le tsar. Il y eut plusieurs soulèvements contre lui. Pierre les réprima sans pitié.

Les anciens soldats russes s'étaient mutinés pendant le voyage du tsar en Occident; à son retour Pierre les fit exécuter en masse et coupa lui-même la tête à plusieurs d'entre eux.

Sa femme désapprouvait ses réformes; il la fit enfermer et épousa une Allemande. Son fils conspira : il le fit torturer si cruellement qu'il en mourut.

Les prêtres orthodoxes disaient que le vrai tsar était mort en voyage et que celui qui était revenu en Russie sous le nom de Pierre était l'antéchrist. Il en fit exécuter plusieurs et il se déclara chef de l'Église russe.

Défaites de la Suède. — Pierre voulait se servir de l'armée qu'il avait formée pour s'agrandir du côté de l'Europe et de la mer. Or la Baltique était un lac *suédois* (p. 162), la mer Noire un lac *turc*.

Pierre s'allia aux Autrichiens contre les Turcs et prit Azof au sultan (1699).

SAINT-PÉTERSBOURG EN 1753: VUE DES BATIMENTS DES COLLÈGES IMPÉRIAUX.

Les rues de Pétersbourg ont été bâties au bord de canaux formés par le fleuve Néva; elles sont droites, bordées de maisons uniformes comme dans la plupart des villes créées d'un seul coup (par exemple les villes bâties au XIXe siècle dans les États-Unis).

Saint-Pétersbourg est très différent de Moscou, la vieille capitale, qui a des rues étroites, tortueuses, avec des maisons, des églises, des tours pittoresques de diverses époques.

Puis il s'allia avec l'électeur de Saxe, roi de Pologne, contre le jeune roi de Suède Charles XII.

L'armée suédoise était l'une des meilleures de l'Europe; Charles XII n'aimait que la guerre. Il se mit en campagne : il dispersa l'armée russe qui n'était alors qu'une cohue (1700),

INTÉRIEUR D'UNE MAISON DE MOUJIK (PAYSAN) RUSSE AU XVIIIᵉ SIÈCLE

La maison du paysan russe est encore aujourd'hui semblable à celle que représente cette gravure; des murs de bois enferment une seule pièce avec un grand four de terre sur lequel les habitants s'asseoient et se couchent pendant l'hiver.

puis il s'empara de la Pologne, de la Saxe et y resta jusqu'en 1707; il installa en Pologne un roi de son choix.

Enfin Charles XII se dirigea vers la Russie du sud qu'il espérait soulever contre le tsar; mais son armée ne put vivre dans ce pays alors désert et sans routes; elle perdit ses chevaux et ses canons. Le tsar, qui avait eu le temps de se faire une armée, détruisit celle de Charles XII et l'obligea à s'enfuir en Turquie (1709). Ce fut *la fin* de la grandeur militaire de la *Suède*.

Charles XII essaya de recommencer la guerre contre tous

ses ennemis: il fut tué dans un siège (1718). La Suède alors traita et céda à Pierre le Grand les *provinces de la Baltique* (1721). La Russie devenait un état maritime; elle avait une armée. Les puissances d'Occident commencèrent à rechercher son alliance.

Royaume de Prusse. — Les princes électeurs de Brande-

PAYSANNE, ENFANTS, VILLAGE EN RUSSIE

C'est une scène d'hiver, avec de la neige. On voit ici l'extérieur des isbas ou maisons paysannes : aujourd'hui encore, elles sont bâties de troncs de sapin et couvertes en bois ou en chaume.

bourg avaient hérité en 1618 du duché de Prusse, qui ne faisait pas alors partie de l'Allemagne et qui était enclavé dans la Pologne.

Les souverains du Brandebourg et de la Prusse s'allièrent à la France et à la Suède pendant la guerre de Trente Ans; la France fit agrandir leurs États aux traités de Westphalie.

Ils se tournèrent ensuite contre Louis XIV et ses alliés et réussirent à enlever à la Suède une partie de la Poméranie.

Pour garder l'appui de l'électeur de Brandebourg, pendant la guerre de la succession d'Espagne, l'empereur d'Allemagne lui permit de prendre le titre de ROI *en Prusse* seulement (1701).

Les États du nouveau roi étaient formés de plusieurs territoires dispersés de la Pologne au Rhin. Le plus grand, le
Brandebourg, où se trouve *Berlin*, la capitale, était un pays
de landes, de marais et de forêts. Les électeurs offrirent des
terres à des colons de tous pays qui vinrent les mettre en
valeur. Ils accueillirent ainsi plusieurs milliers de protestants
français après la révocation de l'Édit de Nantes.

Royaume de Sardaigne. — Le duc de Savoie avait été
d'abord l'allié de Louis XIV puis il avait passé à la coalition.
Lors des traités d'Utrecht, il reçut la *Sicile*, enlevée à l'Espagne,
et il obtint le droit de s'intituler roi de cette ile.

Sept ans après l'Autriche l'obligea à échanger la Sicile contre
la Sardaigne, moins peuplée et moins riche. On l'appela dès
lors le *roi de Sardaigne*. Il garda Turin comme capitale.

Relations entre États. — Après 1715, la France, l'Angle-
gleterre, l'Autriche se font équilibre; ce sont les trois grandes
puissances.

Au second rang viennent l'Espagne et la Pologne déchues,
la Prusse et la Russie, États nouveaux. La Hollande reste un
État commerçant et riche mais ne joue plus de rôle politique.

Il n'y a plus d'*État prépondérant* comme l'Espagne au
xvi⁰ siècle, la France sous Louis XIV. Chacun est obligé d'avoir
des alliés: on oppose coalition à coalition. Du reste on ne fit
pas de grandes guerres entre 1715 et 1740; celles de Louis XIV
avaient épuisé tous les États.

Questionnaire.

Les deux grandes puissances étrangères. — Acquisitions de
l'Angleterre au traité d'Utrecht. La traite. Le vaisseau de permission. L'empire colonial anglais. Le commerce et les ports anglais.
Qu'est-ce que la Déclaration des Droits? Le Parlement anglais. Pourquoi prit-il de l'influence? Qu'est-ce que la liberté de la presse?
Politique extérieure de l'Angleterre.

Acquisitions de l'Autriche aux traités d'Utrecht. Autres territoires
acquis par l'Autriche. Abaissement de la Turquie.

Les puissances de l'Est. — Territoire de la Russie avant Pierre le Grand. Mœurs des Russes. Comment Pierre eut-il l'idée de ses réformes? Comment devint-il tsar? Qui employa-t-il? Principales réformes de Pierre le Grand. Qui en fut mécontent? Que fit Pierre le Grand contre les mécontents?

Pourquoi appelait-on la Baltique un lac suédois? Que savez-vous sur le roi de Suède? Ses guerres. Leurs conséquences. Affaiblissement de la Pologne? Agrandissement de la Russie?

Les deux nouveaux royaumes. — Qu'était-ce que le duché de Prusse? Quelles autres provinces possédaient ses souverains? Comment la Prusse devint-elle un royaume? Politique de ses souverains. Qu'était-ce que le royaume de Sardaigne?

Relations entre états. — Quelles furent désormais les deux rivales de la France? Quel fut le caractère des relations entre puissances sous Louis XIV? au xviie siècle?

SUJETS COMPLÉMENTAIRES

Naissance de l'industrie, développement du commerce en Angleterre.
La Prusse avant 1700.

CHAPITRE XVII

LA FRANCE ET L'EUROPE DE 1715 A 1748

La Régence (**1715-1723**). — La mort de Louis XIV amena un changement complet dans la politique française.

Louis XV n'avait que cinq ans. Le duc d'Orléans, premier prince du sang, prit la Régence. C'était un homme instruit, tolérant, mais léger et ami du plaisir.

Louis XIV ne l'aimait pas. Il avait fait *légitimer*, c'est-à-dire déclarer aptes à lui succéder, deux fils qu'il avait eus de Mme de Montespan et, par son testament, il les avait imposés, avec plusieurs de ses favoris comme conseillers au Régent.

Le Régent fit casser le testament par le *Parlement*. Il rendit en échange au Parlement le *droit de remontrances* supprimé par Louis XIV (p. 150).

Les légitimés et Mme de Maintenon quittèrent la Cour. Le confesseur jésuite de Louis XIV fut renvoyé. Le Régent délivra les gens emprisonnés pour cause de politique et de religion, laissa les jansénistes et gallicans tranquilles (p. 204), fit suspendre les persécutions contre les protestants.

Commencement de l'opposition. — Alors commença une période de discussions qui dura pendant tout le siècle.

Les gallicans et les jansénites d'une part, les jésuites de l'autre, se firent une guerre de sermons et de brochures; les Français prirent parti pour les uns ou les autres.

Les Parlements, suivant la tradition gallicane de la bourgeoisie, se prononcèrent contre les jésuites ; en même temps ils usèrent à l'égard du roi du droit de *remontrances* qui leur avait été rendu.

Ces querelles théologiques ou parlementaires, souvent mélangées les unes aux autres, occupaient beaucoup l'opinion et tenaient la place que la politique occupe aujourd'hui chez nous. D'habitude le roi n'écoutait pas les remontrances : le Parlement refusait alors de rendre la justice. Le roi ordonnait aux membres du Parlement d'aller résider loin de Paris jusqu'à ce que l'exil les eut décidés à se soumettre.

Toutes ces querelles et ces incidents habituèrent peu à peu les gens de Paris et des villes à *critiquer* le roi et ses ministres et à écouter les philosophes et les économistes (p. 267-74) qui traitaient des sujets plus modernes que la théologie.

Dès 1715 les penseurs commencent à avoir un peu plus de liberté. Le *Télémaque* de Fénelon, interdit par Louis XIV, fut imprimé sous la Régence. A la même époque, Voltaire débuta en faisant représenter une tragédie où le public applaudit les vers suivants :

> Les prêtres ne sont pas ce qu'un vain peuple pense,
> Notre crédulité fait toute leur science.

Montesquieu débuta par les *Lettres persanes* (attribuées à un Persan), qui tournaient en ridicule la dévotion, l'absolutisme, tout le régime établi par Louis XIV.

La banque de Law. — La besogne la plus urgente était de remettre le budget en équilibre, et de rétablir la prospérité (p. 222). Le Régent laissa faire un financier d'Écosse, Law.

Law se proposa d'émettre en France les billets de banque déjà employés par les Hollandais et les Anglais. L'avantage des billets c'est qu'une banque solide peut en émettre pour une somme supérieure à l'argent qu'elle a en caisse, à condition qu'elle ne dépasse pas son crédit, c'est-à-dire la confiance que le public a en elle. La différence entre la valeur des billets émis et la valeur de l'argent réellement en caisse est tout bénéfice pour la banque.

Law proposait de donner à l'État le bénéfice de l'émission en faisant de la banque une institution appartenant à l'État.

Tout d'abord le Régent autorisa seulement Law à faire à son compte une banque qui émit des billets, et en prêta au gouvernement.

Puis, quand on vit que le public acceptait ces billets, on transforma la Banque privée en *Banque royale* (1718). L'État put alors rembourser une partie de sa dette en billets de Banque.

Les compagnies de Law. — Les créanciers qui étaient remboursés et Law qui émettait sans cesse des billets cherchaient à placer leur argent pour lui faire rapporter des intérêts. A cet effet Law lança de grandes entreprises.

Il créa une *Compagnie* sur le modèle de celles de Colbert pour exploiter la *Louisiane* (bas Mississipi) qui avait été découverte par des Français sous Louis XIV. La Compagnie établit des colons en Louisiane et y fonda la ville de *La Nouvelle-Orléans*, ainsi appelée en l'honneur du Régent. Puis Law réorganisa la *Compagnie des Indes orientales* qui végétait depuis Colbert (p. 182).

BANQUIER FRANÇAIS EN 1700

L'argent déposé chez le banquier consiste en numéraire mis en sacs : les billets de banque ne sont pas encore d'un usage courant à cette époque. Le banquier s'assure avec une balance que les pièces ont le poids légal, exactement comme les banquiers du XVIe siècle représentés p. 18.

Le capital de ces entreprises était divisé en actions de 500 francs. Comme Law faisait toujours de nouvelles entreprises et que le Régent l'avait nommé contrôleur général des finances. le public prit confiance et se disputa les actions. qui montèrent jusqu'à 9 000 francs.

Mais les entreprises de colonisation, même quand elles réussissent, ne peuvent produire tout de suite des bénéfices : le public s'en aperçut, et bien que Law distribuât des dividendes (c'est-à-dire des parts de bénéfice) fictifs, les premiers acheteurs vendirent en masse les actions qui commencèrent à baisser.

Ruine du système de Law. — La Banque et les Compagnies avaient formé jusqu'alors deux entreprises distinctes. Pour sauver les Compagnies, Law imagina d'unir leur sort à celui de la Banque. Profitant de ses fonctions officielles, il défendit de payer les actions autrement qu'en billets de banque ; le public commença à penser que Law devait émettre trop de billets de banque. On vint à la banque changer les billets contre de l'argent. La banque les avait toujours changés pour maintenir son crédit. Elle continua à le faire, mais bientôt elle ne put suffire aux demandes de remboursement.

SECRÉTAIRE D'ÉTAT
SOUS LA RÉGENCE

Comparez ce costume à celui de la p. 177. La principale différence dans le costume vient de l'adoption de l'habit que porte le personnage représenté ici. L'habit (p. 215) a été porté jusque sous Louis XVI.

Law essaya alors de produire un mouvement en sens inverse et d'obliger les capitalistes à venir déposer de l'argent à la banque en échange de billets ; pour cela, il interdit aux particuliers de garder chez eux plus de 500 francs d'argent, sous peine de confiscation. On n'obéit pas.

Law donna enfin *cours forcé* aux billets, c'est-à-dire qu'il refusa de les changer contre de l'argent. Alors personne n'en voulut plus. Law fit banqueroute et s'enfuit complètement ruiné (1720).

Les particuliers qui avaient des billets en perdirent la valeur ; mais l'État avait eu le temps de payer les dettes de Louis XIV. La Banque disparut et il n'y eut plus de banque d'émission en France. Mais les Compagnies de colonisation fondées ou réorganisées par Law survécurent ; leurs actions tombèrent à 200 francs, puis remontèrent.

Rapprochement avec l'Angleterre. — La politique étrangère fut, comme la politique intérieure, le contraire de celle de Louis XIV.

Louis XIV avait fait de son petit-fils Philippe V un roi d'Espagne. Philippe V, poussé par sa femme, princesse italienne, et par un ministre d'Italie qu'elle avait amené voulut reprendre les provinces d'Italie que les traités d'Utrecht avaient enlevées à l'Espagne; il prétendit aussi faire revivre les droits à la succession de France qu'il avait abandonnés au traité

UNE RUE DE PARIS, LE SOIR, SOUS LA RÉGENCE.

Au fond, une boutique de boulanger. A droite, un employé de la ville de Paris sonne la cloche pour avertir les propriétaires d'allumer les lanternes pendues à l'extérieur de leur maison. Les municipalités ne faisaient pas alors les frais de l'éclairage. Un domestique abaisse une lanterne en détachant la corde qui la tient suspendue; une femme l'allume.

d'Utrecht : on croyait à cette époque que Louis XV ne vivrait pas longtemps et on s'attendait à voir la succession s'ouvrir. L'ambassadeur d'Espagne à Paris s'entendit avec les légitimés (p. 236) et les autres favoris de Louis XIV, disgraciés en 1715, et fit une conspiration contre le Régent. La conspiration fut découverte et ses auteurs punis.

Alors le Régent se rapprocha de l'Angleterre avec qui Louis XIV avait fait sans cesse la guerre depuis 1688. Un traité d'alliance fut conclu entre la France et l'Angleterre contre l'Espagne : les deux États firent la guerre à Philippe V et l'obligèrent à renoncer à ses projets. Cette entente entre les gouvernements fut très impopulaire dans les deux pays, parce que les Français et les Anglais avaient pris l'habitude de se traiter en ennemis. On accusa des deux côtés les ministres de s'être laissés acheter.

La succession de Pologne. — A la fin de la Régence, l'abbé Dubois, premier ministre, se fit nommer archevêque et il se rapprocha des jésuites pour obtenir le chapeau de cardinal. On revint alors à la politique intérieure de Louis XVI; les persécutions recommencèrent contre les protestants et les jansénistes.

Les ministres qui vinrent ensuite continuèrent la même politique.

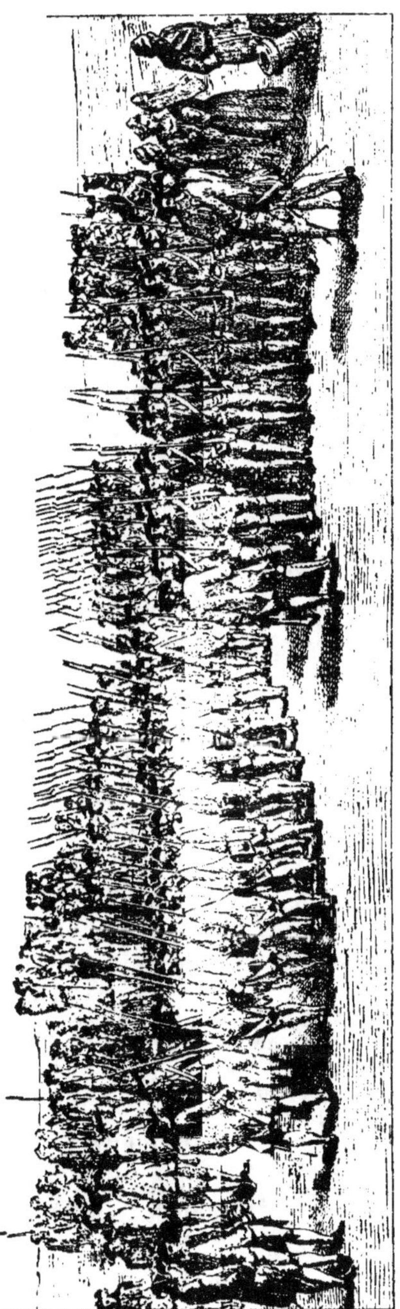

INFANTERIE FRANÇAISE AU XVIIIᵉ SIÈCLE

Uniformes de l'époque de Louis XV. Les soldats, armés du fusil, de la baïonnette à douille et d'un petit sabre, portent en bandoulière la giberne contenant les charges de poudre enveloppées dans des tubes de carton. Ils ont le petit chapeau à cornes, la perruque nattée et attachée, l'habit, la culotte, les guêtres et les souliers. On leur fait faire la manœuvre méthodique et ordonnée « à la prussienne ».

L'un deux fit épouser à Louis XV, âgé de 15 ans, une princesse polonaise, Marie Leczinska, qui était très bonne catholique.

Peu de temps après, le roi de Pologne mourut (1733). Il était souverain héréditaire de la Saxe; son fils Auguste III lui succéda sans difficulté en Saxe. Auguste III aurait voulu prendre aussi la place de son père en Pologne; mais, en Pologne, le roi était *élu* par les nobles. Ceux-ci se réunirent et choisirent pour roi Stanislas Leczinski, beau-père de Louis XV.

Alors la Russie et l'Autriche s'unirent contre ce roi allié des Français. Le principal ministre de Louis XV était à cette époque le cardinal Fleury, âgé de quatre-vingt-un ans, partisan des économies et de la paix. Il ne voulut rien faire pour Stanislas. Une armée autrichienne alla imposer Auguste III comme roi aux Polonais.

Guerre avec l'Autriche. — A la suite de cette intervention, Fleury dut, malgré lui, faire la guerre à l'Autriche; il eut comme allié le roi d'Espagne, toujours désireux de reprendre l'Italie. Dans cette guerre, deux vieux généraux de Louis XIV, Berwick et Villars, furent victorieux l'un sur le Rhin, l'autre en Italie (1734). Après les premiers succès, Fleury arrêta les opérations et se mit à négocier la paix malgré les autres ministres et malgré l'Espagne.

GRENADIER DE LA GARDE
PRUSSIENNE

Pour former ce corps de grenadiers, le roi-sergent avait fait recruter dans toute l'Europe les hommes les plus grands qu'on avait pu trouver; le bonnet pointu, orné par devant d'une haute plaque de métal, était destiné à les faire paraître encore plus grands.

Par les traités de Vienne (1735-38), Fleury abandonna la Pologne; mais il obtint que la LORRAINE serait *détachée* de l'*empire* d'Allemagne et donnée à Stanislas avec le titre de *roi* : après sa mort elle devait revenir à la France. Le duc de Lorraine, dépossédé de ses états, obtint en compensation le duché italien de *Toscane* dont le duc était mort. Enfin le royaume de *Naples* fut enlevé à l'Autriche et donné au fils aîné du roi d'Espagne.

C'était l'Autriche qui payait les frais de la guerre. Fleury l'obligea par un autre traité à rendre la *Serbie* à la Turquie alliée de la France.

Guerre entre l'Angleterre et l'Espagne. — En Angleterre, le Parlement se plaignait du rapprochement avec la France. Les commerçants et les armateurs anglais, de plus en plus influents, désiraient la guerre pour qu'on prît des colonies aux français et surtout à leurs alliés les Espagnols. A cette époque, en effet, chaque puissance coloniale s'assurait le monopole du commerce avec ses colonies. Les Anglais avaient bien obtenu pour leurs commerçants, au traité d'Utrecht, le monopole de la traite pour les riches colonies espagnoles d'Amérique. Ils s'étaient fait donner aussi la permission d'envoyer une fois par an dans le principal port espagnol d'Amérique un navire chargé de marchandises anglaises et de vendre ces marchandises aux gens du pays.

Mais cela ne leur suffisait pas; leurs marchands firent la contrebande; des marins espagnols les poursuivirent, exécutèrent les contrebandiers ou leur coupèrent les oreilles et imposèrent une visite à tout navire commerçant anglais qu'ils rencontraient dans les parages de leurs colonies.

Alors les marchands, les marins et le peuple de Londres

HUSSARD PRUSSIEN

Ce costume, bonnet et pelisse de fourrure, veste à brandebourgs, culotte collante et bottes, sabre courbe avec poche de cuir ou sabretache, était, comme le nom des hussards, emprunté aux Hongrois. Tous les souverains eurent à cette époque des hussards portant ce costume pittoresque.

firent des manifestations dans les rues : le Parlement obligea le roi à renvoyer son premier ministre qui maintenait la paix depuis 1715 et à commencer une guerre maritime et coloniale contre l'Espagne (1739).

L'armée prussienne. — Une guerre continentale éclata l'année suivante en Allemagne par le fait du nouveau roi de Prusse Frédéric II.

Ce roi avait des États pauvres et peu peuplés (p. 234); mais son père avait supprimé la cour, le luxe, rogné sur toutes les dépenses pour entretenir une armée de 80 000 mercenaires, tous hommes robustes et parfaitement exercés; c'était, par le nombre, la quatrième armée de l'Europe, par l'entraînement, la première. Le père de Frédéric II avait été surnommé le *Roi Sergent* parce qu'il commandait lui-même l'exercice : il avait fait apprendre à ses hommes à marcher parfaitement alignés, à manœuvrer avec un ensemble parfait; c'est ce qu'on appela *l'exercice à la prussienne*, qui fut imité ensuite dans toutes les autres armées.

Frédéric II, en prenant le pouvoir, trouva tout de suite une occasion d'employer cette armée.

Guerre entre la Prusse et l'Autriche. — L'empereur était mort, laissant ses états héréditaires, Autriche, Bohème, Hongrie, à sa fille Marie-Thérèse (1740).

Tous les souverains d'Europe avaient promis à son père de la reconnaître comme souveraine; mais, dès qu'il fut mort, quatre prétendants, qui avaient parmi leurs ancêtres un membre de la famille d'Autriche, réclamèrent un morceau de la succession.

On avait vu dans la guerre de 1735 que l'armée autrichienne ne valait rien. L'empereur ne l'exerçait pas par économie.

Frédéric II fut le premier à profiter des embarras de Marie-Thérèse; ses ancêtres à lui avaient réclamé jadis une partie de la Silésie (pays du haut Oder), mais ils avaient, depuis un siècle, abandonné ces réclamations contre une indemnité. Frédéric II ordonna à ses ministres de trouver un prétexte pour les faire revivre. « L'article de droit, dit-il, est l'affaire des ministres; il est temps d'y travailler en secret; car les ordres aux troupes sont donnés. »

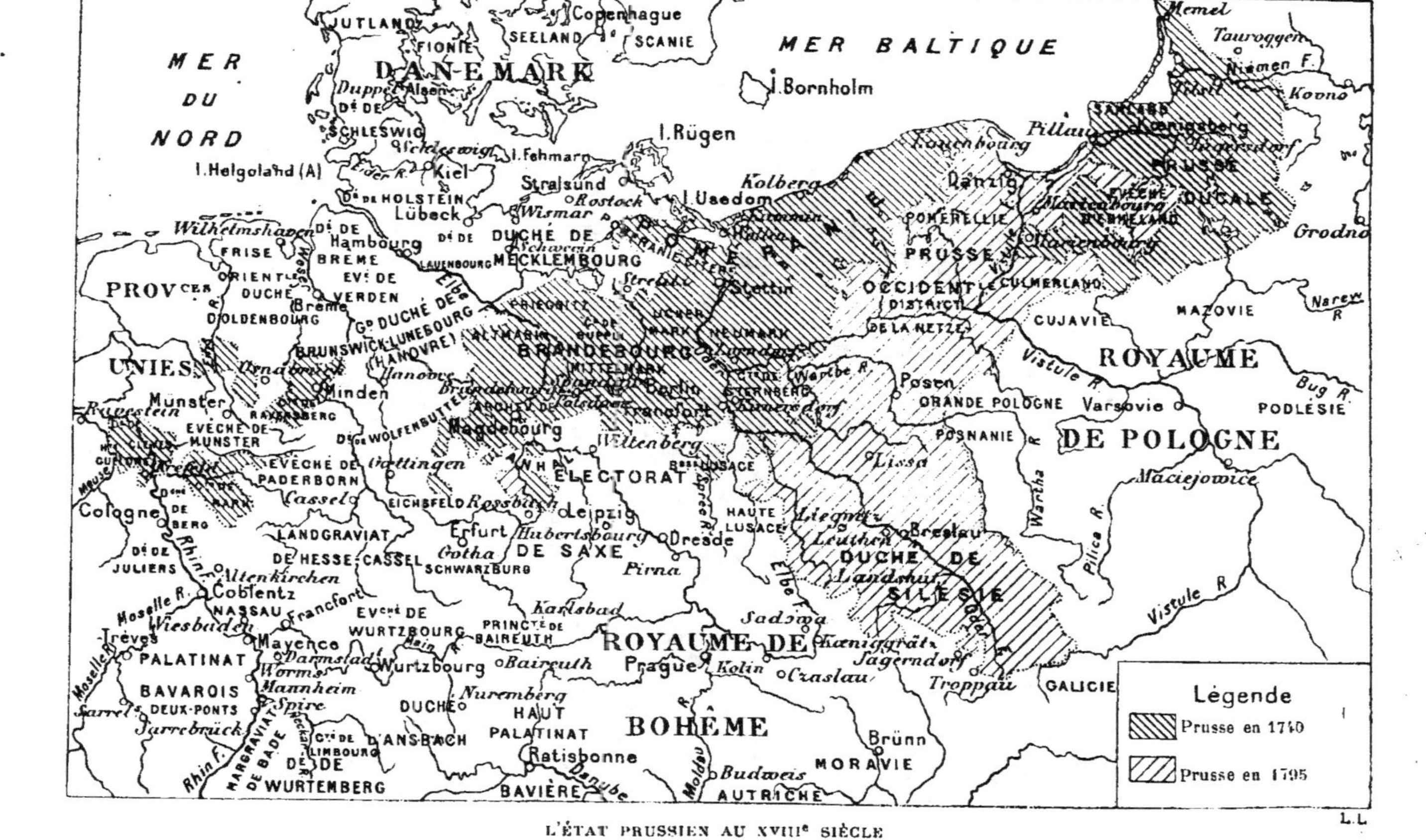

L'ÉTAT PRUSSIEN AU XVIIIᵉ SIÈCLE

Il se mit à la tête de son armée, envahit la *Silésie* et se heurta à l'armée autrichienne ; au premier choc il se crut battu et courut se cacher dans un moulin, mais ses généraux continuèrent le combat et furent vainqueurs des Autrichiens.

Alors Frédéric II offrit à Marie-Thérèse de la reconnaître

CHATIMENTS USITÉS DANS L'ARMÉE PRUSSIENNE

Les armées de cette époque se composaient d'engagés plus ou moins volontaires. Beaucoup étaient des mauvais sujets qui s'engageaient sous un nom supposé. On acceptait des soldats de toute origine et de toute nation, comme nous le faisons encore pour notre Légion étrangère.

Pour maintenir la discipline parmi les soldats, on usait de châtiments très rigoureux. Les soldats le plus durement menés étaient ceux du roi de Prusse. Les officiers et les sous-officiers avaient l'ordre de les frapper à coups de canne s'ils se montraient maladroits. Tout soldat qui désobéissait, qui répliquait, ou qui s'absentait sans permission était traîné, nu jusqu'à la ceinture, entre deux haies de ses camarades qui devaient le frapper à coups de verges. On appliquait ainsi jusqu'à 500 et 1000 coups.

comme souveraine si elle voulait lui laisser la Silésie, qui comptait 1 200 000 habitants ; Marie-Thérèse refusa (1741).

Intervention de la France. — Marie-Thérèse était alors menacée par une coalition.

Le ministre français Fleury avait envoyé en Allemagne le marquis (bientôt maréchal) de Belle-Isle pour promettre de l'argent aux rivaux de Marie-Thérèse et à leurs amis parce qu'il croyait avantageux pour la France qu'un grand état comme l'Autriche fût démembré. Belle-Isle, qui voulait la guerre comme tous les jeunes nobles de la cour, dépassa ses instructions, et promit une armée au principal prétendant à l'empire. Louis XV l'approuva et s'allia avec Frédéric II. La guerre commença. Fleury mourut peu après.

L'armée française s'avança jusqu'à Prague et menaça Vienne. Alors Marie-Thérèse traita avec Frédéric II et lui *laissa la Silésie* (1742). Aussitôt Frédéric abandonna ses alliés les Français. « Songez à vous, dit-il à leur ambassadeur, j'ai gagné ma partie, je fais la paix. »

La guerre générale. — En même temps Marie-Thérèse, profitant de ce que l'Espagne, alors en guerre avec l'Angleterre, s'était alliée à la France, demanda et obtint l'appui de l'Angleterre et de la Hollande. Ainsi les deux guerres, maritime et continentale, se fondirent par l'intervention de la France en une *guerre générale*. Ce fut la reproduction de la dernière guerre de Louis XIV, la France et l'Espagne seules contre les autres puissances.

Opérations sur terre. — Les Franco-Espagnols furent vainqueurs en Italie; mais l'armée de Marie-Thérèse envahit l'Alsace et la Lorraine; Metz allait être assiégé.

A ce moment, Frédéric II eut peur que la France traitât et que Marie-Thérèse vînt lui reprendre la Silésie. Il recommença la guerre contre l'Autriche et envahit la Bohême : l'armée impériale revint en Allemagne pour le combattre (1744).

Dans les années suivantes, la principale armée française, commandée par un étranger, le maréchal de Saxe, combattit aux *Pays-Bas* une armée d'Anglais, de Hollandais et d'Allemands. Elle fut victorieuse dans trois grandes batailles dont la plus importante fut celle de *Fontenoy*, entre Mons et Tournai (1745) : elle prit les Pays-Bas autrichiens puis elle commença à assiéger les places de la *Hollande*.

Alors Marie-Thérèse céda une seconde fois la Silésie à Frédéric II qui fit la paix (1746).

L'armée autrichienne d'Allemagne passa en Italie, battit les Franco-Espagnols et envahit la Provence.

Marie-Thérèse obtint l'alliance de la Russie et l'on vit pour la *première fois* une armée russe en Occident.

Mer et colonies. — La guerre se faisait en même temps sur mer.

Les flottes franco-espagnoles furent battues par les Anglais.

Les Français aidèrent un descendant de Jacques II (p. 214) à passer en Écosse pour soulever les jacobites ou *partisans des Stuarts* ; ce prétendant se fit battre par les Anglais et ce fut la dernière tentative de restauration de la dynastie catholique en Angleterre.

La guerre se faisait également aux colonies ; au Canada, les Français furent battus par les Anglais, mais, aux Indes, Dupleix, gouverneur de Pondichéry, et La Bourdonnais, gouverneur de l'Ile de France, prirent *Madras*, alors capitale des établissements anglais.

Traité d'Aix-la-Chapelle. — Sauf Frédéric II, aucun souverain ne pouvait se dire vainqueur ; tous les états étaient épuisés par la guerre.

Des négociations furent engagées à Aix-la-Chapelle ; elles ne durèrent pas longtemps parce que Louis XV avait ordonné à ses envoyés de conclure la paix à tout prix. Il abandonna les Pays-Bas qu'il avait conquis et se borna à faire donner un duché italien au second fils du roi d'Espagne ; l'aîné avait eu Naples en 1738 (p. 243). De part et d'autre on se rendit les conquêtes en Europe et aux colonies.

Les Français furent mécontents de voir que Louis XV ne prenait rien pour lui. De là vint l'expression « travailler pour le roi de Prusse ».

Questionnaire.

La Régence. — Qu'est-ce qu'une Régence ? Qui fut Régent en 1715 ? Pourquoi le Parlement reprit-il de l'influence ? Qu'était-ce que le droit de remontrances ? Quand avait-il été supprimé et pourquoi ? Changements amenés par la Régence : à la Cour, dans la politique intérieure, extérieure. Qu'est-ce que l'opposition ? Comment se forma-t-elle ? Sur quels sujets avait-on des discussions ? Qu'était-ce que les gallicans ? Quels écrivains réformateurs débutèrent sous la Régence ?

Qu'est-ce qu'une banque ? un billet de banque ? le crédit ? une banque privée ? une banque d'État ? Propositions de Law. Pourquoi Law créa-t-il des Compagnies ? En existait-il avant lui ? Qu'était-ce que ces Compagnies ? La Louisiane. Qu'est-ce qu'une action ? un dividende ? Pourquoi les actions de Law montèrent-elles ? D'où vint ensuite la baisse ? Quelles mesures prit Law ? Comment furent-elles nuisibles aux billets ? Qu'est-ce que le cours forcé ? Résultats du système de Law.

Guerres de succession de Pologne, puis d'Autriche. — Rapports de la France avec l'Espagne ; avec l'Angleterre. Changement de politique étrangère sous la régence. Fut-il populaire ?

Qu'est-ce que la succession de Pologne ? Pourquoi le roi de France s'y intéressait-il ? Que fit l'Autriche ? Qui s'allia à la France et pourquoi ? Où se fit la guerre ? la paix ? Changements en Lorraine, en Italie, en Turquie.

Qui demandait la guerre en Angleterre ? Contre qui ? Pourquoi ? Que savez-vous sur l'armée prussienne ? Qu'était-ce que le roi-sergent ? L'exercice à la prussienne. Pourquoi Frédéric II fit-il la guerre à l'Autriche ? Que prit-il ? Pourquoi le gouvernement français intervint-il ? Que prit-il ? Comment toutes les guerres se fondirent-elles en une guerre générale ? Conduite de Frédéric II. Principaux terrains d'opérations. Succès des Français sur terre. Que firent-ils contre l'Angleterre ? Opérations aux colonies. Traité d'Aix-la-Chapelle.

SUJETS COMPLÉMENTAIRES

A propos de Law; opérations de banque, actions, obligations.
Le pacte colonial (interdiction aux colonies de commercer avec l'étranger).
L'armée prussienne.

CHAPITRE XVIII

LA FRANCE ET LES COLONIES DE 1748 A 1774

I. — AFFAIRES COLONIALES ET GUERRE DE SEPT ANS

Madame de Pompadour. — Louis XV avait d'abord abandonné la direction des affaires à ses ministres. Après la mort de Fleury (1743), on crut qu'il allait gouverner : pendant la guerre de la succession d'Autriche, il se montra quelque temps à la tête de l'armée : c'est alors qu'on le surnomma Louis le Bien-Aimé. Mais Louis XV, élevé en enfant gâté, était paresseux et n'aimait que le plaisir. Il cessa d'aller à l'armée ; il n'assista pas, comme Louis XIV le faisait, au conseil des ministres. Il s'amusait à faire décacheter la correspondance de ses sujets, à entretenir dans les cours étrangères des agents secrets qui le renseignaient à l'insu de ses ministres ; mais c'était là, de sa part, une pure curiosité.

Louis XV n'aimait ni Versailles qu'il trouvait ennuyeux, ni Paris, où il se savait impopulaire ; il vivait à Compiègne et dans quelques autres châteaux où il chassait avec ses amis, tous gens de plaisir comme lui. Sous son règne les favorites dirigèrent la politique et choisirent les ministres. De 1745 à 1768, la favorite fut une bourgeoise dont le roi fit la *marquise de Pompadour*.

Marine et Colonies de la France. — Après la paix de 1748, la France resta en paix pendant huit ans. Mais on savait que la guerre avec l'Angleterre était inévitable parce que les marchands anglais voulaient ruiner le commerce et prendre les colonies de la France.

La France avait alors autant de navires de commerce que l'Angleterre; elle avait deux grands ports sur l'Océan, Nantes et Bordeaux, qui faisaient concurrence à Londres et à Liverpool pour le commerce du sucre et la traite des noirs.

Les ministres français avaient reconstitué la flotte de guerre en prévision de la lutte contre l'Angleterre. Ils supprimèrent les *galères* (1748) et eurent partout des navires à voiles neufs, plus grands et portant plus de canons que ceux de Colbert.

La France était alors, malgré la perte de Terre-Neuve et de l'Acadie, la *seconde puissance coloniale* du monde après l'Espagne.

La France possédait avant 1763 sept Antilles et la moitié de la grande île de *Saint-Domingue*. Ces colonies des Antilles étaient considérées comme les plus riches parce qu'elles produisaient le sucre qui se vendait bien en Europe.

Dans l'Amérique du Nord, la France possédait le *Canada*, capitale Québec, colonie de peuplement avec 70 000 fermiers d'origine française travaillant pour des seigneurs.

Depuis la Régence elle avait fondé aux bouches du Mississipi le port de la *Nouvelle Orléans* (p. 238) et envoyé dans la Louisiane (Bas-Mississipi) des planteurs qui faisaient cultiver la canne à sucre par des esclaves noirs, comme aux Antilles.

Dans l'océan Indien, la France possédait plusieurs îles dont la plus importante était l'*Ile de France* (aujourd'hui la colonie anglaise de Maurice) qui possède un très bon port; la France occupait sur la côte des Indes plusieurs comptoirs ou postes de commerce dont le principal était *Pondichéry*, fondé *sous Colbert*.

Conflits en Amérique. — Les Espagnols possédaient la Floride et toute l'Amérique au sud de la Floride.

Les Anglais occupaient toute la côte atlantique entre Canada et Floride. Ils avaient fondé là 13 colonies autonomes qui comptaient vingt fois plus d'habitants que le Canada et la Louisiane.

Ces colons anglais, qui avaient des régiments de volontaires et de bons marins, auraient voulu chasser les Français d'Amérique. « Point de repos pour nos 13 colonies, disait l'Anglo-Américain Franklin, tant que les Français seront au Canada. » Aussi, à chaque guerre, les colons anglais avaient-ils attaqué les Français.

Après la paix d'Aix-la-Chapelle, la guerre ne cessa pas en Amérique. Les Français, partis du Canada, avaient découvert le

SUCRERIE AUX ANTILLES SOUS L'ANCIEN RÉGIME

A droite, des esclaves noirs commandés par un contre-maître blanc apportent du champ les boîtes de tiges de cannes à sucre ; au fond ces tiges sont broyées entre des cylindres de bois ; le jus de la canne s'écoule par un canal de bois qui l'amène dans un réservoir ; tout à côté des esclaves font bouillir ce jus, pour que l'eau s'évapore, laissant le sucre au fond des chaudières.

cours de la rivière Ohio qui se jette dans le Mississipi et qui permet d'aller par bateaux en Louisiane ; ils se mirent à occuper cette voie et à construire des forts sur les rives de l'Ohio, en arrière des possessions anglaises. Les colons anglo-américains s'inquiétèrent de voir les Français leur fermer ainsi l'intérieur de l'Amérique ; ils attaquèrent les forts et l'on se battit sur l'Ohio bien avant que la guerre eût été déclarée en Europe. Le gouvernement français envoya d'abord aux Canadiens des renforts qui leur permirent de résister.

Dupleix. — Dans l'Inde, les gouverneurs français et anglais étaient nommés non par les gouvernements mais par des Compagnies souveraines (p. 182) ; le roi se bornait à leur envoyer des secours en temps de guerre. Ces Compagnies étaient formées d'actionnaires qui voulaient dépenser le moins possible et gagner le plus possible ; aussi entretenaient-elles peu de soldats et de marins et défendaient-elles à leurs gouverneurs de faire la guerre.

On savait que l'Inde était très peuplée ; on croyait les princes qui se la partageaient très forts. Pour pouvoir faire le commerce, les compagnies anglaise et française avaient consenti à leur payer tribut et à se considérer comme vassales des souverains de l'Inde.

Dupleix, gouverneur pour la Compagnie française depuis 1742, essaya de changer les rôles. Il voyait que les souverains indiens étaient sans cesse en guerre les uns contre les autres ; il savait que leurs armées ne valaient rien. Il imagina donc de prêter le concours de sa petite armée qui comprenait en tout 2 000 Européens, 4 000 soldats indigènes ou cipayes et quelques canons, à ceux des princes qui accepteraient de reconnaître la Compagnie française comme suzeraine.

Après la paix de 1748, il donna à ce prix la victoire à plusieurs d'entre eux et la Compagnie devint propriétaire ou suzeraine de presque toutes les provinces du Sud-Ouest, c'est-à-dire une région deux fois grande comme la France (1752).

Mais la Compagnie anglaise vint au secours des princes que Dupleix combattait : un des corps de Dupleix fut surpris et détruit (1753).

Alors la Compagnie française craignit de se voir engagée dans une guerre coûteuse ; elle rappela Dupleix, et son successeur conclut avec la Compagnie anglaise un traité par lequel Anglais et Français *renonçaient à toute annexion*. Les Français seuls y perdaient. Mais cet arrangement avait été recommandé par les ministres français qui croyaient devoir céder aux Indes pour pouvoir résister en Amérique.

Guerre entre la France et l'Angleterre. — Les affaires de l'Ohio amenèrent en effet la guerre.

Le gouvernement anglais la commença sans déclaration en ordonnant à ses vaisseaux de guerre de saisir tous les navires de commerce français qu'ils rencontreraient. Plus de 300 furent ainsi pris avec leur cargaison (1756). Mais la France était prête.

La flotte de guerre française entra immédiatement en campagne et battit l'escadre anglaise de la Méditerranée ; une armée française fut débarquée aux Baléares et prit aux Anglais la place de Port-Mahon qu'ils occupaient depuis la guerre de la succession d'Espagne. Le gouvernement anglais, très mécontent, fit fusiller l'amiral qui commandait en Méditerranée.

Alliance de l'Autriche et de la France. — La France perdit ses avantages en s'engageant dans une guerre continentale entre Marie-Thérèse et Frédéric II.

Marie-Thérèse ne se résignait pas à la perte de la Silésie ; elle ne pouvait, disait-elle, voir un Silésien sans pleurer. Comme elle savait que l'Autriche n'était pas assez forte pour vaincre la Prusse, elle chercha partout des alliés.

Or, Frédéric II avait froissé la tsarine et Mme de Pompadour par des plaisanteries mordantes et parfois grossières. Il disait, faisant allusion à elles et à Marie-Thérèse, que l'Europe était gouvernée par trois cotillons, et il ne les appelait jamais que Cotillon I, II et III. Marie-Thérèse obtint l'appui de la tsarine. Elle flatta Mme de Pompadour, l'appela, dit-on, « Ma chère amie », dans ses lettres et n'eut pas de peine à la gagner.

La politique de caprice allait l'emporter en France sur la politique d'intérêts. Poussé par Mme de Pompadour, Louis XV changea brusquement ses alliances et conclut avec l'Autriche un traité secret qui lui promettait 24 000 soldats français si elle *était attaquée* (1756).

Guerre entre la Prusse et l'Autriche. — On savait alors en France que Marie-Thérèse comptait attaquer elle-même au printemps de 1756, et on croyait par suite n'être pas amené à intervenir.

Mais Frédéric II, toujours en éveil, apprit les projets de Marie-Thérèse par des diplomates qu'il avait achetés. « Cette dame veut la guerre, dit-il, elle l'aura. » Il *s'allia* avec l'*Angleterre*. Il réunit son armée, se jeta en plein hiver sur la Saxe dont le souverain était allié de Marie-Thérèse, fit capituler l'armée saxonne et *incorpora de force* les Saxons dans ses troupes (1756). Puis il envahit la Bohême.

Guerre générale. — Comme l'Autriche était attaquée, la France se trouva engagée dans la guerre continentale.

PORT DE BORDEAUX EN 1757. — TABLEAU DE JOSEPH VERNET (MUSÉE DU LOUVRE)

Bordeaux est un port fluvial. Les navires accostent le long d'un quai établi sur la rive gauche de la Garonne. Les maisons qui bordent ce quai furent toutes rebâties sur un plan d'ensemble, au cours du XVIIIe siècle. On distingue quelques-unes de ces maisons. Sur le port, le peintre a représenté l'embarquement des vins et eaux-de-vie, qui étaient le principal produit d'exportation de Bordeaux. — L'auteur de ce tableau, Joseph Vernet, peintre de marine, a représenté tous les ports de France sous Louis XV et Louis XVI.

Loin de reculer, la France conclut un nouveau traité qui portait à 100 000 hommes l'effectif de l'armée qu'elle prêtait à l'Autriche et qui promettait à Marie-Thérèse 12 millions de florins par an pendant la durée de la guerre (1757). C'était s'enlever les moyens de continuer la guerre maritime et coloniale; les ministres français qui avaient préparé la lutte contre l'Angleterre essayèrent de protester; Mme de Pompadour les fit renvoyer, et elle mit aux Affaires étrangères l'ambassadeur français à Vienne, CHOISEUL, gentilhomme lorrain, partisan de l'alliance avec l'Autriche (1758).

Une armée française marcha sur le Hanovre, état allemand qui appartenait alors au roi d'Angleterre, le prit et fit capituler l'armée anglaise (1757). Le ministre anglais PITT (p. 228) ne remplaça pas cette armée; malgré la volonté du roi il renonça pour le moment à reprendre le Hanovre, parce qu'il voulait garder toutes ses forces pour la guerre coloniale et maritime. Il se borna à donner de l'*argent* au roi de Prusse.

Campagnes de Frédéric II. — Frédéric II resta seul contre ses ennemis. Il commandait lui-même son armée. C'est alors qu'il se fit la réputation d'un grand capitaine. Il avait moins d'hommes que ses adversaires réunis; mais, comme chacun d'eux opérait séparément, il concentrait toute son armée sous sa main, il se jetait sur le plus faible, l'écrasait et se tournait ensuite contre un autre. Trois fois il parut perdu, trois fois il reprit le dessus.

1° En 1757 il fut *battu* pour la *première fois* par les Autrichiens, et rejeté en Prusse. A l'est, une armée russe entrait en Prusse. A l'ouest, une armée qui comprenait les contingents des princes allemands alliés de Marie-Thérèse et le corps français de secours envahissait ses États. Frédéric se tourna contre cette dernière armée qui était un ramassis de troupes différentes sans cohésion; il la surprit, l'attaqua brusquement et la mit en pleine déroute à *Rosbach*. Il n'avait pas perdu 1 000 hommes, il en prenait 16 000 avec 72 canons.

2° Mais ses autres ennemis étaient plus redoutables. Frédéric dut accepter la guerre sur son territoire qui fut horriblement ravagé et pillé. Son armée diminuait sans cesse.

En 1759, il essaya d'arrêter les Russes qui menaçaient

TRANSFORMATION DES VILLES AU XVIIIᵉ SIÈCLE. — LA PLACE ROYALE A REIMS, AVEC LA STATUE DE LOUIS XV (1765)

Cette place, bâtie sous Louis XV, est bordée sur toutes ses faces de maisons de style classique.

Toutes les fois qu'on fit une transformation de ce genre, les propriétaires de terrains voisins de la place furent obligés de construire leurs maisons suivant un plan uniforme fourni par le gouvernement, et il fut interdit de changer dans la suite l'aspect des maisons. Aussi ces embellissements au goût du XVIIIᵉ siècle ont-ils duré jusqu'à nos jours.

Berlin; son armée fut écrasée. Il écrivait lui-même que de 48 000 hommes il ne lui restait que 3 000. Il fut sauvé par la sottise de ses ennemis. Les généraux autrichiens pressaient le général russe d'entrer à Berlin. Il répondit : « J'en ai asséz

GRILLE DE LA PLACE STANISLAS A NANCY (STYLE LOUIS XV)

Nancy, capitale du duché de Lorraine, qui resta indépendant jusqu'en 1766, fut fort embelli par ses souverains au XVIIIᵉ siècle. On y construisit une ville neuve, avec des avenues droites partant d'une place centrale appelée place Stanislas, du nom de Stanislas Leczinski, dernier souverain indépendant de la Lorraine (p. 259). Cette place est entourée de bâtiments publics, de fontaines, de jardins, avec des grilles de fer forgées par le Lorrain Claude Lamour, — grilles que l'on considère comme l'une des œuvres les plus réussies de la ferronnerie Louis XV. Le style Louis XV s'y manifeste par les lignes arrondies et ondulées.

fait pour cette année; j'ai gagné deux victoires qui coûtent 27 000 hommes à Sa Majesté. Avant de me remettre en marche, j'attendrai que vous en ayez fait autant ».

Les Russes entrèrent à *Berlin* l'année suivante; mais il était trop tard. Avec les subsides anglais, Frédéric II avait recruté de nouveaux soldats; il chassa les Russes de sa capitale, puis se dirigea vers le Sud et repoussa les Autrichiens dans leur pays.

3° En 1760, le roi d'Angleterre mourut et fut remplacé par

son petit-fils qui renvoya Pitt et cessa de donner de l'argent à Frédéric II; le roi de Prusse se crut encore une fois perdu.

Mais son ennemie la tsarine mourut (1762) et fut remplacée par un tsar allemand admirateur de Frédéric : la Russie se retira de la guerre.

En même temps la France mettait à profit les dispositions pacifiques du nouveau roi d'Angleterre et traitait. Marie-Thérèse dut à son tour faire la paix. Frédéric garda la Silésie (1763).

La guerre maritime. — La marine française avait été complètement détruite par les Anglais. Le gouvernement français finit par ne plus essayer de résister sur mer. Comme dans la guerre de succession d'Espagne, il *vendit* les débris de sa flotte à des corsaires (1761).

Abandonnés à eux-mêmes, l'Inde et le Canada furent pris par les Anglais (1758-1760). Les Antilles eurent le même sort.

Choiseul essaya de recommencer la guerre sur mer et aux colonies en s'assurant l'alliance des Bourbons d'Espagne et de Naples, parents de Louis XV. C'est ce qu'on appela le *Pacte de famille* (1761). Mais les Anglais détruisirent la flotte espagnole et ils prirent la Floride à l'Espagne.

Perte des colonies françaises. — Le traité de Paris (1763) enleva à la France et donna à l'Angleterre l'*Inde* moins cinq comptoirs, les mêmes qui sont aujourd'hui nos seules possessions dans l'Inde, le Sénégal, quatre des Antilles françaises, tout le *Canada*; l'Espagne dut céder à l'Angleterre la Floride; la France remit en échange à l'Espagne ce qui lui restait de la Louisiane.

La France n'avait presque plus de colonies. L'Angleterre devenait la première puissance maritime du monde.

Acquisition de la Lorraine et de la Corse. — Le roi Stanislas, à qui le traité de Vienne avait donné la Lorraine (p. 242), mourut en 1766. Conformément au traité, le duché de Lorraine, jusque-là indépendant, devint une province française.

L'île de Corse, habitée par une population qui parle un dialecte italien, appartenait à la république de Gênes. Les Corses s'étaient révoltés contre les Génois qui ne pouvaient les soumettre. Choiseul craignit de voir les Anglais profiter de ces troubles pour s'installer en Corse. Il *acheta la Corse* aux Génois (1768) et en fit une province française. Un groupe des Corses qui voulait faire de l'île une république indépendante

L'ENTRÉE DANS LA CHAISE A PORTEURS

Au XVIIIe siècle, les nobles et les riches ne faisaient pas leurs courses à pied ; ils n'avaient pas toujours la ressource des voitures, à cause de l'étroitesse des rues : aussi se faisaient-ils, dans les rues des villes, porter dans des chaises comme celles qui sont figurées ici. La gravure représente une dame pliant la jupe à paniers très ample de l'époque Louis XV et Louis XVI, avant de monter dans une chaise.

essaya de résister aux Français, mais il fut vaincu par les troupes françaises.

II. — LA FRANCE A LA FIN DU RÈGNE

La banqueroute. — Après les grandes guerres de 1740 à 1763, le budget de la France se trouva de nouveau en déficit. On avait pourtant conservé l'impôt de capitation établi par Louis XIV (p. 222). On établit pendant la guerre un impôt du *vingtième* des revenus puis un second vingtième. C'était revenir au dixième de Louis XIV (p. 222) ; les deux vingtièmes durèrent jusqu'en 1789. Pendant la guerre également, on fit une ordonnance pour réduire les biens des congrégations religieuses et le roi leur en prit une grande partie (1747).

Mais ces mesures ne suffirent pas. Après la guerre de Sept Ans, les ministres durent toujours faire des emprunts pour payer les dépenses du gouvernement. Pour trouver de l'argent, ils s'engageaient à verser aux prêteurs une partie du produit des impôts à verser. Ainsi le gouvernement s'endettait de plus en plus et il percevait une part toujours plus faible des sommes payées par les contribuables; le déficit augmenta chaque année.

Enfin en 1770, le ministre des Finances ne recevait plus rien des impôts et il ne pouvait plus emprunter. Il fit *banqueroute*, c'est-à-dire qu'il déclara ne plus pouvoir payer les rentiers et les autres créanciers de l'État.

L'administration intérieure. — Plusieurs intendants (p. 204) avaient essayé de mettre de l'ordre et de faire renaître la prospérité dans leurs provinces.

Dans les villes, ils faisaient construire de grandes places régulières ornées de colonnades et de monuments, comme la place Louis XV (aujourd'hui place de la Concorde) à Paris, les places de Nancy, de Lyon, de Reims, de grandes avenues larges et droites, des quais monumentaux comme ceux de Bordeaux.

Ils commencèrent aussi à refaire les routes et les ponts et ils s'efforcèrent de les entretenir, mais, pendant les guerres, l'argent manqua. Les villages et les petites villes continuèrent à n'avoir d'autres voies de communication que les chemins effondrés et des sentiers.

Dans les forêts ou les montagnes sans routes s'abritaient des bandes de brigands qui venaient piller les diligences et les voyageurs riches; c'étaient d'anciens soldats sans emploi ou des contrebandiers et des faux-saulniers (contrebandiers de sel), qui transportaient des marchandises en fraude et les vendaient bien parce qu'elles ne payaient pas les droits trop élevés de l'époque.

Un de leurs chefs, *Mandrin*, qui opérait en Bourgogne et en Dauphiné avec plus de 1 000 hommes armés, prit deux villes et en chassa les fonctionnaires; il fallut réunir 6 000 soldats pour s'emparer de lui (1755). Son nom est resté célèbre dans l'Est.

Impopularité de Louis XV. — Les paysans accusaient de leur misère les nobles et les fonctionnaires locaux.

Les habitants de Paris s'en prirent *au roi* lui-même, ce qu'on n'avait jamais vu auparavant. Ce fut la faute de Louis XV

qui ne cachait pas son indifférence pour les affaires sérieuses.
On fit des chansons et des brochures contre ses amis, contre

LE CHANTEUR DES RUES (GRAVURE DU XVIII⁰ SIÈCLE)

*Le chanteur chante et vend des complaintes religieuses relatives à la Passion
du Christ; il montre en même temps les scènes de la Passion sur une feuille
d'images. Autour de lui des gens du peuple de Paris; à gauche, une porteuse
d'eau (l'eau n'était pas alors canalisée de manière à monter aux étages; il fallait
aller la puiser à la fontaine comme dans nos villages d'aujourd'hui). Les femmes
portent la coiffe et ont des sabots. A droite, deux soldats. Le personnage du
centre qui tourne le dos porte la perruque nattée en queue qui a remplacé sous
Louis XV la grande perruque flottante.*

ses favorites, contre lui-même enfin. L'hostilité augmenta pendant la guerre de Sept Ans parce que les Français étaient
mécontents de l'alliance avec l'Autriche avec laquelle la France

s'était battue pendant deux siècles ; le public parisien prit le parti de Frédéric II, que l'on considérait comme un roi philosophe. Le prince de Soubise, général français, qui devait son grade à la faveur de Mme de Pompadour, ayant été battu par le roi de Prusse, les Parisiens s'en réjouirent et en firent des chansons.

Louis XV se fit représenter à cheval, sur un piédestal où des statues de femmes debout représentaient les vertus. Des mécontents collèrent sur le socle des affiches portant des inscriptions comme les deux suivantes :

> Oh ! la belle statue ! oh ! le beau piedestal !
> Les vertus sont à pied, le vice est à cheval !

> Il est ici comme à Versailles,
> Il est sans cœur et sans entrailles.

Les famines. — On prit l'habitude d'attribuer à Louis XV tous les malheurs qui frappaient le pays.

Comme les communications étaient difficiles et les transports coûteux, les années de mauvaises récoltes avaient pour conséquence la *famine* : le prix du pain augmentait encore pendant l'hiver, parce que la gelée empêchait d'utiliser les rivières et les canaux, qui étaient alors les principales voies de communication. Quand le pain était trop cher, des émeutes éclataient à Paris et la police les réprimait très durement.

Louis XV, qui n'habitait jamais Paris, finit par éviter même de traverser la capitale ; après une émeute parisienne, il fit faire à son usage une route qui tournait la ville et qu'on appelle encore aujourd'hui route de la Révolte.

Vers la fin du règne, un publiciste accusa le roi de s'entendre avec des marchands pour accaparer le blé, causer la famine et en profiter pour vendre le blé très cher. On appela ce prétendu arrangement *pacte de famine* par un calembour fondé sur le pacte de famille (p. 259).

Louis XV savait par les rapports de police combien il était impopulaire ; mais il se bornait à dire : « En voilà assez, cela durera bien autant que moi ! » On prétendit plus tard qu'il s'était écrié : « Après moi, le déluge ! »

Suppression de l'ordre des jésuites. — Les mécontents

de Paris profitaient, pour manifester leurs sentiments, des querelles entre la Cour et le Parlement (p. 236). En protestant contre certains actes du gouvernement, les membres du Parlement songeaient surtout à grandir le rôle de la noblesse de

LA FÊTE DES ROIS DANS UNE MAISON DE PAYSANS AISÉS AU XVIIIe SIÈCLE

La famille, très nombreuse, et les domestiques mangent le gâteau des rois; le père de famille, qui a tiré la fève, a mis une couronne royale de papier sur son chapeau; un autre personnage à droite s'est costumé tant bien que mal en fou du roi.

Le repas a lieu dans une pièce unique qui sert à la fois de cuisine et de chambre. A droite, l'étable, séparée du reste par une simple cloison de bois, et, plus haut, le grenier à foin.

robe à laquelle ils appartenaient. Ils défendaient leurs intérêts plutôt que ceux de la nation. C'étaient des privilégiés qui protestaient contre les impôts nouveaux parce qu'ils avaient peur qu'on finît par les faire payer à eux-mêmes, c'étaient encore des gallicans qui luttaient contre les jésuites.

Les jésuites eurent pour eux la reine Marie Leczinska et furent longtemps les maîtres. Mais le ministre réformateur Machault, qui appartenait à la noblesse de robe, fit confisquer une partie des biens des congrégations pour préparer la guerre maritime; il se déclara contre les jésuites (1747-1757).

Puis Mme de Pompadour prit le pouvoir et appela au ministère Choiseul; la favorite et Choiseul étaient combattus par les amis de la reine : ils durent s'appuyer sur le Parlement : ils firent supprimer l'ordre des jésuites (p. 278).

Suppression des parlements. — Les parlements continuèrent à refuser d'enregistrer les édits établissant de nouveaux impôts. Celui de Bretagne entra en lutte avec le duc d'Aiguillon, gouverneur de la province, qui ordonnait de lever les nouveaux impôts. Le roi supprima le parlement de Bretagne.

Puis Mme de Pompadour mourut (1768) et fut remplacée par une femme du peuple que Louis XV fit *duchesse du Barry*.

La nouvelle favorite renvoya Choiseul et fit nommer trois nouveaux ministres qui gardèrent le pouvoir jusqu'à la mort du roi (1774). On appela ces trois ministres le *triumvirat*.

Ils firent banqueroute. Ils *supprimèrent les parlements*, qui étaient inamovibles, et les remplacèrent par des tribunaux composés de fonctionnaires révocables (1771). Avec les parlements, les remontrances disparurent; mais Louis XVI, à son avènement, rétablit les parlements et les remontrances recommencèrent.

Questionnaire.

1

Affaires coloniales avant 1757. — Caractère de Louis XV. Différences avec Louis XIV. Qui prit le pouvoir? Principaux ports français. Réorganisation de la flotte de guerre. Qu'était-ce que les galères? Colonies françaises avant 1763. Quelles sont celles qui nous restent encore aujourd'hui? Que produisaient les colonies françaises du xviiie siècle? Que possédaient en Amérique les Espagnols? les Anglais? Causes de conflit. Qu'était-ce que les Compagnies de colonisation? Compagnies anglaise et française dans l'Inde. Que voulaient les Compagnies? Quelle fut la politique de Dupleix? Pourquoi Dupleix échoua-t-il? Comment les Anglais commencèrent-ils la guerre? Premières opérations.

La guerre de Sept Ans (1757-1763). — Avec qui la France était-elle alliée avant 1756? Avec qui s'allia-t-elle? Comment les alliances furent-elles renversées entre les deux grandes guerres? Divers traités de la France avec l'Autriche. Comment la guerre commença-t-elle sur le continent? Comment devint-elle générale? Rôle de Mme de Pompadour, de Choiseul. Tactique de Frédéric II; ses ennemis. Les trois époques où il faillit être écrasé. Comment fut-il tiré d'affaire chaque fois?

Guerre maritime; les résultats. Pacte de famille. Traité de Paris. Colonies perdues. Situation de l'Angleterre.

II

La France à la fin du règne de Louis XV. — Qu'était-ce que la capitation? les vingtièmes? Qu'est-ce que la banqueroute? Pourquoi ne put-on l'éviter?

Transformation des villes. Tentatives des intendants. Manque de voies de communication. Les brigands. Les faux-sauniers.

Pourquoi Louis XV devint-il impopulaire? Pourquoi y avait-il des famines? des émeutes? Qu'appela-t-on pacte de famine?

Causes de la lutte entre parlementaires et jésuites. Qui s'appuya sur les jésuites? Qui prit le parti du Parlement? Qui l'emporta? Pourquoi les parlements continuèrent-ils leur opposition? Comment se fit leur suppression? Fut-elle définitive?

SUJETS COMPLÉMENTAIRES

L'Inde au XVIIIe siècle.
Le Canada au XVIIIe siècle.
La vie en France au XVIIIe siècle.

CHAPITRE XIX

IDÉES LIBÉRALES ET MOUVEMENT DE RÉFORME EN EUROPE

I. — LES IDÉES LIBÉRALES

Principes nouveaux. — Les idées qui ont inspiré la Révolution de 1789 ont commencé à se propager en ANGLETERRE après la Révolution de 1688 (p. 214). Plusieurs écrivains anglais commencèrent alors à publier des livres qui mirent en circulation des idées nouvelles.

Après la mort de Louis XIV, les idées anglaises furent apportées et développées en France par les plus grands écrivains français du siècle, ceux qu'on a appelés les *philosophes*. Voici comment on peut résumer les idées exprimées par les philosophes du xviiiᵉ siècle.

1º **En matière de croyance.** — Il n'est pas nécessaire que les citoyens aient tous les mêmes opinions, même en matière religieuse. C'est l'idée de la TOLÉRANCE.

Il n'est pas nécessaire que les citoyens appartiennent à une Église déterminée; il suffit qu'ils croient à Dieu. On s'imaginait alors que les lois de la nature fonctionnaient avec une harmonie parfaite, et on attribuait cette harmonie à une Providence. Cette croyance à Dieu, indépendante des religions officielles, fut appelé la RELIGION NATURELLE. Presque tous les réformateurs du xviiiᵉ siècle et les hommes de la Révolution en furent partisans.

2º **En politique.** — Le souverain n'est pas le maître absolu.

Tous les hommes ont des DROITS NATURELS, c'est-à-dire des droits qui leur appartiennent par le fait même qu'ils sont hommes, quelle que soit leur condition, leur religion, leur couleur. Le principal de ces droits est la *liberté*. Il s'ensuit que le souverain doit prendre l'avis de ses sujets ou de représentants envoyés par eux. comme les députés du parlement d'Angleterre (p. 14).

La limite entre les droits du souverain et ceux des sujets sont fixés par un CONTRAT (Rousseau écrivit à ce sujet un livre appelé *le Contrat social*, c'est-à-dire l'accord sur lequel est fondée la société) : quand ce contrat est écrit, on l'appelle une CONSTITUTION.

On ne justifie pas telle ou telle institution en invoquant la *tradition*, comme au moyen âge, c'est-à-dire en disant : « C'est la coutume, cela s'est toujours fait ainsi ». La Providence a en effet donné à l'homme la RAISON pour qu'il l'emploie à supprimer les abus et à réformer la société. La raison doit toujours l'emporter. On a appelé les réformateurs du xviii° siècle des *rationalistes*, c'est-à-dire des gens qui conseillent à l'homme de se laisser diriger uniquement par la raison.

Parmi les philosophes français du xviii° siècle, les deux premiers en date sont Voltaire et Montesquieu qui commencèrent à écrire sous la Régence.

Voltaire. — Voltaire était un bourgeois riche qui s'occupa d'affaires toute sa vie et gagna beaucoup d'argent. Il vécut d'abord à Paris; un jour il eut une querelle avec un noble qui le fit battre par ses domestiques. Voltaire demanda justice; en réponse, la police le fit arrêter, puis le relâcha en lui conseillant de s'éloigner de Paris. Voltaire fit alors un voyage en Angleterre, puis il revint sur le continent, fut invité à séjourner à Berlin par Frédéric II et se fixa enfin dans une belle propriété à Ferney, tout près de Genève, afin de pouvoir passer la frontière si on menaçait de l'arrêter. Il vécut à Ferney jusque sous Louis XVI; à la fin de sa vie, il revint à Paris et y fut reçu en triomphe.

Voltaire a beaucoup écrit, il a publié des ouvrages de tous genres. C'est un très grand écrivain, dont les livres étaient lus partout : il a donc contribué dans une très large mesure à répandre les idées nouvelles.

Voltaire pensait que les institutions seraient changées conformément aux principes de la raison, mais il croyait que cette transformation se ferait lentement. « Nos petits-fils, disait-il, verront de belles choses, mais nous n'y serons plus. » Il était opposé à l'idée d'une Révolution, il disait que la réforme la plus utile consistait à changer l'esprit des rois. Son idéal était la monarchie absolue, mais avec un roi instruit, travailleur,

LIT D'HOPITAL AU XVIII° SIÈCLE

Reconstitution des lits de l'Hôtel-Dieu de Paris, faite pour l'Exposition universelle de 1900. Les malades y étaient couchés quatre à la fois, deux dans chaque sens.

philosophe, qui ne ferait pas la guerre et s'occuperait d'encourager l'agriculture, l'industrie, les arts.

En matière de religion, Voltaire n'est pas non plus un révolutionnaire. Il a écrit : « Si Dieu n'existait pas, il faudrait l'inventer ». Mais sa religion était la religion naturelle, sans dogmes, sans cérémonies, sans prêtres. Il s'est moqué toute sa vie des pratiques extérieures du catholicisme ; on appelle *voltairiens* ceux qui suivent son exemple.

Voltaire n'attaquait pas seulement les dogmes et les cérémonies de l'Église, il lui reprochait encore son intolérance. Il n'a cessé de réclamer la TOLÉRANCE RELIGIEUSE : il a demandé la fin des persécutions contre les protestants ; il a défendu deux protestants, Calas et Sirven, et un jeune catholique irréligieux, le chevalier de La Barre, poursuivis par les tribunaux de son temps. Calas et La Barre furent exécutés ; Voltaire s'efforça de faire réhabiliter leur mémoire. Sirven fut acquitté. En parlant de l'Église intolérante, Voltaire a écrit : « Je voudrais que vous *écrasiez l'infâme*. »

Voltaire a été aussi partisan de la liberté individuelle qu'il avait appréciée pendant son exil en Angleterre. Il a demandé que le gouvernement ne pût emprisonner aucun homme sans lui en donner les motifs.

Montesquieu. — Montesquieu, président au Parlement de Bordeaux, était un noble de robe, riche et instruit, qui voyagea en Angleterre et dans plusieurs pays d'Europe. Dans ses livres, il réclama, comme Voltaire, la tolérance et la liberté. En outre il se déclara adversaire de la monarchie absolue et partisan d'une CONSTITUTION, à la manière anglaise. Il fut en France le premier partisan influent de la monarchie constitutionnelle.

Diderot et l'Encyclopédie. — Diderot, fils d'un coutelier de Langres, était un homme de modeste origine qui vint à Paris et commença par y gagner péniblement sa vie en donnant des leçons et en publiant des livres.

Il conçut l'idée de faire paraître une *Encyclopédie*, c'est-à-dire un grand dictionnaire où les différents articles seraient écrits par les philosophes et les savants les plus connus de l'époque. Cet ouvrage devait être la contre-partie du seul grand dictionnaire alors publié en France, le *Dictionnaire de Trévoux*, dont les auteurs étaient les jésuites. La publication de *l'Encyclopédie* fut plusieurs fois arrêtée par le gouvernement, à la demande de l'Église ; elle dura vingt et un ans (1751-1772) et ne put être terminée qu'après l'expulsion des jésuites. L'époque où elle parut est celle où l'opinion des gens éclairés devint hostile à Louis XV (p. 261).

Diderot, pauvre, persécuté, de tempérament ardent, groupa autour de lui les plus acharnés des opposants, qu'on a appelés les *Encyclopédistes*, à cause de l'œuvre à laquelle ils collaboraient. Plusieurs étaient *athées*, c'est-à-dire qu'ils niaient l'existence de Dieu et ne voulaient même plus de la religion naturelle, chose très rare en ce temps ; d'autres disaient que toutes les institutions sont le produit de la tyrannie et de la superstition, qu'elles corrompent l'homme et qu'il faut les supprimer pour ramener l'homme à l'*état de nature* où il serait bon et sociable suivant eux : c'étaient presque des anarchistes. On a attribué à Diderot le mot suivant : « Je voudrais étrangler le dernier des rois avec les entrailles du dernier des prêtres ».

J.-J. Rousseau. — Jean-Jacques Rousseau sortit, comme

LA QUESTION PAR LES BRODEQUINS, AU XVIIIe SIÈCLE

La question ou torture était appliquée par ordre des juges pour obliger l'accusé à avouer. La question des brodequins consistait à broyer les jambes entre de lourdes pièces de bois ; on enfonçait à coups de marteau des coins entre ces bois.

Diderot, du peuple ; comme lui il eut une existence difficile. Il écrivit, lui aussi, dans la seconde moitié du siècle et il subit l'influence de Diderot qui était déjà connu quand Rousseau vint à Paris.

Rousseau était originaire d'une petite république, celle de Genève, où tous les citoyens avaient part au gouvernement. Il a toujours considéré que la *république* était la meilleure forme de gouvernement. Il a été le premier en France à soutenir que tous les pouvoirs doivent être conférés par le peuple. C'est ce qu'on appelle le principe de la SOUVERAINETÉ NATIONALE. Le livre dans lequel Rousseau l'a exposé a pour titre le *Contrat social*.

On voit que Diderot, les Encyclopédistes, Rousseau et leurs disciples de la seconde moitié du siècle allaient en *théorie* beaucoup plus loin que Voltaire et Montesquieu. Néanmoins ils étaient plus révolutionnaires de pensée que d'action. Persécutés souvent, menacés de prison, voyant leurs livres saisis et brûlés, ils se trouvaient bien faibles en face du pouvoir établi et, pour le présent, ils se bornaient à souhaiter des réformes. Rousseau a écrit que la république n'était possible que pour les petits États comme Genève. Diderot a accepté une invitation que lui avait adressée l'impératrice Catherine de Russie, il l'a remerciée d'avoir acheté sa bibliothèque. Il a loué en elle le modèle des souverains, comme le faisait Voltaire.

Les économistes. — Depuis la Renaissance, des observateurs s'étaient mis à étudier l'agriculture, le commerce, l'industrie et les moyens de les développer. Sous Louis XIII, un Français, Montchrétien, appela ces études *économie politique*, c'est-à-dire art d'administrer la fortune d'un état, et l'usage a consacré ce nom.

Plusieurs ministres, comme Sully et Colbert en France, essayèrent d'appliquer l'économie politique de leur temps.

Vers la fin du règne de Louis XIV, les publications sur l'économie politique se multiplièrent. En Angleterre, le commerce maritime se développait, le nombre des fabriques s'accroissait et les gens instruits cherchaient à s'expliquer les raisons de cette prospérité. En France, les industries créées par Colbert mouraient; le budget était en déficit; on chercha les causes de ces maux et on tenta de leur trouver des remèdes (p. 224).

Alors parurent en Angleterre, puis en France, les écrivains que nous appelons les ÉCONOMISTES ou les fondateurs de l'économie politique actuelle.

Ils se placent à l'opposé des idées de Colbert. Colbert voulait que les marchands et les fabricants fussent protégés par l'État, et, en échange, il leur imposait la surveillance de l'État (p. 179). Au contraire les économistes demandent que l'État ne s'occupe jamais des commerçants ni des chefs d'industrie, qu'il leur laisse la liberté la plus complète. Plus de réglementations, plus de douanes intérieures, ni extérieures, *liberté* complète du *commerce et de l'industrie*. On demandait à l'un des économistes français quelles mesures il fallait prendre pour enrichir la France. Il répondit : « Laissez faire, laissez passer! »

Les économistes français, habitant un pays qui était resté

FABRIQUE DE FER BLANC AU XVIIIᵉ SIÈCLE
D'après une gravure de l'Encyclopédie.

Le soufflet de la forge et le marteau sont mis en action par des saillies de bois disposées autour de deux cylindres de bois mus par une chute d'eau.

. Cet outillage, bien que primitif, marque, dans l'emploi des forces motrices, un progrès sur les appareils à la main représentés dans des figures précédentes.

Nous n'avons plus ici la manufacture au sens propre, c'est-à-dire l'endroit où l'on fabrique à la main, mais le premier modèle, bien imparfait, de l'usine à moteurs mécaniques.

agricole, enseignèrent d'abord qu'il y avait une seule source de richesses : l'agriculture.

Puis, à la fin du XVIIIᵉ siècle, l'Écossais ADAM SMITH, qui avait vu l'industrie se développer en Grande-Bretagne, rendit justice à l'industrie dans un livre intitulé *Essai sur la Richesse des nations*, qui eut un succès considérable et fut traduit dans toutes les langues. On a appelé Adam Smith le père de l'économie politique.

Les économistes réclamaient en outre des réformes financières. Ils constataient que l'impôt payé à peu près exclusivement par les paysans et les ouvriers était trop lourd pour le peuple; ils demandaient que l'*impôt* fût réparti *également* entre tous les citoyens.

Les sciences. — Au xviiie siècle, les sciences physiques et naturelles et la géographie firent de grands progrès dus à tous les pays civilisés.

Le thermomètre fut inventé simultanément en Angleterre et en France (1730); les premières machines *électriques* furent construites. Un Américain, Franklin, démontra que la foudre est un phénomène électrique et inventa le paratonnerre. Des Français, les frères Montgolfier, lancèrent le premier *ballon*, gonflé avec de l'air chaud (1783). Un Anglais, Priestley, étudia l'oxygène et plusieurs autres gaz. Un Français, Lavoisier, expliqua la combustion, la respiration (1772-1789), et fut l'un des créateurs de la *chimie* moderne.

Un Français, Papin (mort en 1714), avait appliqué le premier la *vapeur* à la navigation : ses essais furent repris en France sous Louis XVI, par le marquis de Jouffroy. Un Anglais, James Watt, construisit les premières machines à vapeur pour l'industrie (1769).

Un Français, Buffon (1707-1788), exposa dans un grand ouvrage tout ce qu'on savait sur la géologie et la zoologie. Un Suédois, Linné (1707-1778), publia la première classification des plantes.

Les gouvernements firent entreprendre de grands voyages, soit pour découvrir et annexer des terres nouvelles, soit pour achever l'exploration scientifique du globe. Les plus importants de ces voyages furent faits en *Océanie*. Le Français Bougainville découvrit Tahiti et plusieurs archipels de Polynésie (1766-1769). L'Anglais Cook reconnut exactement les côtes de l'Australie et de la Nouvelle-Zélande (1772-1779). Le Français La Pérouse périt dans un naufrage aux Nouvelles-Hébrides en cherchant à continuer l'exploration de l'Océanie (1789).

Éclat littéraire et artistique de la France. — La France eut, sous Louis XV et Louis XVI, comme sous Louis XIV, les écrivains les plus remarquables du monde : de plus, elle commença à avoir les plus grands artistes.

L'EMBARQUEMENT POUR CYTHÈRE. — Tableau de Watteau (Musée du Louvre).

Ce tableau, peint à l'époque de la Régence, représente des personnages dans le costume élégant des personnes riches du temps qui s'embarquent pour une partie de plaisir, guidés par les amours que l'on voit représentés à gauche.

Sous Louis XV, il se forma à Paris plusieurs écoles de *peintres* plus originaux que ceux du règne précédent; le premier en date et le plus grand fut WATTEAU, qui créa un genre nouveau, celui des bergeries et des pastorales, imité ensuite pendant une grande partie du siècle.

Au XVIIIe siècle, la France produisit aussi de grands sculpteurs. Enfin des architectes et des artistes décorateurs créèrent le style Louis XV, puis le style Louis XVI.

Les souverains et les riches qui avaient imité Louis XIV et ses courtisans continuèrent à prendre en France leurs usages, leurs meubles, leurs costumes, leurs cuisiniers; ils vinrent y acheter des œuvres d'art, comme on l'avait fait autrefois en Italie. Frédéric II de Prusse, Catherine II de Russie, se piquaient de parler et d'écrire le français mieux que leur langue maternelle. On le parlait dans toutes les cours.

Cette connaissance du français si répandue parmi les gens éclairés de l'étranger eut pour effet de propager les idées des philosophes et économistes français. Ces idées agirent sur quelques souverains et sur beaucoup de ministres. Les réformateurs restaient absolutistes, mais ils cherchaient à pratiquer le *despotisme éclairé*, suivant les idées de Voltaire. L'un d'entre eux, Frédéric II, a dit : « Le roi n'est que le premier domestique de la nation ».

II. — LES SOUVERAINS ET LES RÉFORMES

Pombal en Portugal. — En Portugal, un ministre noble, le marquis de Pombal, prit le pouvoir à l'avènement d'un nouveau roi et le garda 27 ans (1750-1777).

Il essaya de créer des compagnies de commerce et des manufactures en les protégeant par un tarif de douanes; sur ce point il était disciple de Colbert et non des économistes.

Il combattit les *jésuites*, qui étaient les confesseurs du roi et de la cour et qui avaient dirigé le gouvernement jusqu'à lui. Il réussit à les faire expulser du Portugal, puis il organisa, à la place de leurs collèges, un *enseignement laïque* avec des programmes modernes.

Mais, à la mort du roi, Pombal fut renvoyé et ses réformes ne subsistèrent pas.

Réformes en Italie et en Espagne. — En Italie, plusieurs petits souverains supprimèrent la torture, réformèrent les lois de leurs États et firent rédiger des codes nouveaux.

L'un d'eux, le roi de Naples, Charles, était le fils aîné du roi d'Espagne. A la mort de son père, il devint roi d'Espagne

Ces deux meubles, en bois sculpté, peint ou doré, et garnis de soie brodée, montrent la différence des formes qui caractérisent les deux styles les plus élégants de l'ameublement français. Les formes sont arrondies et fleuries dans le style Louis XV, droites et d'une élégante simplicité dans le style Louis XVI.

(1759-1788). Il amena avec lui à Madrid ses ministres réformateurs d'Italie, puis en prit d'autres en Espagne.

Ces ministres enlevèrent au port de Cadix le monopole de commerce avec l'Amérique et établirent la liberté du commerce entre l'Espagne et les colonies.

Ils pensaient à supprimer l'*Inquisition* (p. 20), mais ils ne purent le faire. Ils autorisèrent les gens éclairés à former des *sociétés* où l'on discutait les questions économiques et philosophiques.

Suppression de l'ordre des jésuites. — Pombal avait expulsé les jésuites de Portugal (1758).

A la même époque, Madame de Pompadour, favorite de Louis XV, était attaquée par les personnes pieuses de la cour et les jésuites qui voulaient la faire renvoyer. Le ministre Choiseul, qu'elle avait fait arriver au pouvoir, laissa agir les parlements, ennemis de l'ordre des jésuites (p. 264).

Un incident donna aux parlements l'occasion de porter un coup aux jésuites. Les jésuites avaient dans leurs colonies de grosses maisons de commerce; l'une d'elles, établie aux Antilles françaises, fit faillite à cause de la guerre. La société de Jésus refusa de payer les créanciers en prétendant que la maison des Antilles faisait le commerce à son insu et contrairement aux règles de l'ordre. Alors les créanciers portèrent leurs réclamations devant les tribunaux qui condamnèrent les jésuites à payer.

Enfin ce procès vint en appel devant le Parlement de Paris qui confirma le jugement et de plus déclara la Société « inadmissible par sa nature dans tout état policé » parce qu'elle est « un corps politique qui tend par toutes sortes de voies à l'usurpation de l'autorité » (1761).

Le roi Louis XV hésita pendant plusieurs années entre Mme de Pompadour, qui soutenait le Parlement, et la famille royale, qui défendait les jésuites. Il demanda d'abord au pape de changer les règles des jésuites pour sauver leur ordre; le pape refusa. Aussitôt le Parlement déclara l'ordre supprimé en France. Le roi se décida enfin à confirmer l'arrêt du Parlement et à prononcer la suppression de l'ordre des jésuites en 1764. Désormais les jésuites ne pouvaient plus avoir ni couvents, ni collèges, ni établissements d'aucune espèce en France, mais ils y restèrent comme prêtres.

En Espagne, les jésuites suscitèrent une émeute contre les ministres réformateurs (1766). Les ministres réprimèrent l'émeute, puis ils firent arrêter tous les jésuites du royaume et les embarquèrent pour Rome. Le pape refusa de les recevoir en disant que si les autres souverains en faisaient autant, ses états seraient trop petits pour recevoir les jésuites.

Peu après, les deux princes de la famille de Bourbon (apparentés aux rois d'Espagne et de France), qui régnaient à Naples et à Parme, expulsèrent eux aussi les jésuites de leurs États.

Puis les quatre souverains de la famille de Bourbon, poussés par Choiseul, invitèrent le pape à supprimer l'ordre *dans le monde entier*. Le pape mourut. Alors les souverains Bourbons s'entendirent, ils négocièrent avec les cardinaux, qui élisent les papes, et firent nommer pape un franciscain qui leur avait

Pour les formes, mêmes observations qu'à propos des meubles.

promis d'abolir l'ordre des jésuites (1769). Le nouveau pape essaya d'éluder sa promesse, mais les Bourbons l'obligèrent à supprimer la compagnie de Jésus (1772).

Alors les jésuites se réfugièrent chez deux souverains hérétiques et incrédules, Frédéric II et Catherine II, qui cherchaient à peupler leurs états par tous les moyens. L'ordre des jésuites fut rétabli en 1801 par le pape.

Frédéric II. — En Prusse, Frédéric II consacra toute la fin de son règne (1763-1786) à réparer les ruines causées par la

guerre de Sept Ans. Il ordonna de rebâtir les maisons brûlées ; il
fit défoncer et amender les landes de sables, dessécher et cultiver les marais ; il appela comme colons, suivant la tradition de
ses prédécesseurs, les dissidents persécutés dans tous les pays
de l'Europe. Il disait : « Si des Turcs ou des païens veulent
peupler le pays, nous voulons bien les laisser bâtir des mosquées
et des temples ». Il établit 300 000 colons dans ses États. Il
avait ajouté aux territoires que lui avait légués son père deux
provinces peuplées, la Silésie prise à l'Autriche, et la Posnanie
enlevée à la Pologne. Le royaume de Prusse avait 2 300 000 habitants à l'avènement de Frédéric, il en comptait 5 millions à sa
mort.

Frédéric II paya les dépenses de la guerre, fit de grosses
économies et, tout en gardant son armée sur pied, laissa un
trésor considérable.

Il correspondait avec Voltaire ; il le fit même venir à Berlin,
ainsi que plusieurs philosophes français.

Mais, tout en accomplissant des réformes, Frédéric II maintint le principe du droit divin et la pratique de l'absolutisme. Il
faisait emprisonner dans des forteresses ceux qui lui déplaisaient ; il changeait les arrêts des tribunaux, quand il le jugeait
à propos ; il faisait juger les procès par des officiers quand ils
duraient trop longtemps ; il maintenait dans son armée une
discipline terrible en faisant punir toutes les fautes de coups
de bâton. Il employait de préférence des nobles et ne donnait
qu'à eux les grades d'officiers.

Catherine II. — Catherine II était une princesse allemande,
qui avait épousé le prince héritier de Russie. Son mari devint
tsar en 1762 ; Catherine le fit enfermer dans une prison où il
mourut au bout de peu de temps. Elle prit le pouvoir et gouverna seule la Russie de 1762 à 1796.

Elle se mit en relations avec les philosophes français, les
flatta et se fit, grâce à eux, une réputation de grande réfor-
matrice.

Elle agrandit ses États de la Lithuanie prise à la Pologne et du
littoral de la mer Noire pris à la Turquie, mais ces pays étaient
presque déserts. Elle appela des colons dans ses États comme

faisait le roi de Prusse; ce furent surtout des Allemands. Elle se vantait d'avoir fondé **144** villes.

Elle fit réunir une grande assemblée de députés venus de toutes les provinces russes et leur demanda un programme de réformes; mais elle n'y donna pas suite.

Joseph II. — En Autriche, Joseph II, fils de Marie-Thérèse,

SALON DE STYLE LOUIS XV

Comparez ce salon à la chambre de la page 203. — Les meubles ont les formes déjà indiquées du style Louis XV. Les boiseries et les murs sont peints de couleurs claires; les dorures, si abondantes sous Louis XIV, sont de moins en moins employées.

exerça le pouvoir de 1780 à 1790. Il avait le désir d'être un grand réformateur : « La philosophie, disait-il, est devenue la législatrice de mes états ». Il commença par supprimer la cour de Vienne, qui était aussi cérémonieuse, aussi luxueuse et aussi coûteuse que celle de Versailles. Il s'habilla simplement, reçut les solliciteurs, se mit à diriger les affaires et à voyager dans ses états.

Il abolit le *servage* des paysans en Autriche, supprima la

torture, fit proclamer la *tolérance* pour les protestants et les juifs, supprima 1/3 des couvents et confisqua leurs biens. Le pape vint en personne réclamer à Vienne contre la tolérance et en faveur des couvents : Joseph II refusa de discuter avec lui.

Joseph II voulut aussi établir l'*unité* d'administration et de lois qui était réclamée par tous les philosophes. Mais ses États étaient composés de morceaux très différents qui avaient gardé leur langue et leurs usages ; par exemple, les habitants de la capitale et d'une grande partie des provinces autrichiennes parlaient l'allemand, les Hongrois parlaient le magyar, les Belges parlaient le français ou le flamand ; tous étaient gouvernés par des fonctionnaires de leur pays. Joseph II essaya de leur imposer la langue allemande et des fonctionnaires allemands. Alors les Hongrois et les Belges se révoltèrent. Joseph II dut céder : il révoqua ses ordonnances.

Il y eut également des souverains et des ministres réformateurs dans plusieurs petits États allemands, dans les États scandinaves, dans presque toute l'Europe enfin, sauf en Turquie. Mais aucun ne donna de constitution à ses sujets. Partout le despotisme éclairé finit avec le souverain ou avec les ministres philosophes, quelquefois même avant leur mort, comme en Autriche.

La question d'Orient. — Après les grandes guerres de 1748 à 1763, les souverains de l'Europe occidentale restèrent en paix pendant longtemps.

Il n'y eut de guerres importantes qu'en Orient. Là Catherine II et les souverains d'Autriche s'attaquèrent aux anciens alliés de la France, la Turquie, la Pologne, la Suède, que la France ne pouvait plus défendre.

On appelle *question d'Orient*, la question de savoir entre qui et comment seront partagés les états faibles de l'Est de l'Europe, plus particulièrement la Turquie.

Catherine II et les Autrichiens firent deux guerres à la Turquie. La Russie prit aux Turcs tout le littoral de la mer Noire et elle se fit reconnaître par le sultan le droit de protéger les chrétiens de religion orthodoxe (p. 25-27), sujets de l'empire turc, ce qui était un prétexte à interventions. Catherine avait déjà essayé de soulever les Grecs. Elle avait voulu prendre Constantinople, mais elle ne put le faire.

L'Autriche prit aux Turcs la province de Bukowine.

Catherine attaqua aussi le roi de Suède, mais ce souverain sut défendre ses États.

Partages de la Pologne. — Le roi de Pologne était mort en 1763; la succession de Pologne s'ouvrit et les puissants voisins de la Pologne intervinrent à peu près comme en 1733 (p. 242), Catherine, Marie-Thérèse et Frédéric II firent entrer des troupes en Pologne pour imposer un roi de leur choix aux nobles polonais.

Frédéric II, toujours pratique, enlevait les habitants des provinces polonaises qu'il occupait pour les établir de force comme colons en Prusse. Bientôt après, il eut l'idée de prendre les provinces elles-mêmes. Il s'entendit aisément pour cela avec Catherine. « L'impératrice de Russie et moi, disait-il, nous sommes deux brigands; mais cette pieuse Marie-Thérèse, comment arrangera-t-elle cela avec son confesseur? » Pourtant Marie-Thérèse ne voulut pas rester les mains vides. Elle protesta d'abord, puis prit la plus grosse part, *la Galicie*, que l'Autriche a gardée. « Elle pleurait toujours, mais elle prenait toujours, » a dit Frédéric II. Ce fut le *premier démembrement* de la Pologne (1772).

En 1793, pendant que l'Autriche était occupée contre la République française, Catherine II et le successeur de Frédéric II enlevèrent à la Pologne le reste des provinces qu'ils avaient entamées en 1772, la Lithuanie pour la Russie, la Posnanie pour la Prusse : — ce fut le *second démembrement*.

Puis, en 1795, la Russie, la Prusse et l'Autriche *se partagèrent tout ce qui restait* de la Pologne. Ce fut le *troisième démembrement*. Dès lors, il n'y eut plus de Pologne.

Le *partage définitif*, tel qu'il s'est maintenu jusqu'à nos jours, fut fait en 1815 aux Congrès de Vienne.

Questionnaire.

I

Les idées libérales. — Où se formèrent les idées nouvelles? Sous quelles influences?

1° Croyances. Qu'est-ce que la tolérance ? la religion naturelle ?

2° Politique. Qu'est-ce que les droits naturels ? Quel est le principal d'entre eux ? Qu'est-ce qu'une constitution ? Au xviii° siècle, quel pays avait une constitution ?

Voltaire et Montesquieu. — Que savez-vous sur Voltaire ? ses idées politiques ? Est-il révolutionnaire ? Ses idées religieuses. Est-il partisan de la religion naturelle ? de l'église catholique ? Que signifie « écraser l'infâme » ? Montesquieu ; ses idées politiques ? Diffèrent-elles de celles de Voltaire ?

Diderot et Rousseau. — Origine de Diderot. Différence avec celle des philosophes précédents. Qu'est-ce que l'*Encyclopédie* ? Pourquoi fut-elle entreprise ? Opinions des Encyclopédistes. Qu'est-ce qu'un athée ? Qu'entendait-on par l'état de nature ? Rousseau ; ses origines ; ses préférences politiques. Qu'est-ce que le principe de la souveraineté nationale ? Comparez Diderot et Rousseau à Montesquieu et à Voltaire : en théorie, en pratique.

Les économistes. — Qu'est-ce que l'économie politique ? Origine de ce nom. Les premiers économistes. Que signifie « laissez faire, laissez passer » ? Différence entre les idées de Colbert et celles des économistes. Qu'est-ce que l'égalité devant l'impôt ? Que savez-vous sur Adam Smith ?

Sciences, Lettres et Arts. — Progrès de la physique, de la chimie. Premières applications des sciences à l'industrie. Progrès des sciences naturelles. Principales explorations.

La littérature et la langue française au xviii° siècle. Les beaux-arts en France..

II

Le despotisme éclairé. — Qu'est-ce que le despotisme éclairé ? Que fit Pombal en Portugal ? Charles III en Espagne ? Qu'était-ce que les jésuites ? Causes du conflit entre eux et les souverains Bourbons ? De quel État les jésuites furent-ils d'abord expulsés ? Pourquoi le gouvernement français se tourna-t-il contre eux ? Comment s'y prit-on pour les supprimer ? L'ordre disparut-il ?

Frédéric II. Rappeler ses guerres. Quand cessa-t-il de faire la guerre ? Caractère de ses réformes. Fut-il tolérant ? Fut-il libéral ? La discipline militaire en Prusse. Le choix des officiers.

Qu'était-ce que Catherine II ? D'où vint sa réputation ? Ses réformes.

Joseph II. Que signifie suppression de la cour ? Qu'était-ce que le servage ? la torture ? Mesures contre les couvents. Qu'est-ce que l'unité d'administration ? Pourquoi n'existait-elle pas dans les États de Joseph II ? Parvint-il à l'établir ?

Affaires d'Orient et de Pologne. — Qu'est-ce que la question d'Orient ? Quels états firent la guerre dans l'Est de l'Europe ? Que prit Catherine aux Turcs ? Qu'espérait-elle prendre ? Quel protectorat se fit-elle donner et pourquoi? Qui a le protectorat des catholiques dans l'Empire turc et depuis quand? (p. 97).

Qui intervint en Pologne et pourquoi? Connaissez-vous d'autres interventions de ce genre en Pologne avant le premier partage? Qui eut l'idée du partage? Les partages successifs. Quel pays d'Occident perdit ses alliés en Orient?

SUJETS COMPLÉMENTAIRES

L'industrie et le commerce en France au XVIIIe siècle.
La classe ouvrière en France sous l'Ancien Régime.
Les économistes français.
Études locales : Notions pour visites de monuments et collections (architecture, beaux-arts, ameublement, décoration Louis XV et Louis XVI.

CHAPITRE XX

LOUIS XVI (1774-1789)

Louis XVI. — A la mort de Louis XV, son petit-fils Louis XVI devint roi (1774). Louis XVI avait vingt ans; c'était un jeune homme pieux, sage, très différent de son grand-père : il se montra plein de bonnes intentions, désireux de bien gouverner, mais il était lent d'esprit, mou, indécis et se laissa toujours mener par son entourage.

Sa femme, Marie-Antoinette, était la fille de Marie-Thérèse d'Autriche (p. 245); elle était gaie, indifférente aux affaires, très personnelle, généreuse à l'égard de ses amis, rancunière contre ceux qui lui déplaisaient. Elle était déjà impopulaire à son arrivée en France parce qu'elle représentait l'alliance avec l'Autriche qui avait valu à la France le désastreux traité de 1763; on la surnommait *l'Autrichienne*. Ses allures lui firent beaucoup d'ennemis à la cour et dans le pays.

En prenant le pouvoir, Louis XVI renvoya les ministres impopulaires de Louis XV, rétablit les Parlements (p. 265) et fit appel à des ministres réformateurs dont le principal était l'économiste et philosophe Turgot, intendant de Limoges. On crut que le *despotisme éclairé* allait régner en France comme dans le reste de l'Europe.

Turgot. — Turgot était chargé des finances. Il remit au roi le programme suivant : « Pas de banqueroute, pas d'augmentation d'impôts, pas d'emprunts ». Le roi l'accepta et laissa

Turgot faire des économies. Turgot supprima une partie des dépenses et commença à rembourser la dette.

Turgot voulait aussi enrichir le royaume en appliquant les principes nouveaux : « Laissez faire, laissez passer ! » (p. 272).

Pour la première fois il établit la *liberté du commerce des*

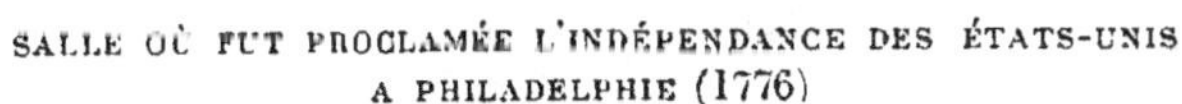

SALLE OÙ FUT PROCLAMÉE L'INDÉPENDANCE DES ÉTATS-UNIS
A PHILADELPHIE (1776)

Cette salle, qui a été conservée jusqu'à nos jours, est décorée et meublée dans le style Louis XVI. Les meubles, les colonnes, les corniches, les moulures sont en bois sculpté, peint ou laqué blanc, et en nuances claires.

grains. Mais il se trouva que la récolte fut mauvaise et que la famine régna dans plusieurs provinces. Il y eut des émeutes, on pilla les convois de grains. Turgot dut employer les soldats contre les émeutiers. Le Parlement refusa d'enregistrer l'édit sur la liberté du commerce des grains. Le roi, conseillé par Turgot, vint tenir un lit de justice et obligea le Parlement à enregistrer l'édit.

Turgot établit la *liberté du travail* en supprimant les corporations (p. 178) qui avaient le monopole des métiers dans les villes. Les manufacturiers ou grands patrons purent dès lors s'établir dans les villes; mais les maîtres (c'est-à-dire les petits patrons) furent mécontents.

Turgot abolit la corvée royale, c'est-à-dire le droit qu'avaient les fonctionnaires d'employer gratuitement pendant un certain nombre de jours les paysans aux travaux publics ; c'était à peu près nos prestations. Turgot la remplaça par un impôt que devaient *tous les propriétaires*, y compris les nobles et les ecclésiastiques ; c'était le commencement de l'égalité devant l'impôt.

Les privilégiés et le Parlement se prononcèrent contre Turgot. La reine le détestait à cause de sa politique d'économies. Louis XVI le soutint d'abord ; il avait dit à Turgot : « Je vous donne ma parole d'honneur de vous soutenir toujours dans les partis courageux que vous aurez à prendre ». Mais il ne sut pas longtemps résister à son entourage. Il renvoya Turgot et les ministres *réformateurs* (1777).

LA SORTIE DU COLLÈGE A PARIS, AU XVIIIᵉ SIÈCLE

Les écoliers ont le costume du temps, chapeau à cornes, perruque nattée, habit long, culotte, bas et souliers.

La guerre d'Amérique. — Après le départ de Turgot, le gouvernement français s'engagea dans une guerre à laquelle ce ministre s'était opposé parce que le budget n'était pas encore en équilibre.

Cette guerre avait pour origine le soulèvement des colons anglais d'Amérique.

Les Anglo-Américains avaient refusé de payer un impôt établi par l'Angleterre. Le roi d'Angleterre avait envoyé des troupes pour les contraindre par la force à payer l'impôt. Les Américains se révoltèrent, puis il se proclamèrent indépendants (1776). De cette année date la fondation de la République des États-Unis.

Les révoltés envoyèrent un ami des philosophes, Franklin, demander secours à la France : ils espéraient que les ministres de Louis XVI saisiraient cette occasion de prendre leur revanche de la guerre de Sept Ans. Le gouvernement français conclut en effet une alliance avec eux (1778), et il commença la guerre avec l'Angleterre.

Une armée française commandée par Rochambeau débarqua en Amérique et fit capituler la dernière armée anglaise.

Une flotte française partit de France pour essayer de reprendre les *Antilles* et livra plusieurs combats à la flotte anglaise.

Une autre flotte commandée par Suffren partit avec un corps de débarquement pour essayer de reprendre l'*Inde*. Suffren battit quatre fois les Anglais sur mer, mais il ne put porter la guerre sur le territoire de l'Inde.

Résultats de la guerre. — Cette guerre fut glorieuse pour les Français; elle était populaire parce que les *gens éclairés* avaient pris parti pour les républicains d'Amérique; plusieurs d'entre eux, comme le marquis de La Fayette, étaient allés servir comme volontaires dans l'armée américaine avant l'alliance avec la France. L'émancipation des États-Unis *encouragea* certainement les partisans français des réformes et leur donna l'idée de réclamer la réunion des États généraux et une constitution pour la France.

Mais les victoires françaises rapportèrent peu d'avantages. Les Anglais vaincus reconnurent l'indépendance des États-Unis pour éviter la perte de leurs autres colonies attaquées par la France, et les Américains se hâtèrent de traiter parce qu'ils ne voulaient pas voir les Français reprendre le Canada.

La France, restée seule en face de l'Angleterre, signa le traité de Versailles (1783), qui consacrait l'indépendance des États-Unis, rendait à l'Espagne, alliée de la France, la Floride et Minorque; la France recouvrait quelques morceaux des colonies perdues en 1763, deux petites Antilles, Tabago et Sainte-Lucie (perdues de nouveau en 1815), le Sénégal. Enfin. la France obtenait l'abolition de l'article du traité d'Utrecht qui lui avait interdit de fortifier Dunkerque.

Pendant la guerre qui dura cinq années la France avait fait cinq cents millions de dette; tout espoir de remettre de l'ordre dans les finances était désormais perdu.

Les emprunts. — Pendant la guerre, la direction des finances avait été confiée à Necker, banquier genevois établi à Paris. Necker commença par publier un *compte rendu* où il

ÉCOLE DE VILLAGE AU XVIII° SIÈCLE

Ces écoles étaient rares : beaucoup de villages n'en avaient pas. Celles qui existaient étaient payantes. On y apprenait surtout les prières et le catéchisme. La même pièce servait d'école, de cuisine et de logement au maître.

Les enfants étaient durement traités. D'autres gravures de la même époque les représentent à genoux, avec le bonnet d'âne sur la tête, ou encore recevant des coups de martinet ou de verges.

indiquait les recettes et les dépenses du royaume, mais en diminuant les dépenses, de manière à indiquer un excédent, alors qu'il y avait réellement déficit.

On ne crut guère à ce compte rendu; on le surnomma le conte bleu. Mais les capitalistes avaient confiance dans Necker qui administrait bien sa maison de banque; ils prêtèrent au gouvernement pendant les cinq années de guerre.

En 1783, Necker demanda au roi de lui donner rang de ministre comme à ses prédécesseurs, ce qui ne lui avait pas été accordé parce qu'il était protestant. Le roi, poussé par Marie-

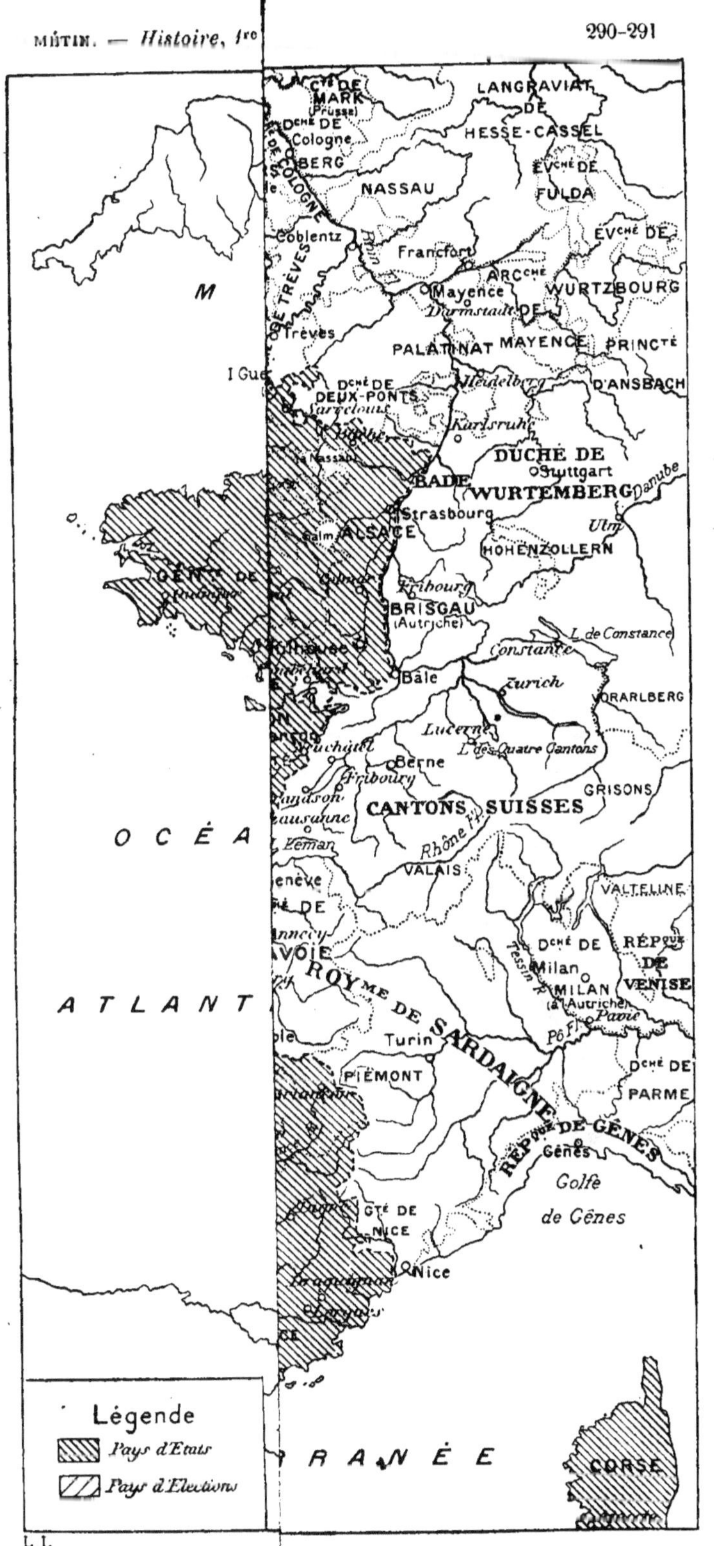

L.L

*Les Pays d'États sont c[es Pays d'Élection sont ceux qui n'ont plus
d'États et où la perceptio[n]*

FRANCE SOUS L'ANCIEN RÉGIME

Les Pays d'États sont ceux qui ont conservé leurs États provinciaux, chargés de voter et de faire percevoir la taille. Les Pays d'Élection sont ceux qui n'ont plus d'États et où la perception de la taille est faite par des fonctionnaires royaux appelés élus. (Voir p. 9 et 101.)

Antoinette, refusa. Necker donna sa démission. Le public prit parti pour lui. Necker, qui était riche, recevait dans ses salons la plupart des gens éclairés; il se fit ainsi une réputation de réformateur.

Necker fut remplacé à la direction des Finances par un protégé de Marie-Antoinette, nommé Calonne. Calonne abandonna la politique d'économies et donna tout l'argent qu'on lui demanda pour les fêtes de la Cour et pour les pensions aux favoris de la reine; pour suffire à la dépense, il emprunta 500 millions en deux ans et demi; mais, au bout de ce temps, il ne trouva plus de prêteurs. Alors il dévoila au roi la véritable situation.

Projet d'impôt nouveau. — Calonne demanda, pour combler le déficit; 1° des économies sur les dépenses de la Cour : 2° un impôt sur la propriété payé par tous, *sans distinction.* « Mais c'est du Necker tout pur! s'écria le roi. » — « Sire, répondit le ministre, en l'état des choses, c'est ce qu'on peut offrir de mieux à Votre Majesté. »

Le roi laissa faire Calonne. Comme le ministre savait que les privilégiés ne voudraient pas payer l'impôt, il essaya de leur donner tort devant le public; pour cela il réunit une *Assemblée de notables*, c'est-à-dire d'évêques, de nobles, de hauts fonctionnaires *désignés par le roi* (et non point élus par leurs égaux comme pour les États généraux).

Calonne pensait que les notables, choisis soigneusement, approuveraient le nouvel impôt sans discuter. Mais, comme les notables étaient tous des privilégiés, ils protestèrent contre le nouvel impôt, ils firent des reproches à Calonne et l'accusèrent d'avoir causé le déficit par sa prodigalité. Calonne voulut faire mettre en prison les notables les plus hostiles à son égard. Mais le roi, mécontent de toutes ces difficultés, le renvoya. Calonne fut remplacé par l'archevêque Loménie de Brienne, que la reine patronnait.

Opposition du Parlement. — Loménie de Brienne renvoya les notables : il essaya, comme son prédécesseur, d'établir un *impôt sur tous les propriétaires* de terres, nobles ou non, ce qui était absolument nécessaire si l'on voulait éviter la banqueroute.

Mais le Parlement, composé de privilégiés, refusa d'enregistrer l'édit relatif à cet impôt. Il demanda la *Convocation*

COSTUME DE FEMME EN 1786   COSTUME D'HOMME EN 1786

Le costume des hommes commence à ressembler à ceux de notre temps. Le chapeau de feutre ou de castor, première ébauche de notre haut-de-forme, remplace le petit chapeau à cornes. La redingote (originairement, habit pour monter à cheval), d'origine anglaise, remplace l'habit ample à revers : elle est plus simple, mais on continue à porter des manchettes de dentelle. La culotte et les bas sont toujours portés par les élégants. Le long pantalon, dont le nom est emprunté à l'italien, n'est porté que par les ouvriers des villes.

La dame représentée ici porte le chapeau bergère que Marie-Antoinette avait mis à la mode : la reine s'était fait construire un village dans le parc du Petit Trianon à Versailles ; elle et ses amies y jouaient à la bergère en imitant les scènes représentées par les peintres du XVIIIᵉ siècle. La coiffure figurée ci-dessus fut également mise à la mode sous Louis XVI. Le corsage est toujours décolleté, suivant l'habitude des élégantes sous l'ancien régime ; le cou est en partie couvert par le fichu « Marie-Antoinette », qui s'est conservé dans plusieurs costumes provinciaux et qui a été récemment remis à la mode. La jupe reste ample et bouffe grâce à une espèce de crinoline. Le tablier fait partie du « costume bergère ».

des *États généraux* (juillet 1787); il disait que la nation devait être consultée avant qu'on créât un impôt nouveau. En réalité il espérait que les États généraux s'opposeraient, comme l'assemblée des notables, à l'égalité devant l'impôt.

Le public parisien et une partie des gens éclairés, bien que partisans de l'impôt pour tous, soutinrent le Parlement parce qu'il invoquait les droits de la nation contre l'absolutisme. Il y eut des manifestations et des troubles à Paris. L'agitation révolutionnaire commença à ce moment. Brienne exila le Parlement à Troyes; les Parisiens firent une émeute et brûlèrent un mannequin qui représentait le ministre.

Brienne céda; il rappela le Parlement; il abandonna le projet d'impôt payé par tous. Mais, comme il lui fallait de l'argent, il fit signer par le roi un édit qui annonçait 420 millions d'emprunts en cinq ans et promettait qu'au bout de ce temps (c'est-à-dire en 1792) on réunirait les *États généraux*. C'était la première fois que le gouvernement promettait de convoquer les États généraux.

Le Parlement, qui voulait les États généraux tout de suite, refusa d'enregistrer l'édit inspiré par Brienne. Le roi, poussé par Brienne, vint tenir un lit de justice et fit enregistrer l'édit. Au cours de la séance où le roi tenait son lit de justice, un cousin du roi, qui cherchait à se rendre populaire parmi les gens éclairés, dit : « C'est illégal ». Louis XVI répliqua : « Cela m'est égal », puis il se reprit et dit : « Cela est légal parce que je le veux ». Il exila son cousin dans ses terres et fit arrêter deux membres du Parlement. Les manifestations et les émeutes recommencèrent à Paris. Brienne proposa de supprimer le Parlement comme sous Louis XV (p. 265).

Convocation des États généraux. — Alors il y eut des émeutes non seulement à Paris, mais dans toutes les villes à Parlement.

En Dauphiné, des représentants des trois ordres se réunirent d'eux-mêmes au château de *Vizille*, près de Grenoble (juillet 1788), et invitèrent les autres provinces à tenir comme eux des réunions en menaçant de refuser de payer les impôts tant que les États généraux ne seraient pas convoqués. On a parfois considéré la réunion de Vizille comme le premier acte de la Révolution.

Brienne céda. Il convoqua les États généraux pour le 1er mai 1789, mais en même temps il suspendit les paiements de l'État.

Le roi, mécontent, renvoya Brienne : pour éviter la banqueroute, il se résigna malgré lui à rappeler *Necker* en qui le public voyait l'homme des réformes. Necker réussit à conclure un emprunt, et fit reprendre les paiements de l'État. Puis il décida le roi à convoquer définitivement les États généraux en donnant au tiers état un nombre de députés égal à celui des deux autres ordres réunis (27 novembre 1788).

Questionnaire.

Essais de réformes. — Caractère de Louis XVI. Caractère de Marie-Antoinette. Pourquoi l'appelait-on *l'Autrichienne* ?

Qu'est-ce que le despotisme éclairé ? Où était-il pratiqué en Europe ? Quand Louis XVI a-t-il essayé de le pratiquer ? Quelles étaient les fonctions de Turgot ? Qu'est-ce que la liberté du commerce ? Dans quel commerce Turgot l'a-t-il établie ? Comment Turgot a-t-il établi la liberté du travail ? Qu'était-ce que les corporations ? les maîtres ? Qu'était-ce que la corvée royale ? Quelle obligation de notre temps lui correspond ? Mesures tentées pour établir l'égalité devant l'impôt à différentes époques du règne de Louis XVI ; sous Louis XIV (p. 222) ? Quels furent les ennemis de Turgot ?

Guerre d'Amérique et emprunts. — Pourquoi les Américains s'étaient-ils révoltés ? Comment ont été fondés les États-Unis d'Amérique ? Pourquoi la France a-t-elle fait la guerre ? Où l'a-t-elle faite ? Conséquences du traité de Versailles pour les États-Unis ? pour la France ?

Que fit Necker ? Pourquoi tomba-t-il ? Par quel moyens ses successeurs essayèrent-ils de trouver de l'argent ? Opposition des privilégiés. Qu'était-ce que le Parlement ? l'enregistrement des édits ? un lit de justice ? Que fut l'Assemblée des notables ? Qu'entendait-on par États généraux ? Pourquoi le roi ne voulait-il pas les convoquer ? Comment fut-il amené à le faire ?

SUJETS COMPLÉMENTAIRES

La Cour au temps de Louis XVI et de Marie-Antoinette.

La Société française, les trois ordres, les ouvriers et les paysans sous Louis XIV (exemples locaux).

L'agitation qui précéda la Révolution (1787-89).

TABLE DES MATIÈRES

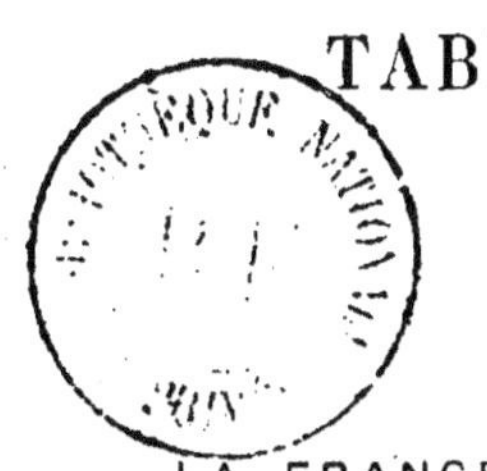

CHAPITRE I
LA FRANCE AU DÉBUT DU XVIᵉ SIÈCLE

CHAPITRE II
L'EUROPE AU DÉBUT DU XVIᵉ SIÈCLE

CHAPITRE III
LES DÉCOUVERTES MARITIMES

CHAPITRE VII

LA VIE EN FRANCE AU XVIe SIÈCLE

CHAPITRE VIII

LES GUERRES DE RELIGION

CHAPITRE IX

LA FRANCE DE 1598 A 1661.

CHAPITRE XIV

LA MONARCHIE ABSOLUE. — LES LETTRES ET LES ARTS

CHAPITRE XV

FIN DU RÈGNE DE LOUIS XIV (1688-1715)

CHAPITRE XVI

L'EUROPE EN 1715

CHAPITRE XVII

LA FRANCE ET L'EUROPE DE 1715 A 1748

CHAPITRE XVIII

LA FRANCE ET LES COLONIES DE 1748 A 1774

CHAPITRE XIX

IDÉES LIBÉRALES ET MOUVEMENT DE RÉFORME EN EUROPE

CHAPITRE XX

LOUIS XVI (1774-1789)

CARTES

—

499-06. — Coulommiers. Imp. PAUL BRODARD. — 9-06.

Librairie Armand Colin, 5, rue de Mézières, Paris.

Collection JULIEN BOITEL
(Enseignement primaire supérieur)

Trois années de Lectures morales et de Récitation, par M. JULIEN BOITEL, directeur de l'École municipale Turgot, à Paris. 1 vol. in-18 jésus, cartonné. **1 50**

Scènes choisies de Corneille, par M. J. BOITEL. 1 vol. in-18 jésus, cartonné...... .... **2 »**

Scènes choisies de Molière, par M. J. BOITEL. 1 vol. in-18 jésus, cartonné............................... **2 »**

Scènes choisies de Racine, par M. J. BOITEL. 1 vol. in-18 jésus, cartonné.......... .... **2 »**

Lectures choisies de Voltaire, par M. FÉLIX RAISON. 1 vol. in-18 jésus, cartonné............................. **2 »**

Une année de Droit usuel et d'Économie politique, par M. É. GANNERON. In-18 jésus, cart. **2 »**

Éléments de Comptabilité, par M. QUINTARD. 1 vol. in-18 jésus, cartonné..................... **2 »**

Deux années d'Algèbre, par M. ARMAND ERNST. 1 vol. in-18 jésus, cartonné..................... **2 »**

Première et Deuxième années de Géométrie (Géométrie plane), par MM. DUSSAUX et BÉCHÉ. 1 vol. in-18 jésus, cartonné..................... **2 50**

La Troisième année de Géométrie (Géométrie dans l'espace), par MM. DUSSAUX et BÉCHÉ. 1 vol. in-18 jésus, cartonné............................ **2 50**

Trois années de Physique, par M. E. DRINCOURT. 1 volume in-18 jésus, 200 gravures, cartonné........ **2 »**

Trois années de Chimie, par M. E. DRINCOURT. 1 vol. in-18 jésus, 100 gravures, cartonné........... **2 »**

4611. — Paris. — Imp. Hemmerlé et Cⁱᵉ. — 9-06.   (N° 143)

www.ingramcontent.com/pod-product-compliance
Lightning Source LLC
LaVergne TN
LVHW021520170726
843501LV00004B/911